Hilde Luise Dieterich · Das geistliche Lied

Hilde Luise Dieterich

Das geistliche Lied

Einsatz in
Beratung, Seelsorge und Psychotherapie

Reihe:
Allgemeine Beratung, Psychotherapie und Seelsorge im Wandel
Herausgeber: Prof. Dr. Michael Dieterich

SCM R.Brockhaus

SCM

Stiftung Christliche Medien

Band 2 der Reihe
Allgemeine Beratung, Psychotherapie und Seelsorge im Wandel
will einen fächerübergreifenden wissenschaftlichen Beitrag im Grenzgebiet zwischen Psychologie, Medizin und Theologie liefern.
Michael Dieterich, Herausgeber

MIX
Papier aus verantwortungsvollen Quellen
FSC® C006701
FSC
www.fsc.org

Bodenborn 43 · 58452 Witten
Umschlaggestaltung: Kathrin Retter, Weil im Schönbuch
Satz: Christian Kuka, Karlsruhe
Druck und Bindung: CPI – Ebner & Spiegel, Ulm
Gedruckt in Deutschland
ISBN 978-3417-26539-2
Bestell-Nr. 226.539

Inhaltsverzeichnis

Tabellenverzeichnis

Abbildungsverzeichnis

Vorwort

Bei dieser Arbeit[1] geht es um ein Thema, das sich wie ein roter Faden durch mein eigenes Leben zieht. Während des Recherchierens wuchs meine Überzeugung, Musik, speziell das Singen, in der Seelsorge wieder intensiver einzusetzen - so wie ich das aus meinem Elternhaus kannte: Mein Vater spielte sechzig Jahre in einer Dorfkirche die Orgel und in seiner Abwesenheit wurde er von meiner Mutter vertreten. So war mein sonntäglicher Platz als kleines Kind auf der Orgelbank. Tastatur, Pedale, Register und Pfeifen faszinierten mich und die vielen Klangmöglichkeiten ließen die Kirchenorgel nicht ohne Grund als „Königin der Instrumente“ erklingen. Beide Eltern hatten zudem jede Woche Chorproben mit verschiedenen Musikgruppen: Es gab eine Instrumentalgruppe mit Akkordeon und Gitarren, einen Frauen- und Posaunenchor, sie alle übten an unterschiedlichen Abenden in unserem Hause, weil nach dem 2. Weltkrieg kein kirchliches Gebäude zur Verfügung stand.

Meine Gedanken gehen zurück an den ersten Adventssonntag, der in unserm Dorf traditionell der musikalische Auftakt für die Weihnachtszeit war: Schon mit drei Jahren durfte ich mitkommen, wenn eine Singgruppe die älteren oder kranken Menschen zum ersten Advent besuchte und vor deren Haustüre oder auf der Treppe ein Adventslied sang. Dazu wurde eine Kerze oder ein kleiner Adventskranz übergeben, der von der Singgruppe zuvor gebunden worden war. Die Freude, die diese gebrechlichen Menschen zeigten – ich glaube, sie hatten schon darauf gewartet, dass wir kommen – und der Geruch in den oft alten und armen Häusern, die Kälte auf dem Weg und vor allem die geheimnisvollen Lieder, deren Inhalt ich damals kaum verstand, haben sich tief in mein Inneres eingegraben. Durch diese frühen Begegnungen mit der Musik erwarb ich mir schon im Vorschulalter einen reichen Schatz an Tonmöglichkeiten und Liedertexten.

In der Grundschulzeit wurde damals noch viel gesungen und ich wurde oftmals als „Vorsängerin“ in der Klasse eingesetzt, weil ich zu dieser Zeit schon Geigenunterricht hatte und stimmsicher war. Durch das häufige Singen der Lieder und die Hausaufgabe, die Verse auswendig zu lernen, hatten wir immer „ein Lied auf den Lippen“. Noch gab es nur

[1] Das Buch beruht auf der Masterthese der Verfasserin zum MSc im Fach Psychologie der Beratung an der LEE-University 2009.

ganz wenige Radiosender und meine erste Schallplatte kaufte ich mir, als ich 15 Jahre alt war. Wer also Musik liebte, musste selbst musizieren.

Im Alter von 15 Jahren begann ich auch mit den Mädchen, denen ich in der Kinderkirche biblische Geschichten erzählte, einen dreistimmigen Kinderchor, der dann immer wieder in den Gottesdiensten eingesetzt wurde.

In den folgenden Jahren intensivierte ich meine Tätigkeit auf musikalischem Gebiet mit der Violine und im Fach Gesang. Später studierte und unterrichtete ich danach in der Jugendmusikschule das Fach „Musikalische Früherziehung". Auch hier konnte ich entdecken, welche Faszination von der Musik ausgeht, wenn Kinder mit unterschiedlichen Klangkörpern musizieren, selbst singen oder entsprechende Programmmusik anhören.

An manchen Sonntagen gestaltete ich mit vielen geistig behinderten Kindern den Kindergottesdienst und brachte hierzu mein kleines Akkordeon sowie einige Rasseln mit. Die Begeisterung, das Singen, Klatschen und Tanzen waren offensichtlich, wenn die „Tante mit dem Akkordeon" kam und wir die ehrwürdigen Choräle auf derart volkstümliche Weise sangen.

Erst in der Mitte des Lebens führte mich der Weg in die Beratung und Seelsorge. Auch hier konnte ich erleben, wie wichtig und hilfreich Lieder für die Seelsorge sind. In meiner Beratungsgruppe wurde – oftmals unter Tränen – „unser Lied" in den wöchentlichen Sitzungen gesungen, und dies über einen monatelangen Zeitraum.

Heute merke ich, dass sich die beiden Wege kreuzen: Immer mehr überzeugt mich die heilsame Wirkung von Musik, insbesondere aber von geistlichen Liedern, die therapeutisch eingesetzt werden können.

Mit dem hier vorliegenden Buch möchte ich u.a. aufzeigen, dass Lieder in Inhalt und Melodie zwar ständig wechseln, jedoch die Wirkungen auf den ganzen Menschen bleiben. „Liedermacher" aller Generationen und Kulturen haben versucht, dem jeweiligen Zeitgeist gerecht zu werden. So kennen wir prosaische und poetische Lieder, Sprechgesänge und auch populäre Lieder, die Sehnsucht wecken sollen, um dem schwierigen Alltag illusionär zu entfliehen bzw. ihn leichter zu bewältigen.

Es gibt Lieder, die wie Wolken am Himmel vorüberziehen, und solche, die sich seit Jahrhunderten in den Herzen der Menschen fortgepflanzt haben. Woran liegt das? Gibt es eine Qualität, die sich trotz verändernder Sprache, Mode, Musikstil und Lebens- bzw. Glaubensstil durchsetzen kann? Oder ist von Bedeutung, dass schlicht in Vergessenheit geratene Lieder und andere Musik von späteren Entdeckern wieder in die Gegenwart geholt werden - so wie Johann Sebastian Bach durch Felix Mendelssohn-Bartholdy wiederentdeckt wurde? Diese und andere Fragen sollen nachfolgend untersucht werden.

Mein größter Wunsch – dem auch dieses Buch dienen soll – ist, dass in unserer heute so sangesarmen Welt wieder die eigene Stimme mit ihrer ganzheitlichen Wirkung entdeckt wird.

Mein besonderer Dank gilt den fast 600 Frauen und Männern, die bei einer das Singen betreffenden Fragebogenaktion beteiligt waren und damit diese Arbeit auch empirisch unterstützt haben. Sie zeigten durch viele Kommentare, wie diese Thematik brennend auf ihrem Herzen liegt – unabhängig von ihrer jeweiligen Denomination.

Danken möchte ich auch meinem Mann und meinen Kindern, die mich ermutigt haben, in höherem Alter das Studium der Beratungspsychologie (M.Sc.) zu wagen. Es war eine besondere Erfahrung für mich, in diesen zwei Jahren zu erkennen, dass durch das Studium meine grauen Gehirnzellen angeregt und belebt wurden. Ich stellte fest, dass viele Fachgelehrte an diesem Thema intensiv gearbeitet haben, wodurch meine Bescheidenheit und mein Respekt gegenüber den großen wissenschaftlichen Bemühungen der unterschiedlichen Disziplinen immer deutlicher anwuchsen.

Die intensive Umfrageaktion und damit verbundene Rechenarbeit erforderte einen großen zeitlichen Aufwand, bei dem mir Samuel Pfendt in den statistischen Aufzeichnungen geholfen hat. Auch ihm möchte ich auf diesem Wege herzlich danken.

Freudenstadt, Juni 2009

Einleitung

„Nichts auf Erden ist kräftiger, die Traurigen fröhlich, die Ausgelassenen nachdenklich, die Verzagten herzhaft, die Verwegenen bedachtsam zu machen, die Hochmütigen zur Demut zu reizen, und Neid und Hass zu mindern, als die Musik."

Martin Luther[2]

Über die Bedeutung des Singens haben namhafte Musiker und Gelehrte aus der europäischen Kultur der letzten Jahrhunderte intensiv nachgedacht. Hier nur zwei Stimmen. Georg Philipp Telemann fasst zusammen: „Singen ist das Fundament zur Music in allen Dingen."[3] Noch deutlicher sieht Goethe die Musik und vor allem den *„Gesang als Grundlage und Ausgangspunkt aller Erziehung und Bildung"*[4].

In der vorliegenden Arbeit soll der Schwerpunkt nicht so sehr auf die präzise Technik oder den musikalischen „Genuss" gelegt, sondern die heilsame Wirkung der Musik in Seelsorge, Beratung und Psychotherapie untersucht werden.

Niemals zuvor in der Weltgeschichte gab es so viele Möglichkeiten wie heute, passiv Musik zu hören. In jedem Haushalt stehen Abspielgeräte, die Preise für CDs sind äußerst günstig, fast jeder kann sich MP3-Dateien aus dem Internet laden – und dennoch oder gerade deshalb wird immer weniger *aktiv* musiziert. Mit dieser Arbeit soll das Anliegen deutlich gemacht werden, die heilsamen Wirkungen des Musikeinsatzes wieder zu aktivieren, sie in unseren Familien, Kindergärten und Schulen – aber auch in den Gottesdiensten und in der Beratung und Therapie bewusst einzusetzen.

Hierzu wird im theoretischen Teil der Arbeit über die Wirkungen der Musik und des Singens recherchiert. Mit einer empirisch orientierten Fragebogenaktion wird daran anschließend erhoben, welche Lieder - nach Meinung der ausgewählten Stichprobe - im Sinne eines „Kulturerbes" an unsere Nachkommen weitergegeben werden sollten. Abschlie-

---

2 http://www.evkirchebadlippspringe.de/predigten/Predigten2007/Estomihi2007.ht

3 Telemann, G.Ph. (1981). *Singen ist das Fundament zur Music in allen Dingen. Eine Dokumentensammlung.* Wilhelmshaven u.a. S. 17. Zit. bei Adamek. K. (1996). Singen als Lebenshilfe. Münster. S. 41.

4 Goethe, J.W. (1982). *Wilhelm Meisters Wanderjahre*, S. 151 ff. Zit. bei Adamek a.a.O.

ßend werden praktische Folgerungen gezogen und diese teilweise auch evaluiert.

Nachfolgend eine kurze Zusammenfassung der einzelnen Kapitel:

Das erste Kapitel geht der Frage nach, warum Menschen überhaupt singen, und zeigt die unterschiedlichsten Antworten. Ist Singen eine Bewältigungsstrategie? Der Sozialwissenschaftler und Singtherapeut Karl Adamek meint dazu, dass Singen zwar in dieser Funktion vor dem Hintergrund psychologischer und soziologischer Theorien bisher noch nicht systematisch und empirisch untersucht worden sei, sich jedoch in der Konsequenz langjähriger praktischer und wissenschaftlicher Auseinandersetzungen zeige, dass Singen eine Bewältigungsstrategie sein könne im Sinne eines deutschen Sprichwortes: „*Wer abends singt, dass laut es schallt, wird 120 Jahre alt.*“[5]

Auch eine Strophe von A. v. Chamisso (1781-1838) zeigt, dass Stimmungen wie Einsamkeitsgefühle, Zweifel und Ängste durch Singen als Bewältigungsstrategie aufgehoben werden können:

„*Hab einsam auch mich gehärmet, in bangem, düsterem Mut.*
Und habe wieder gesungen, und habe wieder gesungen.
Und alles war wieder gut.“[6]

Die erschütterndsten Beweise dafür, dass Singen eine Bewältigungsstrategie sein kann, zeigen Berichte von Überlebenden des Holocaust, wie das Singen, manchmal nur in Gedanken, dazu beigetragen habe, die Zeit der Konzentrationslager seelisch zu überleben[7].

Das zweite Kapitel beschreibt auszugsweise die Geschichte und Quellen der geistlichen Lieder und zeigt Möglichkeiten auf, solche Lieder seelsorgerlich zu nutzen. Dabei wird der ganzheitlichen Wirkung von Musik, speziell dem Singen, nachgegangen unter Konzentration auf das Gebiet christlicher Lieder.

Im dritten Kapitel wird über eine Befragung von ca. 550 Menschen ab 50 Jahren aus unterschiedlichen christlichen Denominationen berichtet, bei der es darum geht, welches „geistliche Liedkulturerbe“ sie gerne an ihre Nachkommen weitergeben möchten. Bei der Flut von Musik, die täglich auf uns einströmt, dürfen die lebenserfahrenen Menschen den

---

[5] Ebd. S. 23.

[6] http://www.haenssler-classic.de/fileadmin/mediafiles/scm_shopproduct/PDF/098572000_Download_Liedtexte.PDF

[7] Adamek a.a.O. S. 22.

Schatz ihrer Lieder nicht in einen Tresor legen und nur sich selbst dieses Reichtums bewusst sein – nein, er sollte in komprimierter und ausgewählter Form mitgeteilt und weitergegeben werden.

Das vierte Kapitel beschreibt mit den empirisch gewonnenen Ergebnissen einige Modelle für den praktischen Einsatz in Kirchen und Gemeinden. Dabei sollen – nachdem die Inhalte geklärt sind – Methoden gesucht werden, wie das Liedgut zum einen an Kinder und Jugendliche im Sinne einer musikalisch-geistlichen Ausrüstung für ihr Leben weitergegeben werden kann, zum andern wird auch der Bedeutung von geistlichen Liedern im Gottesdienst und in der Seelsorge nachgegangen und über deren Einsatz nachgedacht.

Im fünften Kapitel werden einige der im Kapitel 4 zusammengetragenen Möglichkeiten genauer untersucht und die Ergebnisse auch evaluiert.

1 Warum singen Menschen?

„Singen ist die eigentliche Muttersprache des Menschen".[8]

Yehudi Menuhin

Mit diesem Satz beschreibt Yehudi Menuhin eine zum Menschen gehörende ursprüngliche Kommunikationsform, die in allen Kulturen der Welt zuhause ist und in deren Alltag Lust, Trauer, Schmerz und Freude ausdrückt.

„In jedem Kind musiziert es von Geburt an", formuliert Hans Günther Bastian[9], „jeder Mensch ist für die Musik geboren. Wir beobachten die Freude aller Kinder an Musik, ihr Mitdirigieren bei den ersten klingenden Takten, die Lust am Lallgesang, den Drang nach Bewegung zur Musik, die spontane Reaktion in Mimik und Gestik, die Freude am Wiegenlied der Mutter, das erste Ordnen von Tönen auf der Klaviertastatur, die frühe Rhythmusimprovisation auf Mutters Kochtöpfen, das faszinierte Zuhören, wenn die Ente in ‚Peter und der Wolf' sich auf das Wasser rettet usw...." Bastian ist sich sicher, dass „jeder Mensch von Natur aus singen kann, so ungläubig manchem diese Botschaft auch scheinen mag. In der Badewanne oder im Fußballstadion, in der Thekenrunde singen sie alle – ohne Ausnahme. Stumm geworden sind manche allerdings vielleicht wegen traumatischer Erlebnisse in Kindheit und Schule („Sei still – Du singst falsch!")."

Beim Singen wird die menschliche Stimme gebraucht und unterscheidet sich dabei vom Sprechen durch den Einsatz von präzise definierten Tonhöhen und durch eine mehr oder weniger definierte rhythmische Struktur. Die Bedeutung des Gesangs in der Musik ist aber auch deshalb so groß, weil es mit dem Singen möglich ist, Worte in eine musikalische Linie einzubinden.

M. Spitzer[10] beschreibt die menschliche Stimme als sehr vielfältig, weil sie Sprache und Gesang, aber auch Lachen und Weinen, Flüstern, Ächzen und Stöhnen hervorbringen kann. Biologisch gesehen muss, wenn wir sprechen oder singen, vom Nervensystem und den die Stimme hervorbringenden Organen Lunge, Kehlkopf, Lippen, Zunge und Rachen-

---

[8] Vgl. http;//www.il-canto-del-mondo.de Unsere Idee.

[9] Vgl. http://www. Familienhandbuch.de/cmain

[10] Spitzer, M. (2002). *Musik im Kopf.* Stuttgart S. 251.

raum ein komplizierter koordinierter Aufwand getrieben werden, d.h. Sprache und Gesang sind feinmotorische Höchstleistungen eines Organs, das so selbstverständlich und unermüdlich funktioniert, dass wir es zumeist überhaupt nicht bemerken: unsere Stimme.

Man kann zwischen zwei Grundformen des Singens unterscheiden, dem virtuosen Kunstgesang und dem liedhaften volkstümlichen Singen[11]. Wahrscheinlich ist der Gesang die älteste und ursprünglichste musikalische Äußerungsform der Menschen. Das Instrument ist der menschliche Körper selbst, der ja immer präsent ist, dadurch können Emotionen auch unmittelbar zum Ausdruck kommen. Der Gesang hat deshalb auch für den religiösen Kult eine besondere Bedeutung.

Dass Musik in Deutschland allerdings für immer weniger Menschen als wichtig gesehen wird, zeigt ein kleiner Ausschnitt aus einem Interview, das Christine Florin vom Rheinischen Merkur (RhM) mit dem bekannten Dirigenten Kurt Masur (KM) geführt hat[12].

K M.: *„...Europa läuft Gefahr, zu verflachen, die tiefere Auseinandersetzung mit der eigenen Kultur lässt nach. In China lernen Millionen Kinder Klavier. Sie lernen nicht nur die Technik, sie erobern sich europäische Kultur und damit auch geistige Freiheit... Viele Lieder sind in Vergessenheit geraten... Zusammen mit der Musikschule Leipzig habe ich eine Bewegung für das Volkslied angestoßen. Unser Ziel ist, dass in jeder Schule ein Lehrer – es muss nicht der Musiklehrer sein – mit den Kindern Volkslieder singt. Gemeinsames Singen verbindet viel mehr, als man glaubt."*

Rh M: *„Warum muss es ein Volkslied sein? Geht nicht auch eine Hymne aus dem Fußballstadion?"*

K M: *„Auch die können viel bewegen, da haben Sie recht. Bei der friedlichen Revolution in Leipzig wurden alle Spottverse auf die Melodien von Fußballsongs gesungen."*

[11] http://de.wikipedia.org/wiki/Gesang

[12] Interview mit *Kurt Masur*, Rheinischer Merkur Nr. 35 vom 28. August 2008.

1.1. Die Funktion der Singstimme

Nach Spitzer besteht die menschliche Stimme aus einem „Energiespeicher, den Lungen, einem Erzeuger von Schwingungen, den Stimmbändern, und einem Resonanzhohlkörper, zusammengesetzt aus Kehlkopf, Rachen und Nasenhöhle. Die Stimmbänder – von Antoine Ferrein (1693-1769) zwar mit den Saiten einer Geige verglichen – funktionieren jedoch eher wie ein Doppelrohrblatt- Blasinstrument (wie z.B. eine Oboe), deren Öffnen und Schließen bewirkt, dass ein kontinuierlicher Luftstrom aus der Lunge in Luftstöße zerhackt und dadurch lautlose, gleichförmig bewegte Luft in rhythmisch bewegte Luft, also Schall umgewandelt wird.[13]

Oftmals wird die Singstimme auch mit Polsterpfeifen verglichen; die „Polster" sind die zwei Stimmlippen, welche zwischen dem Schildknorpel und jeweils zwei beweglichen Stellknorpeln (die zusammen mit dem Ringknorpel und dem Kehldeckel das Kehlkopfskelett bilden) einander gegenüberstehen und leicht nach oben gegeneinander geneigt ausgespannt sind. Zahlreiche Muskeln bewirken eine Anspannung und Entspannung der Stimmlippen, auch eine Verdickung oder Verdünnung ist möglich, da die Knorpelpaare sich aufeinander zu und voneinander weg bewegen können, wodurch entweder die Tiefe oder die Breite des Kehlkopfes verändert wird.

Für die Stimmlage sind in erster Linie die Länge der Stimmbänder und deren spezielles Schwingungsverhalten verantwortlich. So haben Kinder eine sehr hohe Stimme, die während des Wachstums sinkt, weil die Stimmbänder wachsen. Bei Jungen ist dies deutlicher ausgeprägt als bei Mädchen. Der Stimmbruch markiert die stärkste Wachstumsphase; für heranwachsende Frauen ist er nicht so deutlich spürbar.

Das Singen mit geschlossenen Lippen bezeichnet man als „Summen", dabei wird die Luft durch die Nase abgeleitet, wodurch nur eine sehr kleine Luftmenge in Schwingung versetzt wird. Andere Kulturen kennen zahlreiche weitere Formen und Techniken des Gesangs. Beispiele hierfür sind der mongolische Kehlkopfgesang und der Obertongesang.[14]

---

[13] Spitzer a.a.O.

[14] Vgl. http://de.wikipedia.org/wiki/Gesang.

1.1.1 Die Stimme der Kleinkinder und ihr Gehör

Der Wissenschaftler und Musiker Robert Jourdain[15] geht davon aus, dass die erste Reaktion eines Säuglings auf einen musikalischen Reiz darin besteht, sich diesem zuzuwenden. Im Alter von einem Monat kann das Baby bereits zwischen Tönen unterschiedlicher Frequenz unterscheiden. Diese Erkenntnisse der Entwicklung des Kindes wurden durch die Ableitung feiner Veränderungen des Herzschlags gewonnen, die dann auftreten, wenn ein Kind durch Veränderungen seiner Umgebung erregt wird.

Im Alter von sechs Monaten reagiert ein Kind auf Veränderungen einer melodischen Linie, aber es zeigt interessanterweise keine Reaktion, wenn eine Melodie in eine höhere oder tiefere Lage transponiert wird. Dies macht deutlich, dass das Gehirn eines Kleinkindes eine bestimmte Tonfolge nicht einfach im Gedächtnis speichert, sondern vielmehr eine Reihe von Beziehungen zwischen den Tönen wahrnimmt[16].

Jourdain meint weiter, dass sich in diesem Alter bereits eine Art von „Musikalität" entwickelt hat, die sich in quiekenden und glucksenden Versuchen äußert, um Töne zu erzeugen.

Neue Forschungsergebnisse[17] haben gezeigt, dass manche Kinder schon mit zwei Monaten die Tonhöhe und die Melodiekontur von Liedern wiedergeben konnten, die sie von ihrer Mutter gehört hatten.

Wenn Kinder in der Mitte des ersten Jahres anfangen zu brabbeln, beginnt auch eine Art spontanes Singen. Natürlich ist es nicht ganz einfach zu unterscheiden, was von dem Brabbeln Singen und was einfach nur Teil einer sich entwickelnden Sprache ist. Sprache hat eine eigene, ihr innewohnende Musikalität, die *Prosodie*. Wenn sich zwischen dem zwölften und achtzehnten Monat das Brabbeln zu ersten erkennbaren Worten entwickelt, beginnt das Kleinkind Vokale auf eine Weise zu dehnen, die eindeutig musikalisch ist. Allmählich taucht etwas auf, was sich grundsätzlich von der Sprache unterscheidet. Das Kind posaunt es heraus und benutzt dabei statt Wörter zufällige Silben: es singt.

Manche Eltern mögen wohl hinter solchen frühen musikalischen Leistungen einen kleinen Mozart vermuten; bevor man jedoch das, was das Kind jetzt macht, Musik nennen kann, muss es noch einen weiten Weg

---

[15] Jourdain, R. (2002). *Das wohltemperierte Gehirn.* Heidelberg S. 91.

[16] Man würde in der Gestaltpsychologie hierbei von „musikalischen Gestalten" sprechen.

[17] Jourdain a.a.O.

zurücklegen. Es wiederholt die gleiche melodische Figur immer wieder, verzerrt aber die Intervalle zwischen den Tönen, indem es sie bei einem Durchgang einmal vergrößert und dann wieder verkleinert – alles unkontrolliert. Kleineren Kindern fehlt also der Sinn für harmonische Verbindungen einer Melodie, für sie ist es eine Art Achterbahnfahrt mit der Stimme.

Erst mit drei oder vier Jahren hören Kinder auf, jeden Ton von sich zu geben, der ihnen in den Sinn kommt, und beginnen stattdessen die Musik der Kultur zu reproduzieren, in der sie aufwachsen.

1.1.2 Säuglingsforschung über den Rhythmus[18]

Rhythmus liegt uns im Blut, wie man so schön sagt. Aber ist uns das Gefühl hierfür wirklich schon angeboren? Oder wird es erst im Laufe der ersten Lebensmonate erlernt und später verfeinert? Wenn uns ein guter Rhythmus „in die Beine fährt", können wir kaum umhin, mit dem Fuß zu wippen oder zu tanzen. Auch wenige Monate alte Kleinkinder fangen schon an, sich mit sichtlicher Freude im Takt zu bewegen. Bei Neugeborenen allerdings ist nicht so eindeutig festzustellen, ob sie auf Melodie oder Rhythmik reagieren. Wissenschaftler der Hungarian Academy of Sciences in Budapest schauten wenige Tage alten Babys mit bildgebenden Verfahren ins Gehirn, während ihnen Schlagzeugtakte aus der Rockmusik vorgespielt wurden. Die acht Schläge langen Takte wiederholten sich ständig und waren eine Mischung aus Bass-Trommel, kleiner Trommel und Hi-Hat (zwei aneinander schlagende Becken). Während das Hi-Hat jeden der acht Schläge ausführte, waren Bass und kleine Trommel nur bei bestimmten Schlägen zu hören, der Bass diente dabei als Taktgeber.

---

[18] Vgl. Frauke Focke in: Spektrum der Wissenschaft vom 26.1.2009.

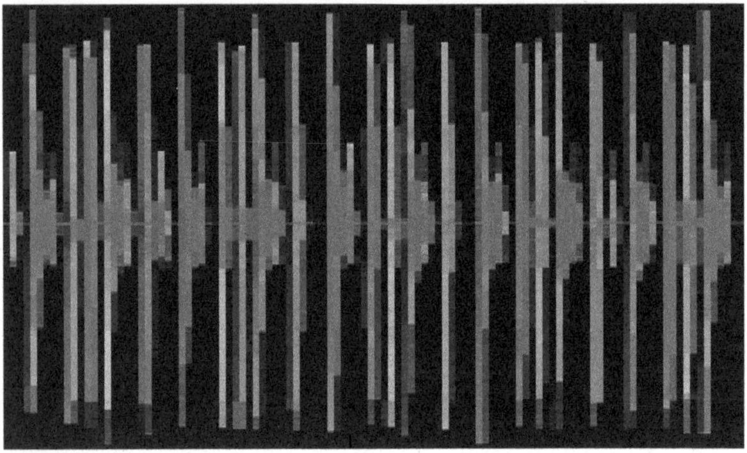

Abbildung 1: Schlagzeugrhythmus

Die Forschergruppe um István Winkler untersuchte nun, was passiert, wenn ein bestimmter Schlag des Achter-Taktes fehlt. Von Erwachsenen ist bekannt, dass sie eine solche Abweichung in gleichförmigen Melodien oder Rhythmen erkennen können, was unter anderem daran sichtbar wird, dass die Linien der Hirnstrommessung (EEG) auf charakteristische Weise ausschlagen - selbst dann, wenn man sich auf etwas völlig anderes konzentriert oder schläft. Das Gehirn entwickelt also so etwas wie eine Erwartungshaltung, dass der gleichförmige Rhythmus immer genau so wiederkehrt.

Beruht diese Erwartungshaltung aber nun darauf, dass wir im Laufe des Lebens immer wieder Musik hören, dies also erlernen? Zur Beantwortung dieser Frage spielten die Wissenschaftler schlafenden Neugeborenen verschiedene Taktsequenzen vor. Diese zeigten tatsächlich den typischen Ausschlag im EEG, wenn ein „falscher“ Takt dazwischen war.

Dabei war wichtig, was genau fehlte: Wenn nur ein Zwischenschlag des Hi-Hat ausgelassen wurde, der in der Rhythmushierarchie relativ unwichtig ist, reagierten die kleinen Hörer nicht. Nur wenn wirklich die Struktur zerstört war, indem zum Beispiel der erste Schlag - der sogenannte "downbeat" - weggelassen wurde, wurden sie hellhörig. Spielte man allerdings den Bass allein, dann wurden Auslassungen auch nicht erkannt - der rhythmische Kontext gehört also dazu. Auch wenn den Kleinen nur eine Abfolge von ständig „falschen" Takten angeboten wurde, zeigte das Gehirn keine Reaktion - die Vergleichsmöglichkeit fehlte.

Die Fähigkeit, Rhythmusstrukturen und Verletzungen ihrer Regeln zu erkennen, ist also bei der Geburt schon vorhanden, vielleicht sogar genetisch verankert. Was aber ist der Vorteil eines solchen Taktgefühls? Musik bewirkt ein Zusammengehörigkeitsgefühl, das wichtig für unser Sozialverhalten ist, glauben die Forscher. Auch Sprache ist rhythmisch aufgebaut und das richtige Gefühl dafür, wann und wie man reagiert, ist essentiell für eine gelungene Konversation. Unsere Lust am Takt könnte also nichts weiter als ein Beiwerk unserer Sprachfähigkeit sein.

1.1.3 Vokalimprovisation in der Gruppe

Neben dem Singen von unterschiedlichen Formen von Liedern besitzt die freie Improvisation mit der Stimme eine ganz besondere Relevanz für die Musiktherapie. Sabine Rittner stellt fest[19], dass bei der Vokalimprovisation auch „*transpersonale und zutiefst spirituelle Erfahrungen*" möglich sind und meint, dass es sich bei einem solchen Singen um die direkteste tönende Erscheinungsform leib-seelischer Einheit handelt, die dem Menschen möglich ist:

„Kein Instrument rührt meiner Erfahrung nach in der aktiven Improvisation derart unmittelbar an tiefe emotionale Schichten, kann derart heftige körperliche Reaktionen auslösen und öffnet, gelegentlich nach einer Phase der Katharsis, Tore zu eigenständigen, auch körperlich heilsamen Ressourcen des Patienten wie die Stimme. Sie kann das Kennenlernen des eigenen Selbst fördern und die Begegnung mit der weisen, lebensbegleitenden ‚inneren Stimme' unterstützen."[20]

Vor einem solchen Hintergrund ist es verständlich, dass bei der freien Vokalimprovisation in der Gruppentherapie häufig ein Gruppentrance-Phänomen beobachtet werden kann. Bei einer klanglichen Interaktion

„im gemeinsamen, freien, achtsamen Tönen führt es zu einem schwebenden Eingebundensein, zu frei flottierender Begegnung im ‚amniotischen Universum' der verschmelzenden Stimmklänge, zu diffusem Kontakt als Teil des Ganzen. In der Regel entsteht sehr schnell ganz von selbst das Bedürfnis, die Augen zu schließen, um gänzlich ins Hören und sinnliche Spüren ‚einzutauchen'... Auch diejenigen, die stimmlich nichts

---

[19] In: Decker-Voigt, H.H. (1996). *Lexikon Musiktherapie.* Göttingen S. 364 f.

[20] Sabine Rittner, 1996, S. 364f.

von sich geben mögen, haben sinnlich Anteil an diesem Geborgensein im Gruppenklang." (Ebd.)

Rittner bemerkt in diesem Zusammenhang, dass es nur selten vorkommt, dass Ambivalenzen und Symptome „angstvoller Ich-Auflösung" auftauchen, wie sie von Dittrich[21] als eine charakteristische Phase beim Übergang in veränderte Bewusstseinszustände angesehen werden. Ein Hauptgrund hierfür ist, dass das Ausmaß der aktiven Beeinflussbarkeit des Prozesses in jedem Moment für jeden Einzelnen sehr hoch ist.

Das oben Beschriebene wird von Senf [22] dadurch erklärt,

„dass durch den akustischen Modus in besonderer Weise das Moment des Abstandes hinweg fällt. Hören ist ein Fernsinn, jedoch anderer Art als das Sehen. [...] ob nah oder fern, der Ton dringt ohne Abstand in uns ein."

So schreibt Rittner weiter:

„Diese Fähigkeit der Stimme, Distanz aufzuheben, auch wenn kein visueller oder körperlicher Kontakt zur Bezugsperson aufgenommen werden kann, ist bereits für das Kleinkind zur Regulation von Verschmelzung in Nähe und Individuation in Distanz von größter angstmindernder Bedeutung."[23]

In dem Film „As it is in Heaven" (Wie im Himmel) von Kay Pollak (2006) wird deutlich, wie insbesondere im Vokalsingen der Mut zu der eigenen Stimme wächst und das Aufeinander-Hören ein Gefühl der Zusammengehörigkeit erzeugt, bei dem Offenheit und Aufrichtigkeit mit Solidarität verknüpft werden.

Ganz anders und sehr schnell wirken geräuschhafte Anteile in Form von stimmhaften oder stimmlosen Konsonanten und nicht-sprachlichen Mundartikulationen auf die Gruppenatmosphäre: Die Augen öffnen sich dann wieder, es wird Kontakt aufgenommen, konkrete Beziehungen entstehen durch Mimik und Gestik und verstärken das sich Mitteilen-Wollen.

---

[21] Dittrich, A. (1985). Ätiologie-unabhängige Strukturen veränderter Wachbewusstseinszustände. Stuttgart, Enke.

[22] Senf, W. (1988). *Anthropologische Gesichtspunkte der Stimme*. Vortrag auf dem internationalen Symposium „Aktuelle Probleme der Stimmtherapie", II. Kommunikationsmedizinische Tage, Bad Rappenau S. 4f.

[23] Decker-Voigt, 1996, S. 366.

Die Vokalimprovisation ist also ein bedeutsames Medium, durch das besonders in der Gruppe ein Zugang gefunden werden kann, der zum einen sehr hilfreich eingesetzt, zum andern aber auch einer gefährlichen Manipulation Tür und Tor öffnen kann.

1.1.4 Unser Ohr – das Tor zur Welt

Der Musiktherapeut und Psychologe Hans-Helmut Decker-Voigt[24] geht davon aus, dass die Verarbeitung musikalischer akustischer Reize hirnphysiologisch gesehen im Vergleich zum Umsetzen anderer Reize wie visueller, Geruchs- oder Berührungsreize die intensivste Tätigkeit ist. Dies ist u.a. daran erkennbar, dass unsere Hörzellen im Gehirn auf Reize reagieren können, deren Energiemenge zehnmillionen mal kleiner ist als diejenige Reiz-Energie-Menge, die für die Wahrnehmung einer Berührung über die Haut nötig ist. So gesehen „be-rührt" Musik unvergleichlich früher als jeder andere Reiz.

Bei der Frage, wie Musik bei Schwerhörigkeit bzw. Taubheit erlebbar ist, kann das Leben Beethovens als Beispiel dienen, der bei völliger Taubheit seine 9. Symphonie dirigierte. Immer wieder wurde spekuliert, auch wegen der extremen Chorlagen in dieser Symphonie, ob er sich nach so langer Taubheit die Musik noch intensiv und realistisch vorstellen konnte. Zeitgenossen und Freunde sind der Meinung, dass die Taubheit gerade ihn zu einer extremen Verinnerlichung und Konzentration gezwungen hat und er sich alle seine Kompositionen vorstellen konnte.[25]

Interessant sind in diesem Zusammenhang auch die Beobachtungen, wie Musik für Gehörlose wahrgenommen werden kann und wie Gebärdensprachdolmetscher diese „übersetzen".

Hier der Auszug aus einem Interview von Hanna Schlott (S) mit dem Gebärdensprachdolmetscher Christian Pflugfelder (P)[26]:

S: *„Sie dolmetschen den Text eines Liedes- wieviel vom Klang einer Stimme, eines Instruments oder sogar eines ganzen Orchesters lässt sich dabei vermitteln? Und wie schaffen Sie es überhaupt, gleichzeitig Text und Musik „rüberzubringen"?*

---

[24] Vgl. Decker-Voigt, H.H. (1991*). Aus der Seele gespielt.* München S. 40.

[25] Vgl. http:// www.h-eike.net/leBeethovenLeben.htm.

[26] Musik für die Augen: Auszug aus einem Interview von Hanna Schott mit dem Gebärdensprachdolmetscher Christian Pflugfelder in: „Psychotherapie & Seelsorge" 3/2005.

P: *„Gehörlose können die Dimension eines Liedes mit musikalischer Begleitung meist nur erahnen... Wir versuchen ein Musikstück oder ein Lied in seiner Gesamtheit wahrzunehmen und zu interpretieren. Dazu gehört beispielsweise, die Melodie einer eher an Tanz erinnernden Darstellung wiederzugeben. Einen mehrstimmigen Text oder Background-Stimmen dolmetschen wir oft zu zweit, indem wir hintereinander stehen."*

S.: *„Hörende können sich schlecht vorstellen, was Gehörlose wohl von Musik mitbekommen, und es erstaunt erst recht, dass Sie sich sogar an die Übersetzung von Bachs „Weihnachtsoratorium" wagen. – Welche Art von Musik lässt sich Gehörlosen nahebringen und welche nicht?"*

P: *„Das ist sicherlich vom Individuum und seinen musikalischen Vorerfahrungen abhängig. Wir haben aber die Erfahrung gemacht, dass das gehörlose Publikum sich immer darüber freut, einen Zugang zu einer Musikrichtung oder einem Stück zu bekommen. Grundsätzlich sagen Gehörlose, dass ihnen Musik mit starken Bässen möglichst in hoher Lautstärke und über gute Resonanzkörper übertragen mehr bringt als die leisen, feinen Töne..."*

S.: *„Musik belebt, Musik entspannt, tröstet und wühlt auf – kann etwas von den sogenannten Affekten der Musik für Gehörlose durch die Gebärden erlebbar gemacht werden?"*

P: *„Mein Eindruck ist, dass Gehörlose nicht immer die gleichen Wirkungen der Musik – auch nicht durch gedolmetschte Musik – erleben wie Hörende. Manchem scheint die Interpretation gelungen, wenn er die Texte verstanden hat, eine andere ist zu Tränen gerührt, weil sie das erste Mal mehr als nur Lippenbewegungen und die mechanische Benutzung von Instrumenten wahrnehmen konnte.... Wichtig ist mir vor allem, dass die Begegnung mit Musik den Gehörlosen hilft, mit der ‚sonderbaren hörenden Welt' um sich herum besser umgehen zu können."*

Hörbehinderte lernen es, *‚mit der Seele zu hören'*[27] und nicht selten nehmen sie dadurch mehr und anderes wahr als Normalhörende. Ihre Symbolfähigkeit zeigt sich in der Gebärdensprache, die dem Geübten ermöglicht, sinnfällig mit den Händen zu sprechen. Der Gesichtssinn kompensiert den Mangel an Hörvermögen.

---

[27] Heymel, M. (1999). *Trost für Hiob.* München S. 150.

In dem Film „Jenseits der Stille" (Deutschland 1996) von Caroline Link wird eine Szene gezeigt, in der ein Lehrer einer Klasse gehörloser Kinder Musik vorführt: Die Kinder legen sich im Kreis auf die Erde, mit einem Ohr möglichst nahe am Fußboden, um an ihrem Körper die Schallwellen zu spüren, die von zwei großen Lautsprechern erzeugt werden. So bekommen die Kinder ein Körpergefühl für Musik.

Decker-Voigt skizziert die Grundlagen des Hörens wie folgt([28])

1. Reizquellen:

Äußere Reizquellen	**Innere Reizquellen**
• Musikinstrumente, • die Stimmen anderer, • Naturlaute • mechanische u. elektronische Geräte	• Puls, Herzschlag • die eigene Stimme • Stoffwechsel • Muskelbewegung • Darmtätigkeit • Skelettbewegungen

2. Mit diesem Hören werden wahrgenommen:

- Geräusche
- Wörter
- Musik (Rhythmus, Melos, Dynamik, Tempo, Klang, Zusammenklang)
- Klänge im weiteren Sinn
- Stille (als Abwesenheit dieser Reize, außerhalb unserer Wahrnehmungsmöglichkeit wird es als Infra- bzw. Ultraschall bezeichnet)

3. Alles Hörbare wird durch Schall vermittelt, der als Schwingungen auf unser Ohr trifft.

Diese nehmen folgenden Weg über unseren Gehörgang, wobei sie in ständiger Wechselwirkung miteinander sind (→ Abb. 2).

[28] Vgl. Decker-Voigt (1991) a.a.O. S 43.

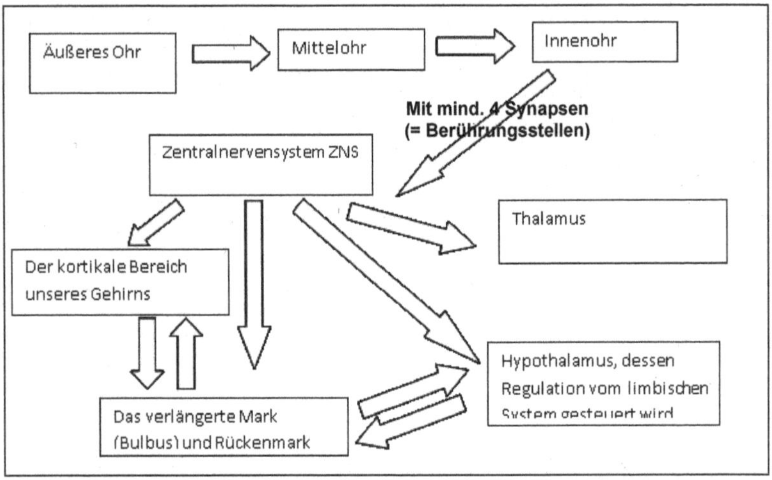

Abbildung 2: Der Weg des Schalls ins Gehirn

Die interessante Rolle bei unseren Reaktionen auf Musik spielt das sogenannte vegetative Nervensystem, das wir nicht wie das zentrale Nervensystem willentlich steuern können.

So erfolgt unsere Reizreaktion auf den Schall in Form eines bestimmten beobachtbaren Verhaltens.

Wir können uns als Ausdruck für alle möglichen und unmöglichen Gefühle folgendermaßen verhalten:

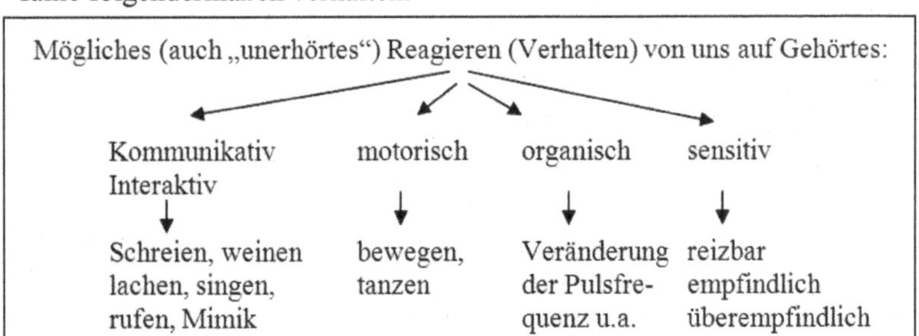

Abbildung 3: Reaktionen auf Gehörtes

All das ist Ausdruck für unser Gefühl, für unser „Fühlen beim Hören.“ Alle Reize - so schreibt Decker-Voigt – „ernähren“ uns, akustisch-musikalische Reize jedoch sind das wichtigste „Nahrungsmittel“, weil sie zum einen unseren „Strom“ im Gehirn mobilisieren und zum anderen auch unser Gefühlsleben.

Nachfolgend eine Hör-Übung als Demonstration:

> *Beide Ohren zuhalten und auf die „Körpermusik“ lauschen. Was hören wir?*
>
> *Das Rauschen stammt von unserem Blutkreislauf, das wir auch in einer Muschel als eine Art Echo hören. Als Kinder meinten wir fasziniert „das Rauschen des Meeres“ darin zu hören, auch wenn wir sie zuhause, weit weg vom Meer an unser Ohr hielten.*
>
> *Dieser Blutkreislauf, der durch das Herz einen körperinternen Rhythmus nach außen hörbar macht, können wir beim schnellen Treppensteigen am Pochen unserer Schläfen, am Puls oder der Halsschlagader entdecken und dann mit einem Finger oder der Hand auf der Tischplatte nach klopfen. Voilà – unsere „Herzmusik“, die Musik, die wir stets mit uns tragen.* [29]

Decker-Voigt berichtet von Stadtbewohnern, die in den Ferien auf dem Lande die Stille nicht aushalten und den Straßenlärm suchen gehen, als „Menschen mit einer gewissen Wahrnehmungsstörung, welche in akustischer Reizüberflutung und verkümmerter akustischer Sensibilität begründet liegt. So kann man aber auch sagen: Wenn wirklich nichts mehr zu hören ist, stirbt nicht nur irgendetwas in uns ab, sondern wir sterben, und zwar mangels Energiezufuhr für unseren Hirnstrom“.

Diese Erfahrung bestätigt auch Alfred Tomatis, französischer Arzt und Musiktherapeut in seinem Buch „Der Klang des Lebens“, indem er der Rolle nachgeht, die dem Gehör bei der vor- bzw. nachgeburtlichen seelischen Entwicklung zukommt. Umstritten ist zwar seine These, dass eine Schwangere, wenn sie eine Fremdsprache spricht, ihrem Kind eine besondere Begabung für diese Fremdsprache mitgibt, unumstritten jedoch die Entdeckung von Tomatis, dass jede Sprache wirklich ihre eigene Musik aufweist. Bedeutsam ist auch seine Erkenntnis, dass das Ohr für den Menschen psychisch-emotional das wichtigste lebensbestimmende Organ ist. Dabei zeigte Tomatis durch intrauterine Mikrofonaufnahmen, dass schon der Fetus stimmlich reagiert: Er „tönt“, wimmert, gibt Laute von sich.

Meist ist die physische und psychische Ernährung mit der Stimme der Pflegeperson verbunden.

---

[29] Vgl. ebd. S. 48.

„Ob begleitende Sprechgesänge, Kinderlieder oder unartikulierte Laute der Zuwendung wie „Eieiei“ und „Oioioi“ oder „Sojaja“ (dies klingt in allen Kulturkreisen verblüffend ähnlich) – lebenslang werden wir in den Tiefen unserer Erinnerung mit Stimmausdruck eine „heile Welt“ assoziieren. Heil deshalb, weil uns „Stimme“ ... an jene Zeit erinnert, in der Kränkungen, Verletzungen und Beängstigungen der Seele noch erträglich schienen.“[30]

So hören wir den mütterlichen Herzschlag vor unserer Geburt bereits etwa 26 Millionen Mal und auch am Ende unseres Lebens vernehmen wir bis zuletzt musikalische oder akustische Signale, während sich andere Wahrnehmungskanäle früher schließen. Als Sterbende oder Koma-Patienten hören wir besser und mehr, als die anwesenden Angehörigen, Ärzte, Pfleger usw. bisher ahnen konnten.

1.1.5 Stimmbildung im Enkulturationsprozess

Decker-Voigt geht der Frage nach, wie die Bildung und Ausbildung der menschlichen Stimme in unserem Kulturkreis ist und sieht darin

„auf weiten Strecken die Geschichte einer Stimmbildungskatastrophe, die Geschichte der Verengung unseres Stimmausdrucks auf gesellschaftliche vorgegebene Normen, durch Grenzen, die eng sind“[31],

was nicht nur etymologisch mit Angst zu tun hat. Das Beherrschen von Gefühlen soll in einer leisen, zurückgenommenen Stimme deutlich gemacht werden und wer kennt nicht die Begrenzung in Ballungsgebieten, selbst auf Spielplätzen ‚leise zu spielen‘! In unserer Kultur sind wir auf Regeln angewiesen, die sowohl den Freiraum als auch die Einengung des Ausdrucks zeitlich begrenzen,

„angewiesen darauf, dass wir im Unterricht, in Konzerten oder Gottesdiensten nicht grenzenlos mit dem Ich-Ausdrucksmittel Stimme dem Ich freien Ausdruck geben können.“[32]

„Diese Stimme ist im Enkulturationsprozess von Kindheit an gefangen“,

zitiert Decker-Voigt Fritz Klausmeier,

---

[30] Ebd. S. 282.

[31] Ebd. S. 283.

[32] Ebd. S. 284.

„das heißt, wir kennen uns nicht aus im stimmlichen Ausdrücken seelischer Extreme. Und diese Nichtkenntnis des eigenen stimmlichen Ausdrucks führt beim heranwachsenden Kind auch zu einer Nichtkenntnis der psychisch-emotionalen Vielfalt seiner Seele, all ihrer ‚Hebungen und Senkungen', vergleichbar mit der Atmung." [33]

Decker-Voigt hat schon in den siebziger Jahren im Auftrag der Evangelischen Fachhochschule Rheinland-Westphalen-Lippe Messungen auf verschiedenen Schulhöfen durchgeführt, um den Lautstärkepegel in den großen Pausen vergleichen zu können, den er als Indikator für gebremste bzw. fließende Aggressivitätspotentiale interpretierte. [34] Die Messungen ergaben, dass die Lautstärken in Schulen inmitten städtischer Ballungsgebiete mehr als doppelt so hoch lagen als in ähnlich strukturierten Schulen kleinerer Städte mit landwirtschaftlichem Hintergrund. Woher kam das?

„Die motorische Wucht, mit der die Kinder und Jugendlichen im Großstadtraum nach dem Pausenzeichen auf die Schulhöfe drängten, stand für uns im Zusammenhang zur akustischen Aggressivität, die sich im Schreien, Grölen, Überschreien, Niederschreien äußerte."

Deutlich weniger Ausdruck von Aggressivität wurde in den ländlichen Gebieten festgestellt. Die Befragung ergab, dass die Schüler im städtischen Ballungsgebiet in ihrer Freizeit akustisch ähnlich wie in der Unterrichtszeit eingeengt waren, während 84 Prozent der Schüler im ländlichen Bereich von ihren Spielräumen auf den elterlichen Höfen berichteten, „*wo wir machen können, was wir wollen*." Der Stimmausdruck der Kinder war ein Indikator der Freiräume ihrer Spielmöglichkeit.

1.2 Ein kurzer historischer Rückblick zur Entstehung der deutschen Gesangskultur und Lieder

Das Lied ist eine

„sangbare lyrische Gattung, meist aus mehreren gleich gebauten und gereimten Strophen." [35]

[33] Ebd. S. 284 f.

[34] Vgl. ebd. S. 285 f.

[35] Brockhaus Enzyklopädie, Mannheim 1990 Band 13 S. 385.

Dabei gehört der Gesang zur Kultur aller Zeiten und Völker und kann auch alle Lebenssituationen begleiten. Im Gesang entwickelten sich die unterschiedlichsten Formen, u.a. religiöse und rituelle Gesänge, Kinderlieder, Arbeitslieder, Liebeslieder, etc.

Literarisch fassbar wird das „Deutsche Lied" erstmals bei den noch deutlich von der Hymne karolingischen Geistes geprägten religiösen Liedern wie dem Petrus-Lied[36] um 800-900, dann im Sinne eines echt liedhaften Charakters mit strophischer Gliederung bei dem Melker Marienlied (Mitte 12. Jh.). Die seit dem 12. Jh. v. a. zu findenden höfischen Lieder des Minnesangs sind dann neben der Spruchdichtung im 13. und 14. Jh. ein Vorbild des Meistersangs im 15. und 16. Jh.

Während diese Kunstform des Lieds nach der Mitte des 16. Jh. zunehmend zurückgedrängt wird, bleiben Volkslieder und - unter dem Einfluss der Reformation - das volkssprachliche Kirchenlied lebendig.

Gegen Ende des 16. Jh. entwickelt sich ein neuer Liedertypus, zum einen durch Anknüpfung an die Lyrik der italienischen Renaissance, zum andern durch die Aufnahme der literarischen Traditionen der lateinisch humanistischen Kunstlyrik des 15. und 16. Jh. sowie durch die Orientierung an französischen und niederländischen Vorbildern (M. Opitz).

Eine gefühlsbetonte Ausweitung des ästhetisch-rationalistisch-barocken Liedes erfolgte in den geistlichen Liedern (z.B. Angelus Silesius, Paul Gerhardt u.a.) und dann vor allem in den Liedern des Pietismus. Neu entdeckt werden auch die gemüthaft natürlichen Volksliedtraditionen (u.a. M. Claudius).

Die weitere Entwicklung des Liedes führte im 19. Jh. zu dem Goetheschen Typus des „klassisch-humanen Seelenliedes", nur modifiziert durch Übersteigerung des Gefühlhaften oder der Klangreize (C. Brentano, Novalis, N. Lenau u.a.), zur Betonung des Volksliedhaften (J. von Eichendorff, L. Uhland u.a.), durch neue Themen (z.B. politisch E.M. Arndt) oder zur Überbetonung des Formalen (F. Rückert; Münchner Dichterkreis).

Seit dem Symbolismus und Impressionismus wird das Lied immer weniger sangbar und tritt seit dem Expressionismus hinter andere lyrische Ausdrucksformen zurück.

---

[36] Paderborner Repertorium der deutschsprachigen Textüberlieferung des 8. bis 12. Jahrhunderts.

Vor dem Hintergrund einer neuen Einstellung gegenüber dem Wort-Ton-Verhältnis, das auf eine Verschmelzung von Sprache und Klang abzielt, ist der Liedbegriff in der Musik nach 1950 insgesamt unscharf geworden[37].

1.2.1 Volksmusik: Lieder „von der Wiege bis zum Grab"[38]

Herman Rauhe schreibt zu den Volksliedern:

> *„Es ist die Musik der Bauern und der Landbevölkerung, die von keiner Institution getragen, sondern in mündlicher Überlieferung von semiprofessionellen Volkssängern und Spielleuten verbreitet wird. Volkslieder sind konservativ, d.h. Neuerungen werden nur zögernd und langsam aufgenommen. In der Volksmusik werden nur diejenigen Lieder bewahrt, die ‚beliebt' sind, denn die Volksmusik steht unter keinem Zwang wie die Musik in Tempel, Kirche, Synagoge oder Stammesgesellschaft. Sie begleitet das tägliche Leben der Landbevölkerung von der Wiege bis zum Grabe und vermittelt soziale Geborgenheit für die Bewohner eines Dorfes. Sie dient der Bewältigung psychischer und sozialer Spannung des Alltags und bringt die Freuden und Sorgen des Landlebens mit Witz und Spott auf realistische Weise zum Ausdruck."* [39]

Rauhe geht auf die schier unüberschaubare Vielfalt der Volksmusiken der ganzen Welt ein und zeigt, dass Schweden zu denjenigen Ländern Europas gehört, in denen sich bis heute ein besonderer Reichtum traditioneller Volksmusik erhalten hat. Es liegt wohl daran, dass die Menschen dort unter harten klimatischen Bedingungen und bis vor nicht allzu langer Zeit in einem dünn besiedelten agrarischen Land lebten, das erst sehr spät von der industriellen Revolution erfasst wurde. So gibt es in Schweden ein Repertoire des Volkssängers Martin Martinsson, das von Hochzeitsliedern über Kinder- und Wiegenlieder, Lieder zum Weiden der Schafe, Spottlieder, Witz- und Blödellieder usw. bis zu mittelalterlichen Balladen und dem *trallar* (Melodien auf der Geige gespielt) reicht. Manche dieser Tanzmelodien sind so beliebt, dass sie im Volk ohne Text nur mit *„dum, di, diddel, di"* oder *„fallie, ralli, radiralla"* gesungen werden.

---

[37] Vgl. Brockhaus Enzyklopädie a.a.O.

[38] „Von der Wiege bis zur Bahre" ist der Titel der letzten symphonischen Dichtung von Franz Liszt im Jahr 1881.

[39] Rauhe H., Flender R. (1986). *Schlüssel zur Musik.* Düsseldorf S. 55.

Seit den letzten 100 Jahren können wir eine epochale Veränderung von Volksmusik feststellen. Mit der Erfindung der modernen Tonträger wird das Volkslied, das von Generation zu Generation überliefert wurde, weitgehend verdrängt. Dadurch, dass heutzutage eine technische und nicht mehr eine traditionelle mündliche Überlieferung stattfindet, kommt es zu einer völligen Umstrukturierung des Umgangs mit der Musik.

Zu der heutigen Popularmusik (Schlager) schreibt Rauhe:

„Dem Schlager kommt trotz seiner Klischeehaftigkeit die Wirkung einer schmerzlindernden Droge zu, die Krankheit zwar nicht heilt, sie jedoch erträglicher macht. Der in seinem Rollenverhalten verunsicherte Jugendliche sucht Halt in einer passiven Rezeption großer Quantitäten von Musik, die ihn einerseits regressiv in einer motorisch reflexbestimmten Hoffnung bestärkt und andererseits gegen die Gefahr einer übermäßigen Sensibilisierung abhärtet". [40]

Insbesondere die aus dem angloamerikanischen Raum übernommene Rock- und Beatmusik erfüllt heute bei Jugendlichen die Funktion einer „Initiation" und wird zusammen mit Kleidung und Umgangsformen ritualisiert. Dabei wird Aggressivität durch Musik kanalisiert.[41]

Dem eher gesellschaftskonformen Schlager steht im letzten Drittel des zwanzigsten Jahrhunderts ein wachsendes Potential gesellschaftskritischer Liedermacher gegenüber (Hannes Wader, Franz-Joseph Degenhardt, Konstantin Wecker usw.).

Die jüngeren Entwicklungen des deutschen Schlagers, wie er sich in der sogenannten „Neuen Deutschen Welle" artikuliert, führt zu einer weiteren „Verwilderung" der Ausdrucksweise (Nina Hagen), die auch durch das Image (Nasenringe, Tätowierungen, Pearcing) an die Ekstasetechniken primitiver Stammeskulturen erinnert.[42]

1.2.2 Lieder der Kinder

Weil die kindliche Sozialisation in hohem Maße die Musikalität beeinflusst, kommt dem Kinderlied eine besondere Bedeutung zu.

---

[40] Ebd. S. 200.

[41] Willis, P. (1981). *Profane Culture. Rocker, Hippies: Subversive Stile der Jugendkultur*. Frankfurt.

[42] Vgl. Rauhe a.a.O. S.200.

Nachfolgend soll kurz auf die jüngere Geschichte des Kinderliedes eingegangen werden.[43]

Dabei wird zwischen zwei Formen des Kinderliedes unterschieden: Zum einen gibt es das von Erwachsenen geschriebene Kinderlied, zum andern Lieder, die Kinder selbst oftmals frei improvisieren. Diese Improvisation beginnt bereits mit dem Lallen des Säuglings, dem der Singsang des Kleinkindes folgt und der sich dann mit Worten der Erwachsenen angereichert weiterentwickelt.

Fast alle der in Deutschland bekannten Kinderlieder stammen aus dem 19. Jahrhundert. So schrieb allein Heinrich Hoffmann von Fallersleben (1798-1874) Texte zu ca. 500 Kinderliedern (z.B. das Rätsellied „Auf unsrer Wiese stehet was, watet durch die Sümpfe“). Auch Ernst Anschütz („Fuchs du hast die Gans gestohlen“ aus dem Jahr 1824) oder der Pädagoge Friedrich Fröbel („Häschen in der Grube“ aus dem Jahr 1840) sind als Textgestalter zu nennen.

Von den alten Kinderliedern sind noch einige in Carl Orffs „Musik für Kinder“ (Orff-Schulwerk) und in alten Liederbüchern, z.B. „Des Knaben Wunderhorn“ von L.A. von Arnim und C. Brentano zu finden.

In den 50er und 60er Jahren kamen neue Kinderlieder wie „Ein Ele-Zwele-Trelefant“ von H. Poser hinzu und in den 70er Jahren liefen mehrere Richtungen zum Thema „Musik für Kinder“ parallel. Schulen, Kirchen und Rundfunkanstalten hatten damals ihre eigenen Kinderchöre, bevor Texter und Komponisten mit ihrer Musik für Kinder neue Wege gingen. Dadurch entstanden viele neue Kinderlieder.

1968 erschien die Erprobungsfassung des „Curriculums Musikalischer Früherziehung“ beim Verband Deutscher Musikschulen, das dann ab 1970 an vielen Musikschulen eingeführt wurde. Durch diese Aktion konnte ein zwar kleineres, aber motiviertes Häuflein von Kindern über die gesangsarme Zeit gebracht werden (vgl. auch Kapitel 1.2.1).

Viele Verlage nutzten die damalige 68-er Bewegung für ihre Publikationen.[44] Nach der „Wende“ tauchten in den 90er Jahren neue Kinderliedermacher auf. Zu dieser Zeit verschwand aber auch der Schulfunk, und der Kinderfunk wurde auf ein Minimum reduziert - Kinderchöre wurden nicht mehr gebraucht.

---

[43] Vgl. http://de.wikipedia.org/wiki/Kinderlied

[44] U.a. 1973 mit dem Sängerpaar Christiane und Fredrik und seinen realitätsbezogenen Kinderliedern wie z. B. „Der Vater ist die Arbeit los“.

Heute setzen die großen Schulbuchverlage wieder vermehrt auf die Verbindung von traditionellen und neuen Kinderliedern – oft auch mit Liedern aus der ganzen Welt.[45] Es soll dem Trend entgegengewirkt werden, dass auf Veranstaltungen, in Kindergärten, Grundschulen oder Vereinen die Kinderlieder heute nur noch selten eine tragende Rolle spielen.

Die noch zu Ende des 20. Jahrhunderts üblichen Auftritte von Liedermachern sind für viele dieser Institutionen nicht mehr finanzierbar und werden durch das Abspielen von CDs ersetzt. D.h. Musik wird nicht mehr aktiv gemacht, sondern überwiegend passiv konsumiert, Kinderlieder werden industriell hergestellt und vertrieben – wie die meiste Musik für Erwachsene auch. Heute sind in den Kindersendungen der Rundfunkanstalten Anteile singender Kinder auf ein Minimum reduziert. Was nicht in den industriellen Mainstream passt, wird abgeschaltet und mindert deshalb die Einschaltquote. So gesehen fehlen für viele Kinder wesentliche Lernmodelle im Sinne eines Lernens durch Beobachtung.

Laut Margarete Jehn, einer deutschen Schriftstellerin und Liedermacherin, helfen Singen, Spielen und Tanzen dazu, uns selbst in unserer Kindheit zu verstehen und die Welt um uns kennenzulernen. Ganz von selbst öffnen sich zu dieser Zeit

„Türen zum inneren und äußeren Leben, an denen in einer späteren Entwicklungsphase möglicherweise lange und mühsam gerüttelt werden muss – wenn sie sich überhaupt noch aufmachen lassen.“[46]

Der amerikanische Musikpsychologe Edwin E. Gordon hat mit seinen Forschungen und Beobachtungen bei Kleinkindern gefunden, dass es vorteilhaft ist, für Kleinkinder eine musikalisch möglichst reichhaltige Lernumgebung zu schaffen. Er meint sogar:

„Kinder nicht frühzeitig mit Musik in Berührung zu bringen, ist unterlassene Hilfeleistung in Sachen Lebensfreude. Und – vor dem Notenschreiben muss das Singen stehen!"[47]

Diese Ergebnisse bestätigt Roman Babler von der „Edwin E. Gordon Gesellschaft“ und stellt fünf richtige Lernschritte bei der Musikerziehung vor:

---

[45] Vgl. u.a. Brecht, K. u.a. (2008). *Chorbuch für die Schule*. Stuttgart.

[46] http://de.wikipedia.org/wiki/Kinderlied

[47] Zitiert bei Adamek, K. (1996). *Singen als Lebenshilfe*. Münster.

„Ähnlich wie es für das Erlernen von Sprachen und Denken kennzeichnend ist, verfügen wir auch beim Musiklernen über fünf verschiedene Wortschätze: einen Hörwortschatz, einen Sing-, einen Lese-, einen Schreib- und einen Denkwortschatz. Und ähnlich wie beim Erlernen von Sprache ist es für das erfolgreiche Erlernen von Musik von wesentlicher Bedeutung, dass die einzelnen Vokabulare in der genannten Reihenfolge entwickelt beziehungsweise erworben werden. Dies bedeutet zum Beispiel, dass vor dem Lesen und Schreiben von Musik das Hören und Singen stehen muss, um musikalisches Denken aufzubauen, das dann erst sinnvolles Lesen von Noten ermöglicht.“ [48]

1.2.3 Warum fast eine Generation nicht mehr gesungen hat

Adamek stellt fest:

„Im Singen steckt offensichtlich eine eigentümliche Kraft. Denn hätten sich sonst Institutionen wie Kirchen oder das Militär in allen Kulturen ebenfalls des Singens bedient?“[49]

Warum aber haben heute viele Menschen den Zugang zum Singen verloren? Noch im Jahr 1957 konnte man in einem Erlass-Entwurf des Führungsstabes der Bundeswehr zum Singen lesen:

„Frisches, und einwandfreies Singen beeinflusst die innere und äußere Haltung jedes einzelnen und der Mannschaft, löst den Menschen von der dauernden Zucht der Verstandesarbeit und überwindet dadurch geistige und seelische Leere. Es spricht die Gemütskräfte an und lässt sie wie kein anderes Mittel geistige und körperliche Anspannung vergessen.“[50]

Heute hingegen bemerkt der Generalinspekteur der Bundeswehr:

„Soldaten kennen – wenn sie zur Bundeswehr kommen – in der Mehrzahl keine Lieder mehr, die in der Gemeinschaft gesungen werden können. Sie sind auch mit dem Singen in der Gemeinschaft nicht mehr vertraut.“[51].

Was hat wohl innerhalb einer Generation zu einem solchen Defizit geführt? Adamek nimmt an, dass eine der möglichen Ursachen in der deut-

---

[48] http://www.spielraeume-musik.de/aktp.asp Bericht aus der badischen Zeitung vom 25. Mai 2005.

[49] Adamek a.a.O. S. 36.

[50] Lutschewitz 1967, zit. ebd.

[51] Bundesministerium der Verteidigung 1989, zit. ebd.

schen Geschichte gefunden werden kann, insbesondere in dem Missbrauch des Gesangs in der Hitlerzeit. Damals zeigte sich besonders deutlich, welche Kraft im Singen von Liedern steckt und wie diese zur Manipulation missbraucht werden kann. Wegen dieser historischen Erfahrung warnte dann auch Hans-Magnus Enzensberger im Nachkriegsdeutschland:

„Seid wachsam. Singt nicht“[52]

Die Auseinandersetzung mit dem faschistischen Missbrauch des Liedgutes führte seit den 60er Jahren in der musikpädagogischen Diskussion zu einer generellen ideologiekritischen Betrachtung des Singens, verbunden mit einer allgemeinen Skepsis. Der ungebrochene Zugang zum Lied war verwehrt bis hin zu einer weitgehenden Verbannung aus dem Musikunterricht. Vor diesem Hintergrund wird dann auch die Auffassung des Verhaltensforschers Konrad Lorenz verständlich, der die Meinung vertrat:

„Mitsingen heißt dem Teufel den kleinen Finger reichen.“[53]

Adamek geht in seinen Überlegungen auch auf Adorno ein, der vor dem Hintergrund der Erfahrungen mit der Jugendmusikbewegung der 20er und 30er Jahre und ihrer zwiespältigen Haltung zum Nationalsozialismus der Auffassung widerspricht, dass Singen ein Existential des Menschen darstellt, das nicht ohne Verlust verlorengehen kann. Adorno kommt zu dem Fazit:

„Nirgends steht geschrieben, dass Singen not sei.“[54]

Mit einer solchen Äußerung beeinflusste der damals sehr verehrte Sozialphilosoph die Musikpädagogik in Richtung einer kritischen Liedrezeption, bei der die historischen Bezüge und gesellschaftlichen Wirkungen von Singen, sein Gebrauch und sein Missbrauch in der Geschichte, vermittelt werden sollten.

Die zu dieser Zeit im Rahmen der Musikdidaktik kritisch gestellte Frage „Macht Singen dumm?“ wurde allerdings vor dem Hintergrund der Aussage Adornos in den Folgejahren meist falsch rezipiert mit der folgenschweren Umstellung der Frage zu der Behauptung „Singen macht dumm“. Durch diese Art von sozialer Diskriminierung wurde für die

---

[52] Zit. ebd.

[53] Lorenz 1993, S. 188, zit. ebd.

[54] Adorno 1982, S. 75, zit. ebd.

Generation der Heranwachsenden der Weg zum Singen als Lebensausdruck nachhaltig erschwert, wenn nicht oft sogar verbaut.[55]

Wenn Singen kontraproduktiv zur kognitiven Entwicklung sein sollte, ist natürlich leicht zu verstehen, dass es in der folgenden Zeit eher eine Nischenstellung einnahm und auch wenig wissenschaftliche Beachtung fand. Bis heute zeigen sich die Nachwirkungen dieser Entwicklung daran, dass es nur relativ wenig neuere psychologische Literatur hierzu gibt. Schwabe, der sich als einer der wenigen Musiktherapeuten über Jahre hinweg mit dem Singen beschäftigte, musste im Jahr 1984 feststellen, dass die Begriffe „Singen" und „Gesang" in den musikalischen Lexika nicht zu finden sind.[56] Auch in dem bekannten „Handbuch Musik und Sozialpädagogik" von Finkel tauchen diese Begriffe nicht auf.[57]

Noch mehr erstaunt jedoch, dass die Begriffe „Singen" und „Stimme" weder im Index des einschlägigen Handbuches der Musikpädagogik „Psychologische Grundlagen des Musiklernens" noch im „Handbuch der Musikpsychologie" von Motte-Haber (1985 u. 1987) erscheint. Hörmann kommt in „Das Lied in Unterricht und Therapie" zu folgender zusammenfassender Einschätzung:

> *„Nicht nur Theoretiker der Musikpädagogik und Musiktherapie, sondern selbst Musikwissenschaftler ignorieren somit das ureigenste musikalische Ausdrucksmittel, das Singen"*[58]

1.3 Allgemeine Wirkung von Musik u. Liedern auf den Menschen

Wie schon im Kapitel 1.1.4. beschrieben, ist der Mensch von seiner Anatomie und Physiologie her zuallererst ein Hörender. Dazu meint der Kunstgeschichtler und Rechtswissenschaftler Werner Kraus[59], dass das Ohr mehr Zugang zu Stimmungen und Gefühlen vermittelt als das Auge. Bei der Untersuchung, welches menschliche Organ die größte Konzentration von Nervenenden besitzt und damit die größte Differenzierungs-

---

[55] Vgl. Segler 1985, zit. ebd.

[56] Vgl. ebd. S. 42.

[57] Vgl. Finkel 1979, zit. ebd.

[58] Vgl. Hörmann 1987 S. 98, zit. ebd.

[59] Vgl. Kraus, W. (1998). *Die Heilkraft der Musik.* München S. 18.

möglichkeit bietet, ist es das Innenohr. Lorenz Oken, ein führender Naturphilosoph des 19. Jahrhunderts, brachte diese Erkenntnis auf den einfachen Nenner:

„Das Auge führt den Menschen in die Welt, das Ohr führt die Welt in den Menschen ein.“[60]

Wer taub ist, verliert den Kontakt zu seiner Umwelt, dem Ohr kommt also von allen Sinnesorganen die größte Bedeutung bei der Informationsaufnahme und -verarbeitung zu. Kraus ist der Meinung, dass das, was gehört wird, auch in „tiefere“ Seelenschichten eindringt, als das, was man sieht. Musik ist s. E. deshalb besonders geeignet, Zugang zu all dem zu schaffen, was „tiefer“ liegt. So kommen beim intensiven Hören von Musik Bilder, Erinnerungen, Stimmungen und Gefühle zutage, die sowohl beglückend als auch beängstigend sein können.[61]

Musik spricht den ganzen Menschen an, wir erkennen das an Ausdrücken wie „das geht ‚unter die Haut‘ und ‚in die Beine‘“. Aus diesem Grund kann Musik, oft zusammen mit Tanz- und Maltherapie, ihre therapeutische Wirkung insbesondere im psychosomatischen Bereich entfalten. Rauhe[62] stellt deshalb in dieser Hinsicht auch die Grundfragen nach dem, was wirkt, wie, auf wen und wo? Für diese in der *„Wawiwewo-Formel“* zusammengefassten Fragen ergibt sich im Zusammenhang mit der Wirkungsforschung:

a) Die *Warumfrage* zunächst ist wohl die schwierigste, denn die Gründe für die Wirkung von Musik auf Menschen sind so vielschichtig, dass sie nur interdisziplinär mit den verschiedensten Theorien und Hypothesen aus diversen Wissenschaften empirisch erforscht werden können.

b) Die Frage nach dem Was lässt sich viel genauer untersuchen, als dies bisher in der musiktherapeutischen Forschung geschehen ist. In diesem Punkt sollte man sich an der Pharmakologie orientieren und die jeweiligen „Wirksubstanzen“ einer medizinisch zu verwendenden Musik herausarbeiten (Musikmedikament oder Medizinmusik). So wurde im polygraphischen Laboratorium der Landesnervenklinik Salzburg unter Leitung von Gerhart Harrer bestätigt, dass im Rahmen der Antriebsförderung und Entspannung

[60] http://www.schule-des-hoerens.de/front_content.php?idcat=162

[61] Vgl. Kraus a.a.O.

[62] Rauhe, H., Flender, R. (1986). *Schlüssel zur Musik.* Düsseldorf S. 22.

durch Musik in der neurologischen Rehabilitation bestimmte musikalische Strukturen (Tonfolgen, Melodiewendungen, Rhythmen, Akkorde usw.) auffallende Wirkungen hervorgerufen wurden.

c) Die Frage nach dem Wann zielt auf den Zeitpunkt des Musikhörens, auf das Stadium der Persönlichkeitsentwicklung ab. Bei einem therapeutischen Einsatz ist eine gründliche musikalische Diagnose erforderlich, die z.B. durch Aussagen der Angehörigen zu den Musikvorlieben erfolgen kann.

d) Die Frage nach dem *Wie* richtet sich auf die Art der Wirkung von Musik, z.B. in Richtung Entspannung, Affektstabilisierung Angstabbau, auf hörbare Reaktionen, indem plötzlich mitgesungen wird, auf Klatschen, Klopfen, Trommeln, Trampeln usw. als Zeichen der Begeisterung. Die Langzeitwirkungen (so W. J. Revers und Mitarbeiter) bei aktiv musizierenden Kindern zeigt u.a. Förderung des Antriebs (Motivation), Stabilisierung der Affekte, Erhöhung der Kommunikationsfähigkeit usw."[63]

e) Die Frage nach dem *Wen* bezieht sich auf die Disposition und Persönlichkeitsstruktur des Hörers. Die Disposition ist geprägt durch die musikalischen Erlebnisse, die ein Mensch im Laufe seiner Sozialisation gemacht hat: Familie, Milieu, Sozialschicht, Kindergarten und Schule, Gleichaltrigengruppen (Peergroups, Subkulturen) usw. Daher kommt auch der sozialisationsbedingte Faktor wie der Assoziations- bzw. Erinnerungswert einer Komposition hinzu: Schlager, Evergreens, Tänze, Lieblingslieder aus der Jugendzeit, aus Phasen besonderer Erlebnis- und Eindrucksfähigkeit, aus psychischen Entwicklungsperioden erhöhter seelischer und musikalischer Sensibilität entfalten besondere (therapeutische) Wirkungen.

f) Die Frage nach dem *Wo* bezieht sich auf die räumlichen Bedingungen des Musikhörens oder der Aktivität: In einer Diskothek wirkt Musik z.B. anders als in Kirche oder Konzertsaal, im „Open Air Festival" anders als im Kinderzimmer.

Karl Adamek meint dazu, dass der Mensch durch das Singen veränderte Bewusstseinszustände zu initiieren scheint und dass dieses deshalb auch als Tor zu spirituellen Erfahrungsräumen gebraucht werden kann. [64]

---

[63] Vgl. ebd. S. 22 ff.

[64] Vgl. Adamek, K. (1996). *Singen als Lebenshilfe*. Münster S. 25.

Die Effekte, die beim Alleinsingen erzielt werden, können unter bestimmten Umständen beim Singen in der Gruppe noch verstärkt werden.

Ein Fallbeispiel unterstreicht obige Beschreibung:

> *„Seit elf Tagen lag die Unfallpatientin auf der Intensivstation im Koma und zeigte keinerlei reaktive Signale – weder im Zusammenhang mit den pflegerischen Aktivitäten noch bei den Besuchen ihres Mannes und der beiden älteren Kinder. Von einer Ausnahme berichtet der Neurologe: Die Patientin habe einmal, als die jüngere Tochter am Bett zu singen begonnen hatte, tief geatmet und die Augenlieder bewegt."* [65]

Dies war der Beginn einer Musiktherapie, die nach einem langen Weg nicht nur zur völligen Rehabilitation, sondern auch zu tieferen Erkenntnissen bei der Patientin führte.

1.3.1 Soziologische Wirkungen

Adamek berichtet von einem Brauch, der bis ins 17. Jahrhundert in Teilen Russlands praktiziert wurde. Dort war es Pflicht für Repräsentanten oder Gesandte einer größeren sozialen Gemeinschaft, das Instrument „Gussli" spielen und gut dazu singen zu können. Dieses Instrument war so gestimmt, dass es nur Wohlklänge erzeugte. Wenn sich also die Gesandten der unterschiedlichen benachbarten Volksstämme trafen, um über dies und jenes – auch Streitfragen - zu verhandeln, spielten vor den eigentlichen Verhandlungen alle Teilnehmer einige Zeit gemeinsam auf ihren Gusslis und summten oder sangen dazu leise Melodien. Diese vorherige „Einstimmung" wurde als eine notwendige Voraussetzung für eine weise, dem Menschen dienliche Beratung erachtet. [66]

Eine Reihe von wichtigen Persönlichkeiten unterstreicht die Bedeutung einer solchen Einstimmung. So meinte Yehudi Menuhin, wie viel weniger aggressiv und feindlich die Diskussionen wären, wenn doch alle Parlamentssitzungen dieser Welt mit einem Bach-Choral beginnen würden. „Nirgends können zwei Menschen leichter Freunde werden als beim Musizieren", sagt auch der Musikmeister zu dem jungen Josef Knecht in Hermann Hesses Betrachtungen über „Musik"[67]. Der Pädagoge Hermann Nohl, der den sozialpädagogischen Auftrag der Musik in

---

[65] Vgl. Decker-Voigt, H.H. (1991). *Aus der Seele gespielt*. München S. 127.

[66] Adamek a.a.O. S. 34 f.

[67] Zitiert ebd.

seinen pädagogischen und politischen Aufsätzen (Jena 1919) geradezu empathisch hervorhebt, meinte:

„Es gibt keine Kunst, die so zur Gemeinschaft erzieht, wie die Musik... - ob mit Stimmen im Chor oder mit Instrumenten im Orchester, der einzelne ist eingereiht in ein Ganzes, weiß sich nur als ein Stück und Glied und ist doch getragen zu einer Höhe und Kraft, deren er allein nicht fähig wäre." [68]

1.3.1.1 Förderung sozialer Kompetenz

In einer sechsjährigen Langzeitstudie über den Einfluss von erweiterter Musikerziehung auf die allgemeine und individuelle Entwicklung von Kindern aus Berliner Grundschulen zwischen 6-12 Jahren konnte der Professor für Musikpädagogik Hans Günther Bastian u.a. die Beobachtung machen, dass Singen die soziale Kompetenz fördere.[69]

Bei musizierenden Kindern in Familie, Schule oder in der Laienmusik wird das Miteinander-Schaffen gefordert und gefördert, das Voneinander-Lernen, das Aufeinander-Zugehen, das Füreinander-Dasein in der gemeinsamen Verantwortung für das Gelingen des Ganzen.

Bastian appelliert dafür, gegen die physische Gewalt die psychische Macht der Musik zu setzen, da Musik und insbesondere eigenes Musizieren eine soziale Chance in der Pro- und Metaphylaxe von Aggressionen unter Kindern und Jugendlichen sei und dadurch gewaltpräventiv wirke. Er meint, dass es allemal einen Versuch wert sei, weil man dann in den späteren Jahren hohe Ausgaben für kostspielige soziale Resozialisierungsmaßnahmen und Psychiatrien sparen könne.

Nachfolgend ein Ausschnitt aus einem Gespräch, das H. G. Bastian mit Claus Spahn in „DIE ZEIT" 15/2000[70] führte, in dem er nochmals seine Ergebnisse unterstreichen konnte:

DIE ZEIT: *„Und geht mit Musik alles besser?"*

Bastian: *„[...] bei Kindern mit musikbetontem Unterricht ist die soziale Kompetenz viel ausgeprägter. Es gibt in den Klassen weniger ausgegrenzte Schüler, dies war der eindeutige Be-*

---

[68] Zitiert ebd.

[69] Vgl. hier und nachfolgend: Bastian, H.G. (2000). *Musik(erziehung) und ihre Wirkung.* Mainz.

[70] http://www.gag-schule.kwe.de/fach/musik/bastian.htm

fund unserer Soziogramme, denen die Frage zugrunde lag: Welchen Schüler in deiner Klasse magst bzw. magst du nicht so gerne? Musikerziehung fördert also ein emotional positiv aufgeladenes Klassenklima. So konnten die Lehrer auch beobachten, dass Schulvandalismus und Aggressionspotentiale zurückgehen und die Kinder in der Pause anders miteinander umgehen."

DIE ZEIT: *„Ein überraschendes Ergebnis?"*

Bastian: *„Nein. Musik ist das sozialste Medium überhaupt. Sie führt Menschen zusammen. Im Ensemblespiel (und auch im Chor) ist man aufeinander angewiesen, um etwas Gemeinsames zu schaffen."*

Bastian schreibt an anderer Stelle:

„Wer musiziert, widersetzt sich dem fatalen Trend der Eventgesellschaft. Es besteht nämlich die Gefahr, dass alles irgendwie ‚gleich gültig' wird und dann letztlich ‚gleichgültig', ob ich vor der Glotze an medialer Bulimie leide, mich im Chor oder an einem Instrument aktiviere. Die Medien, diese Menschenfischer der Marktwirtschaft, sind die schlimmsten Freizeitokkupatoren. Demnächst gibt es 400 Kanäle, wer übt dann noch Klavier?" [71]

Bastian bringt es auf seinen Punkt:

„Der Medienkonsument unserer Tage verkauft sein Erstgeburtsrecht als kreativer Mensch an das Linsengericht der Medien."

1.3.1.2 Singen als Mutprobe

„Singen als Mutprobe" war das Thema einer Untersuchung am Institut für Psychologie der Technischen Universität Braunschweig[72]. Grund der Untersuchung war das zögerliche Verhalten der Kinder beim Singen. Die Forscher vermuteten, dass der Grund hierfür selbstbewertende Ge-

---

[71] https://www.familienhandbuch.de/erziehungsbereiche/musik/warum-brauchen-unsere-kinder-musik.

Zum fachlichen Diskurs über die Studie Bastians vgl. http://www.dirk-bechtel.de/wiki/index.php?title=Bastian-Studie.

[72] Vgl. hie und nachfolgend: 1995-2008 Informationsdienst Wissenschaft e.V. *Singen als Mutprobe?* Eine Kindergartenstudie der TU Braunschweig (Dr. Elisabeth Hoffmann, Presse und Öffentlichkeitsarbeit). (23.12.2004)

fühle wie Scham, Schüchternheit, Verlegenheit oder Stolz sind. Diese zeigen sich beim Singen mehr als bei anderen Tätigkeiten.

„Sprechen und Singen haben gemeinsame Wurzeln",

betont Werner Deutsch, Leiter der Abteilung Entwicklungspsychologie am Institut für Psychologie der TU Braunschweig.

„Zu Beginn der Entwicklung sind beide Ausdrucksformen eng miteinander verbunden. Während aber fast alle Kinder bis spätestens zum sechsten Lebensjahr sprechen lernen, wird längst nicht jedes ein guter Sänger oder eine gute Sängerin. Dabei gehört das Singen zu den besten Fördermaßnahmen, die es für die Entwicklung der Persönlichkeit gibt. Kinder, die gern singen, trauen sich auch später in anderen Zusammenhängen eher zu, selbstbewusst ihre Stimme zu erheben."[73]

1.3.1.3 Singen fördert die Persönlichkeit

Für fast alle Kinder stellt die Situation, alleine und in Anwesenheit Anderer ein Lied vorzusingen, eine große Herausforderung dar, die oft mit Hemmungen und Stress einhergeht.

„Das ist bedauerlich, weil Singen eigentlich sehr lustvoll ist",

kommentiert Deutsch diese Ergebnisse. Es werden die Emotionen erheblich stärker geweckt als beim Sprechen, diverse Bereiche des Gehirns werden gleichzeitig aktiviert. Singen macht Sinn, weil es Kinder in vielfacher Hinsicht positiv beeinflusst. Daher sollten auch Eltern, so meint der Psychologe, zu Hause mit den Kindern bei jeder Gelegenheit gemeinsam singen. Die Lieder sollten aber nicht nur beiläufig gelernt, sondern oft wiederholt werden. Dabei sei es weniger wichtig, wie viele Lieder die Kinder singen können. Und wenn der Text nicht ganz korrekt gesungen wird, müssen die Eltern auch nicht gleich korrigieren.

„Es ist wichtig",

so das Fazit von Deutsch,

„dass in der aktuellen Bildungsdebatte die emotionale Entwicklung der Kinder, wie sie beispielsweise durch das Singen gefördert wird, nicht zu kurz kommt."[74]

---

[73] Ebd.

[74] Ebd.

1.3.1.4 Singen fördert die Gemeinschaft und soziales Engagement

Bossinger[75] untersuchte, welche Erkenntnisse vorliegen, die eine positive Wirkung des Singens auf sozialer und gemeinschaftlicher Ebene untermauern. Dabei berichtet er von Robert Putnam, der bei einer in Italien durchgeführten Studie „Making Democracy work" wichtige Zusammenhänge zwischen der Leistungskraft freiwilliger sozialer Organisationen, der Teilnahme an Gesangvereinen und Chören und dem Ausmaß an bürgerlichem Engagement entdeckte.

Das bedeutet einfacher formuliert: je häufiger und beteiligter Menschen in Gruppen singen, umso stärker sind sie auch in sozialen und Gesundheitsprojekten engagiert. Singen fördert also Hilfsbereitschaft und soziales Engagement von Menschen für die Nöte und Bedürfnisse der Mitglieder in sozialen Gruppen – und das ist genau das, was Gemeinden in Zeiten von Ressourcenknappheit und Geldmangel dringend brauchen.

1.3.1.5 Singen hilft, ideologische, ethnische und sprachliche Barrieren zu überwinden

Bossinger beschreibt, dass die australische Sängerin und Chorleiterin Fay White ein „Community-Singing" entwickelte und dabei deutliche soziale und gesundheitsfördernde Wirkungen des gemeindeorientierten Singens gefunden hat. Sie berichtet u. a. von der Arbeit mit einem Gewerkschaftschor, dessen verschiedene politischen Flügel im Clinch miteinander lagen. Das gemeinsame Singen ermöglichte, die politischen Konflikte zumindest während des Singens so weit im Zaum zu halten, dass der Chor auch ein Jahrzehnt später noch existieren konnte. Whites Erfahrung nach ermöglicht das gemeinsame Singen eine Überbrückung sprachlicher, politischer und religiöser Barrieren.[76]

---

[75] Vgl. hier und nachfolgend: Bossinger, W. (2006). *Die heilende Kraft des Singens.* Battweiler S. 84 – 86.

[76] Vgl. ebd.

1.3.2 Physiologische Wirkungen

1.3.2.1 Singen und Gesundheit: Ein Lied gegen die Erkältung

Frankfurter Wissenschaftler der Johann Wolfgang Goethe-Universität konnten bei einer Pilotstudie zeigen, dass schon sechzig Minuten Singen dem Immunsystem einen Schub geben. Bei dieser Studie wurde bei Chorsängern die Menge der genannten Immunglobuline vom Typ A, einer besonderen Art von Antikörpern untersucht. An den Werten für Immunglobulin A lässt sich die Leistungsfähigkeit des Immunsystems ablesen. [77]

Hans Günther Bastian und Gunter Kreutz von der Universität Frankfurt konnten nachweisen, dass die Werte von Immunglobulin A bei aktivem Singen signifikant ansteigen. Nach einer einstündigen Probe von Mozarts „Requiem" war bei den Sängern eines Frankfurter Kirchenchores die sogenannte Immunkompetenz deutlich höher als zuvor. Die Antikörper wehren krankmachende Eindringlinge bereits an den Schleimhäuten von Nase, Rachen und Darm ab und neutralisieren sie. [78]

In weiteren Studien soll geklärt werden, wie dieser positive Effekt auf das Immunsystem zustande kommt und wie lange er anhält. [79]

1.3.2.2 Singen für die Gesundheit: Es macht gute Laune

In Seminaren und auf Großveranstaltungen, wie z.B. bei der „Stuttgarter Nacht der spirituellen Lieder", singt Wolfgang Bossinger einfache Lieder aus aller Welt. Kurze Texte, einprägsame Melodien und zahlreiche Wiederholungen erleichtern Laien- und Amateursängern das Mitsingen. Bei diesem Gemeinschaftserlebnis verlassen die Menschen gelöst und fast euphorisch die Veranstaltungen. Was ist geschehen?

„Singen macht gute Laune, denn das Singen fördert die Produktion des Glückshormons Oxytocin. Dieses Hormon sorgt dafür, dass die Chemie

---

[77] Vgl. Ulrich Dewald (ddp/bdw) in http://www.wissenschaft.de/wissenschaft/gutzuwissen/237781.html

[78] Vgl. Bastian a.a.O.

[79] Vgl. http://www.forschung-frankfurt.uni-frankfurt.de/FFFM/dok/forschungffm0402_1.pdf.

zwischen den Sängern stimmt und sich eine Atmosphäre von Vertrautheit und Geborgenheit entwickelt.“[80]

Oxytocin wird u.a. bei der Geburt und beim Stillen ausgeschüttet und stärkt dadurch die emotionale Bindung zwischen Mutter und Kind. Neue Studien zeigen nun, dass dieses Hormon auch beim Singen vom Körper produziert wird.

Aus Untersuchungen bei Mäusen[81] weiß man, dass Oxytocin offensichtlich eine Art Treuehormon und für Bindungsgefühle von entscheidender Bedeutung ist. Der Oxytocin-Pegel steigt beim Orgasmus. Das könnte ein Hinweis dafür sein, dass befriedigender Sex auch als Beziehungskitt dient. Aber auch Streicheln und zärtliche Hautberührungen lassen das Bindungshormon fließen.

Die Psychologin Beate Ditzen[82] an der UZH fand heraus, dass

„Dank dem «Kuschelhormon» Oxytocin Paare weniger streiten.“[83]

Ebenso beschreibt sie in einem Interview mit der ZEIT vom 23.12.08 Oxytocin als ein Vertrauenshormon, das Paare liebevoller miteinander umgehen lässt.

Hermann Rauhe weist auf die psychosomatische Bedeutung beim Singen hin, indem er den rhythmischen Vorgang des Ein- und Ausatmens, des Anspannens und Entspannens zu den elementarsten psychosomatischen Vorgängen menschlichen Verhaltens zählt. [84]

1.3.2.3 Stress wird abgebaut

Forschungen von Wolfgang Bossinger zusammen mit dem Chronomediziner Maximilian Moser von der Universität Graz haben gezeigt, dass ruhige Formen des Singens dafür sorgen, dass die Stresshormone Adrenalin und Kortisol geringer werden, der Strom der Alltagsgedanken

---

[80] http://www.swr.de /praxis-doktor-weiss/archiv//id=2250484/nid=2…

[81] http://forum.wissenschaft.freenet.de/app/printable/forum_post_list.jsp?forum=wissenschaft&cID=225&tID= 198403

[82] http://www.yasni.de/person/ditzen/beate/beate-ditzen.htm

[83] Beobachter Ausg. 10/2009.

[84] Vgl. Rauhe, H., Flender, R. (1986). *Schlüssel zur Musik.* Düsseldorf S. 15.

unterbrochen wird und eine Entspannungsreaktion eintritt. Außerdem gleichen sich die Herzfrequenzen beim gemeinsamen Singen an. [85]

Bei Forschungsarbeiten, die insbesondere durch den bulgarischen Psychologen Losanow vorangetrieben worden sind (Stichwort „Superlearning"), konnte nachgewiesen werden, dass wir besser geistig arbeiten können, wenn unser Herz langsamer schlägt. Wir wären nach dem Urteil der Fachleute gesünder und geistig leistungsfähiger, wenn wir den Herzschlag auf ca. 60 Schläge pro Minute reduzieren könnten. Wie kommt das? Es besteht ein Zusammenhang zwischen der Herzfrequenz und der Art der Gehirnwellen. Die charakteristischen Kurvenverläufe der Gehirnzellen können mit dem EEG aufgezeichnet werden. [86]

Losanow konnte zeigen, dass bei Menschen, die erstaunliche, geistige Leistungen vollbrachten, der Körper ganz entspannt war und die Gehirnwellen nur eine Frequenz von 7 bis 14 Hertz zeigten, also dem Alpharhythmus entsprachen. Diese Ergebnisse waren unerwartet, denn bisher wurde angenommen, dass bei schwerer geistiger Arbeit Puls und Blutdruck steigen müssten und die Gehirnwellen damit in den Betarhythmus übergingen, der bei ca. 14 Hertz beginnt.

Losanow versuchte nunmehr einen Zustand herbeizuführen, bei dem der Körper entspannt und das Gehirn gleichzeitig hellwach ist. Durch den Einsatz von Musik fand er den zwar bereits bekannten, jedoch erstmals wissenschaftlich begründeten Weg, um die gewünschte Entspannung zu erreichen. Er entdeckte, dass eine bestimmte Art von Musik mit einem besonderen Rhythmus den gewünschten Körperzustand herbeiführen kann, wobei sich dieser Zustand grundlegend von anderen Entspannungsformen unterscheidet: Der Geist bleibt wach und konzentrationsfähig. Im Gegensatz zu anderen Entspannungsübungen braucht man auch selber nichts zu unternehmen, als nur die Musik anzuhören. Theoretisch geht es darum, dass sich Herzschlag und Gehirnwellen an den Takt der Musik angleichen. Losanow setzte bei seinen Untersuchungen Barockmusik mit langsamen Sätzen ein und bei den Testpersonen zeigte sich überraschend ein Resultat, das man zwar von anderen Arten der Entspannung – beispielsweise der Meditation – kannte, jedoch mit dem

---

[85]Vgl. http://www.swr.de/praxis-doktor-weiss/archiv/-/id=2250484/nid=2...Singen für die Gesundheit

[86]Vgl. hier und nachfolgend: Dieterich, M. (1988). *Wir brauchen Entspannung.* Gießen S. 113 ff.

Unterschied, dass während der Entspannung das Denken nicht abgeschaltet wurde, also bei einer körperlichen Passivität geistig aktiv blieb.

Diese von Losanow auf empirischem Wege gefundenen Zusammenhänge sind für Musikwissenschaftler nicht neu. Es ist bekannt, das bestimmte Klangmuster das Bewusstsein beeinflussen. In diesem Zusammenhang wird die Geschichte von J.S. Bach und dem russischen Gesandten Graf Keyserlingk erzählt:

Keyserlingk litt sehr unter Schlafstörungen und versuchte, diesen auf allerlei Wegen zu begegnen. So bat er auch Johann Sebastian Bach, ob dieser ihm nicht eine Musik komponieren könne, um den schrecklichen schlaflosen Nächten zu begegnen. Ruhig, heiter und freundlich sollte diese Musik sein.

Bach erfüllte den Wunsch des Grafen. Immer wenn die Schlafstörungen auftraten, ging der Cembalist Goldberg an sein Instrument und spielte die später nach ihm benannten „Goldberg-Variationen". Er musste sogar ein in der Nähe gelegenes Zimmer beziehen und sich bereithalten, um auf Wunsch immer wieder die „heilsame Komposition" zu spielen. Die Musik muss tatsächlich erfolgreich gewirkt haben, denn Graf Keyserlingk war über die positiven Auswirkungen des Stückes so erfreut, dass er Bach mit einem großzügigen Geldgeschenk belohnte.

Losanow studierte in seinem Labor die Wirkungen der Goldberg-Variationen und konnte zeigen, dass insbesondere die Arien am Anfang und am Ende der Variationen den entspannten Zustand hervorriefen. Neben den Goldberg-Variationen fand er noch eine ganze Reihe ähnlicher Musikstücke, (z.B. das Largo aus Vivaldis „Vier Jahreszeiten" sowie Pachelbel) die ähnlich wirkten.

1.3.2.4 Erleichterung der Arbeitsvorgänge

K. Bücher beschrieb bereits Anfang des vorigen Jahrhunderts ausführlich, dass Singen in den verschiedenen Kulturen offensichtlich die Funktion hat, zur Erleichterung der Arbeitsvorgänge beizutragen, und dass es besonders im Orient und Afrika eine Gewohnheit ist, sich durch Gesang zur Arbeit zu ermuntern. Über die westafrikanischen Frauen der M'Komis wird z.B. gesagt:

„Wenn eine Frau nicht singt, arbeitet sie nicht viel"[87].

---

[87] Bücher 1924, S. 44 ff, zitiert bei Adamek a.a.O. S. 25.

In dem Film „Das alte Ladakh“ von Regisseur Clemens Kuby trägt in einer Szene eine alte Frau eine unvorstellbare Menge Holz gebündelt auf ihrem Rücken. Sie singt dazu in einem immer wiederkehrenden, monotonen Kreisgesang die Worte: „Es ist ganz leicht, es ist ganz leicht, es ist ganz leicht...“ Wenn man sie gehen sieht, könnte man auch meinen, es wäre gar nicht so schwer, obwohl es offensichtlich ein riesiger Holzpacken ist. Auch in unserem Kulturkreis konnte früher noch beobachtet werden, wie Singen beispielsweise in agrarischen oder handwerklichen Tätigkeiten offensichtlich eine Energieressource freisetzte – viele Volkslieder zeugen noch davon. In unserer Industriegesellschaft ist Singen zur Arbeit so gut wie nicht mehr anzutreffen. Die Frage wäre, ob dies notwendigerweise so sein muss?

1.3.2.5 Musik – Hilfe zur Selbsthilfe aus dem Bereich der Musik-Medizin

Nachfolgend das Fazit zum Thema „Musik als Hilfe zur Selbsthilfe“ aus einem von TRIAS[88] (Ratgeber für Ihre Gesundheit) mit Ralph Spintge, Anästhesist, Schmerztherapeut und Professor für Musik-Medizin in Hamburg geführten Interview:

„Musik-Medizin“ als Begriff meint die Anwendung von Musik im medizinischen Bereich insbesondere in Schmerz- und Stresssituationen. So wurde festgestellt, dass durch das Einspielen von Musik

- im Blut z.B. die Ausschüttung von Schmerz- und Stresshormonen vermindert wird,
- zur Narkosevorbereitung ein schlafnaher Zustand herbeigeführt werden kann,
- im Bereich der Schmerztherapie Beruhigungs- und Schmerzmittel eingespart werden können.

Spintge sieht die Musik als eine unterstützende Maßnahme auch der Selbsthilfe. So wie jeder Mensch weiß, dass körperliche Bewegung und Aktivitäten gesund sind, sollte auch Musik bzw. Singen als eine echte Hilfe zur Selbsthilfe gesehen werden, zumal wir ja auch nicht einfach

[88] www.trias-gesundheit.de

mit unserem Krankenkassen-Beitrag unsere Gesundheit kaufen können.[89]

Musik und Lautstärke

Dass zu laute Musik aber auch krankmachend wirken kann, darf im Zusammenhang der hier vorliegenden Betrachtungen nicht unerwähnt bleiben, weil die technischen Möglichkeiten der Verstärker heute nahezu grenzenlos sind und der Schalldruck dann ggf. zu irreparablen Störungen führen kann.

Nachfolgend eine Zusammenstellung zur Frage „Welche Lautstärke ist noch gesund?[90]

Situation bzw. Schallquelle	Entfernung Messort-Schallquelle	Schalldruckpegel
Düsenflugzeug	30 m	150 dB
Gewehrschuss	1 m	140 dB
Schmerzschwelle	am Ohr	134 dB
Gehörschäden bei kurzfristiger Einwirkung	am Ohr	120 dB
Kampfflugzeug	100 m	110 - 140 dB
Presslufthammer, Diskothek	1 m / am Ohr	100 dB
Gehörschäden bei langfristiger Einwirkung	am Ohr	85 dB
Hauptverkehrsstraße	10 m	80 - 90 dB
Pkw	10 m	60 - 80 dB
Fernseher auf Zimmerlautstärke	1 m	ca. 60 dB
Sprechender Mensch (normale Unterhaltung)	1 m	40 - 60 dB
Sehr ruhiges Zimmer	am Ohr	20 - 30 dB
Blätterrauschen, ruhiges Atmen	am Ohr	10 dB

Tabelle 1: Welche Lautstärke ist noch gesund?

---

[89] Vgl. Interview Dr. med. Ralf Spintge http://www.musik-als-medizin.de/pages/interview_spintge.html

[90] http://de.wikipedia.org/wiki/Schalldruckpegel

1.3.3 Psychologische Wirkungen

Die Musikwissenschaftler Rauhe und Flender beschreiben folgende positive psychologische Wirkungen der Musik:

- Bewusstes Hören bewirkt eine Entfaltung von Wahrnehmungs- und Erlebnisfähigkeit, den Abbau von Spannungen und Angst, die Vermittlung des Gefühls der Geborgenheit.
- Aktives Musizieren, Singen und Improvisieren unterstützen die Entfaltung der Persönlichkeit, die Entwicklung von Kreativität und Phantasie.
- Hören und Musizieren tragen bei zur Beseitigung von Konzentrationsschwächen und Lernhemmungen, zum Abbau von Unsicherheit, Nervosität, Niedergeschlagenheit, Frustration und Aggression und beeinflussen vegetative Körperfunktionen positiv.[91]

Der Neurowissenschaftler Manfred Spitzer bemerkt zu den psychologischen Wirkungen der Musik, dass das Improvisieren im Bereich der Musik enorm viel Spaß macht! Es ist ähnlich wie bei einem guten Volleyballspiel oder einer anderen Aktivität, die durch gemeinsames, unmittelbares und nur teilweise vorstrukturiertes Handeln gekennzeichnet ist.[92]

„Aus meiner Zeit als Musiker in verschiedenen Bands kann ich mich gut an Auftritte mit einer Besetzung erinnern, die noch nie in dieser Weise zusammen gespielt hat: Einer gibt an, was gespielt wird, und jeweils ein anderer übernimmt einen Solopart bzw. einen Teil der Begleitung. Nach kurzer Zeit schon kann man sich gegenseitig recht gut einschätzen, kennt die Fähigkeiten, Fertigkeiten und Neigungen der einzelnen Spieler und stellt sich entsprechend darauf ein. Gegen Ende eines oftmals von 20 Uhr bis 2 Uhr früh dauernden Auftritts kann so aus einem zusammen gewürfelten Haufen einander völlig unbekannter Musiker eine Band werden und der Prozess – dies muss der Leser dem Autor einfach glauben – gehört zum Schönsten und Aufregendsten, was es im Bereich menschlicher Begegnung überhaupt gibt.“[93]

Spitzer macht darauf aufmerksam, dass der Philosoph Alfred Schütz (1964) den Aspekt der Gemeinsamkeit des Musizierens sehr treffend als

[91] Vgl. Rauhe, H., Flender, R. (1990). *Schlüssel zur Musik.* München.

[92] Vgl. hier und nachfolgend: Spitzer, M. (2002). *Musik im Kopf.* Stuttgart S. 347.

[93] Ebd.

„*wechselseitiges Sich Einstimmen*" beschrieben hat, das die Barriere zwischen dem getrennten „Ich" und „Du" in die Gemeinsamkeit des „Wir" überwinde.

1.3.3.1 Musik macht klug – Auswirkungen auf die Intelligenz?

In Kapitel 1.2.3 wurde bei den Untersuchungen zum Singen vor dem Hintergrund der 68-Jahre das Adorno Zitat angeführt:

„*Nirgends steht geschrieben, dass Singen not sei*".

Heute gibt es ganz andere Meinungen. Stellvertretend hierzu einige weitere Ausschnitte aus einem Gespräch H.G. Bastians mit Claus Spahn in „DIE ZEIT" 15/2000:

DIE ZEIT: „*Sie haben auch festgestellt, dass Kinder, die ein Instrument lernen, intelligenter werden. Musik macht klug – klingt das nicht fast wie eine Drohung?*

Bastian: *Es stimmt, tatsächlich können wir nach vier Jahren erweiterter Musikerziehung einen deutlichen Zugewinn beim Intelligenzquotienten feststellen. Wir haben Intelligenztests eingesetzt, in denen das „Bildungskapital" des familiären Milieus nicht als Störfaktor eingeht. Unsere Modellschulen wurden bereits im Berlin der siebziger Jahre in so genannten Arbeiterbezirken Neukölln, Wedding oder Tiergarten eingerichtet, um soziale Defizite ausgleichen zu können. Die vorteilhafte Entwicklung ist also eindeutig nicht auf das Bildungsmilieu der Eltern zurückzuführen, sondern auf den intensiven Umgang mit der Musik. Gerade Kinder mit anfangs eher schwachem IQ haben durch die Musik im Vergleich deutlich dazu gewonnen.*

DIE ZEIT: *Und ein Instrument zu lernen funktioniert auch in sozial schwachen Familien?*

Bastian: *Natürlich kann man nicht davon ausgehen, dass in beengten Wohnverhältnissen und bei Eltern, die gestresst von der Arbeit nach Hause kommen, intensiv geübt wird. Das geschieht weitgehend im schulischen Alltag. Man will ja keine Profimusiker produzieren [...] Die in Bildungsbürgerkreisen neurotischste aller Elternfragen: „Hast du heute schon geübt?" wird natürlich nicht gestellt.*

DIE ZEIT: *Warum macht Musik intelligent?*

Bastian: *Musik hat stets mit Ratio zu tun, ist Tektonik, Struktur, Architektur. Es steckt Raum- und Zeitdenken in jeder Komposition. Es wird eine Fülle von abstrakten, komplexen Denkprozessen angestoßen. Wenn ein Kind zum Beispiel vom Blatt spielt, muss es schnell und gleichzeitig Informationen in extremer Fülle und Dichte speichern und verarbeiten [...].*

DIE ZEIT: *Beschäftigen sich die Kinder in den Modellschulen eigentlich mit so genannter E-Musik oder auch mit Pop?*

Bastian: *Sowohl als auch, wenn man die Aufteilung überhaupt aufrechterhalten will. Da wird Klassik verpoppt und Pop mit klassischen Instrumenten gespielt. Die Musiklehrer müssen arrangieren können für die Instrumente, die in der jeweiligen Klasse vorhanden sind. Wir haben Schwerpunktschulen mit Chor, mit Streichern, mit Bläsern, mit Gitarren-AGs und gemischten Ensembles. Der Unterricht ist sehr stark handlungsorientiert, keine Theorie, kein Quintenzirkel, keine Tonleiter. Es entspricht auch den neuesten hirnphysiologischen Untersuchungen, dass Kinder Musik figural lernen im Tanz, im Bewegen, Singen und Spiel.*"[94]

Bastians weitere Untersuchungsergebnisse zur Intelligenzentwicklung können dem „Familienhandbuch des Staatsinstituts für Frühpädagogik (IFP)"[95] entnommen werden. Hier die Zusammenfassung:

Bereits für 6-7jährige Kinder gibt es einen monoton steigenden Zusammenhang zwischen musikalischer Begabung und Intelligenz. Mit höherem Musikalitätswert steigt auch der IQ.

Beide Stichprobengruppen entwickeln sich in den ersten Jahren der Grundschule zunächst nicht sehr unterschiedlich. Nach vier Jahren erweiterter Musikerziehung kommt es jedoch zu einem signifikanten IQ-Zugewinn bei Kindern aus musikbetonten Grundschulen (IQ-Mittelwert Modellgruppe 111 vs. Kontrollgruppe 105).

Sozial benachteiligte und in ihrer kognitiven Entwicklung weniger geförderte Kinder (unterdurchschnittlicher IQ) profitieren ebenso vom Umgang mit Musik, was sich über die Jahre hinweg in der kontinuier-

---

[94] http://www.gag-schule.kwe.de/fach/musik/bastian.htm

[95] http://www. Familienhandbuch.de/cmain/f_Fachbeitrag/a_Kindheitsf...

lich zunehmenden Tendenz zeigt – das sozialpolitisch relevanteste Ergebnis aller IQ-Befunde.

Woher kommt der Zusammenhang zwischen Musik und Intelligenz? Bastian vermutet, dass das „vom Blatt Spielen“ die schnelle und gleichzeitige Verarbeitung von Informationen in extremer Fülle und Dichte (Noten, Takt, Lautstärke, Tempo, Agogik, usw.) erfordert. Es beansprucht abstraktes und komplexes Denken.

Bei keinem anderen Fach muss ein Kind so viele Entscheidungen gleichzeitig treffen und diese kontinuierlich über solche Zeitstrecken hinweg abarbeiten. Die Kombination von konstanter, kontinuierlicher Achtsamkeit bei ständig sich verändernder geistiger, psychischer und physischer Beanspruchung konstituiert eine erzieherische Erfahrung von einzigartigem Wert: Musik ist stets ratio, emotio und motio in einem einzigen Prozess.

Wenn aber Musikerziehung die Intelligenz, vor allem auch kognitiv weniger entwickelter Kinder, fördern kann, folgt daraus, dass Bildungspolitik mit Musik die beste Sozialpolitik ist.

1.3.3.2 Musik und Konzentration

Für die Gesamtstichprobe heutiger Grundschulkinder von Bastians Untersuchung lässt sich zeigen, dass die Fähigkeit zur konzentrierten Wahrnehmung von der 1. bis zur 6. Klasse im Trend eher nachlässt, was wohl u.a. auf zunehmende Umwelt- und Medieneinflüsse zurückgeführt werden kann. Daher ist für Lehrer aller Fächer die Bilanz erfreulich, dass es in der Modellgruppe weniger schwache Konzentrationsleistungen als in der Kontrollgruppe gibt. Außerdem schneiden die Kinder der Modellgruppe in allen musikalischen Begabungs-, Leistungs- und Kreativitätstest über die Zeit hinweg besser ab als die Kinder aus der Kontrollgruppe.

1.3.3.3 Musik und Angst – Emotionale Labilität

Schüler aus der Modellgruppe meinten, allgemeine Ängste durch Musik besser reduzieren zu können, während Kinder aus der Kontrollgruppe glauben, über die Zeit hinweg eher ängstlicher geworden zu sein. So kann Musik zu einem emotionalen Refugium werden, gerade in der Phase der beginnenden Pubertät mit all ihren Identifikationsproblemen.

1.3.3.4 Musik und Allgemeine Schulleistungen

An den Berliner Grundschulen konnte festgestellt werden, dass trotz zusätzlicher Zeitinvestitionen bis in die Nachmittagsstunden die musizierenden Kinder der Modellgruppe prozentual überdurchschnittlich bessere Leistungen aufwiesen als die der Kontrollgruppe. Insbesondere gilt dies für die Fächer Mathematik, Deutsch und Englisch. Hier bestätigen sich Ergebnisse, die auch aus der sogenannten „Schweizer Studie“ [96] vorliegen.

1.3.3.5 Singen und Trauer

Wie das Singen beim Tod eines Angehörigen hilft, den seelischen Schmerz zu bewältigen, zeigen heute noch in manchen Regionen der Welt die sog. „Klageweiber“, die hinzugezogen werden, um die Trauernden in Gesänge einzuführen, mit deren Hilfe sie ihre Trauer besser verarbeiten können.[97] Auch im Judentum wird der Trauer im Gottesdienst mit dem Singen von Klagepsalmen begegnet, dem Kaddisch (s. Kapitel 2.5.5). Singend beten heißt, dass man an Trauertagen auch klagen kann.

Solches Singen kann auch lautlos geschehen, bei dem Melodien mit dem Text zusammen ohne Ton ausschließlich gedacht werden: dabei

> *„organisiert der Singende sowohl das Ausatmen wie das Einatmen über die innerlich vollzogene Melodiestruktur.“*[98]

So zeigen einige Beispiele aus Adameks Auswertung der Erlebnisberichte, wie Singen und Trauer eine hilfreiche Symbiose darstellen:

> *„Wenn ich mir den Schmerz von der Seele singe, singe ich, damit ich auf andere Gedanken komme und damit die Erstarrung gebrochen wird.*
>
> *[...]*
>
> *In unglücklichen und traurigen Stimmungen singe ich ein entsprechendes trauriges Lied, das die Situation eigentlich noch verstärkt, bis dann die Gefühlslage irgendwann umkippt. Danach geht's mir besser.“* [99]

---

[96] Schweizer Studie → vgl. Weber, E.W., Patry, J.-L., Spychiger, M. (1993). *Musik macht Schule*. Essen.

[97] Canacakis, J. (1987). *Ich sehe deine Tränen. Trauern, Klagen, Leben können*. Zürich S. 88 ff.

[98] Adamek, K. (1996). *Singen als Lebenshilfe*. Münster S.87.

[99] Ebd.

1.3.3.6 Singen in Bedrängnis als Bewältigungsstrategie

Vom Singen der Häftlinge in Konzentrationslagern wird immer wieder in Autobiographien geschrieben. Dieses Singen geschah oftmals nur in Gedanken oder ganz leise für sich alleine.

So wurde mir von einem Überlebenden des Holocaust[100] berichtet, wie eine gesummte Melodie („Lai, lai, lai") die Kinder so beruhigte, dass sie inmitten dieser Hölle einschlafen konnten.

Adamek schreibt[101] über die Bewältigungs- oder Coping-Forschung, die seit Anfang der 80er Jahre immer mehr an Bedeutung gewonnen hat, dass mit Singen bei Ärger und starken Emotionen vermutlich eine ähnliche Wirkung erzielt werden kann, wie es die Volksweisheit mit ihrem Satz „erst einmal bis zehn zählen" rät. Er berichtet von einer Architektin, die in ihrer Organisation oftmals bei den Sitzungen an die Grenze der Belastung kam, so dass sie *„vor Ärger hätte platzen können."* Sie durfte dies aber mit ihrer verantwortlichen Stellung nicht zulassen und sah als beste Lösungsstrategie, einige Minuten auf der Toilette zu singen. Die Wirkung war, dass sie jedes Mal beruhigt und gelassen, ja, oftmals mit spontanen Einfällen in die Sitzung zurückkehren konnte.

1.3.3.7 Singen – ein Ventil für aufgestaute Emotionen

Weil noch keine weitgehenden wissenschaftlichen Forschungsergebnisse über die psychische Funktion des Singens vorliegen, greift Adamek[102] auf die psychoanalytisch orientierte Arbeit von Klausmeier (1978) zurück. Diese bestätigt die Annahme Adameks, dass es im Singen ein emotionsbewältigendes Potential gibt.

Klausmeier vertritt die Ansicht, dass Musik nicht die Funktion eines Gegenstandes hat, mit dem der Mensch seine natürliche Umwelt zu seinen Gunsten ändern kann. Ihre Bedeutung liegt vielmehr darin, dass sich die Person mit Hilfe von Musik auf eine spezielle Weise ausdrückt. Wie es das Wort Ausdruck, Expression (=Hinauspressen) sagt, handelt es sich um die Fähigkeit, innerpsychische Spannungen nach außen abzuführen und zu gestalten.

---

[100] Micha Kurzbart aus Nethanya/Israel.

[101] Adamek a.a.O.

[102] Vgl. ebd. S. 46.

Dazu bringt Adamek[103] interessante Beispiele für die Funktion des Singens in Gruppen: Schepping (1991) belegt anhand empirischer Beobachtungen bis hin zum Singen in Fußballstadien die Hypothese Klausmeiers, dass Singen zur Abfuhr innerpsychischer Spannungen beiträgt. Die Beispiele zeigen eine „*befreiende und ausgleichende Wirkung des Singens*“ als „*Ventil aufgestauter Emotionen in existentiellen Grenzsituationen*“.[104]

Adamek schließt weiter auf die kompensatorische psychische Funktion des Singens, seine lösende, Spannung abbauende, Sozialkontakte ermöglichende oder erleichternde Wirkung, kurz, die heilende Kraft, die Singen haben kann.

Aus den empirischen Ergebnissen seiner Fragebogenanalyse konnten acht Funktionsbereiche des Singens als Bewältigungsstrategie unterschieden werden[105]:

- Singen zur Integration überschießender positiver Gefühlsenergien bei Glück, Freude, Tatendrang, aber auch bei angespannter Erwartungsfreude;
- Singen bei überschießenden negativen Gefühlsenergien wie Wut, Ärger, Stress etc.;
- Singen bei lähmenden negativen Gefühlen wie Angst etc.;
- Singen bei körperlichen Energiedefiziten: Erschöpfung, Müdigkeit etc.;
- Singen bei psychischen Energiedefiziten: Mutlosigkeit, Niedergeschlagenheit etc.;
- Singen bei körperlichen Schmerzen;
- Singen bei psychischen Schmerzen wie Trauer, Einsamkeit, Enttäuschung, Verzweiflung, Weltschmerz, Sorgen etc.;
- Singen als Medium der Selbstbegegnung und Selbstreflexion, als zunächst unbewusster Prozess, durch den gleichermaßen negative wie positive Emotionen in Balance gebracht werden können.

---

[103] Vgl. ebd.

[104] Ebd.

[105] Vgl. ebd. S. 209.

Zusammengefasst ergibt sich, dass nahezu alle Emotionen durch Singen reguliert werden können. Im folgenden Koordinatensystem werden die Befunde schematisiert (→ Abb. Abbildung 4), wobei Adamek von zwei Grundmustern des Singens als Bewältigungsstrategie ausgeht:

- Energetisierung = Erhöhung des psychophysischen Potentials (↑)
- Beruhigung = Senkung des psychophysischen Potentials (↓)

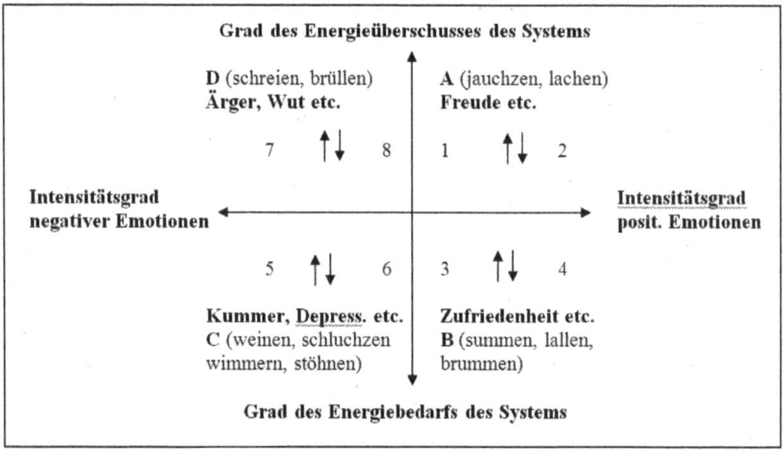

Abbildung 4: Zusammenhang von Singen u. Emotionen

1.3.3.8 Singen – ein unbemerkter Verfall dieses Potentials

Klausmeier[106] stellt in den Industriekulturen einen generellen Verfall der Fähigkeit des Menschen fest, seine Gefühle ausdrücken zu können und speziell, dies singend zu tun. Dies sei besorgniserregend, denn eine Person gerät aus der Balance, wenn sie ihre Gefühle nicht mehr ausdrücken kann und sie verdrängen muss. Vor diesem Hintergrund fragt er dann auch gesellschaftskritisch, wie sich der Einzelne und auch die Gesellschaft entwickeln können, wenn Gefühle derart unterdrückt würden. Er hat die begründete Vermutung, dass das Menschliche dann sterben wird und der Triebdruck als Aggressionslust und Zerstörungswut zutage tritt.

---

[106] Zit. ebd. S. 47.

Nur zu verständlich ist daher Bastians Appell:

> *„Politiker, Eltern Lehrer, lasst unsere Kinder musizieren! Sie tun dies nicht um der sozialen oder kognitiven Nebenwirkungen, sondern ausschließlich um ihrer selbst willen, aus Freude an der Musik und ihrer eigenen Begabung. Wo immer wir Kinder fordern und fördern wollen, wo immer wir Verantwortung für ihre Entwicklung tragen, sollte Musik mit ihrem Geist-, Gefühls-, Kreativitäts- und Sozialpotential ins Spiel kommen. Wir brauchen die Musik heute dringender denn je!"*[107]

1.3.3.9 Forschungsstand zur psychischen Funktion des Singens

Zum Forschungsstand meint Karl Adamek[108], dass die wissenschaftliche Psychologie der Frage nach der psychischen Funktion des Singens als Verhalten (nicht als Kunstform) bisher zu wenig systematische Beachtung geschenkt hat.

Tatsächlich war das Singen unter dem Blickwinkel einer Bewältigungsstrategie bisher noch kein eigenständiger Gegenstand der empirisch-psychologischen Forschung. Aber auch in der Logopädie werden fehlende wissenschaftliche Erkenntnisse über den Zusammenhang von Stimme und Psyche beklagt, obwohl die Psyche als einer von drei die Stimmqualität beeinflussenden Hauptfaktoren hervorgehoben wird.

Der Wissenschaftler und Pädagoge Klusen untersuchte die Funktion des Singens in der Gruppe zur *„Bewältigung konkreter, ... vom Leben der Gruppe her gegebener Situationen"* [109]. Er stellte fest, dass die Volksliedforschung schon seit zwei Jahrhunderten das „Sterben" des Volksliedes beklage. Jedoch sei es natürlich, dass Lieder „sterben", weil sie durch den Wandel von Lebensformen und Geschmacksvorlieben ihre Funktion verlieren. Es sei daher wenig sinnvoll, den Funktionsverlust alter Lieder zu beklagen, sondern an der Zeit, sich systematisch mit den Funktionen des Singens für den Einzelnen und die Gruppe auseinanderzusetzen. Das Singen unterstützt laut Klusen die Selbstentfaltung des Einzelnen und verhilft ihm zum Ausdruck seines Selbst. Indem er sich im Lied ausdrückt, findet er zu sich, zu seiner Identität.

---

[107] Bastian a.a.O.

[108] Adamek a.a.O. S. 39.

[109] Ebd. S. 40.

Singend bestätigt er sich in seiner Existenz, und Selbstbestätigung ist für die Selbstfindung wichtig[110].

Wichtig ist dabei die Einbindung des Einzelnen in die Gruppe. Deshalb stellte Klusen bei seiner empirischen Forschung die singende Gruppe in den Mittelpunkt[111]. Im Gegensatz zu der üblichen nostalgischen Sicht stellte er fest, dass auch heute durchaus viel gesungen wird, die Formen allerdings großen Wandlungsprozessen unterworfen sind und nicht mehr der vermeintlichen Idylle des bäuerlichen Lebens vergangener Jahrhunderte entsprechen. Klusen ist sich sicher,

> *„dass das Singen auch für den Menschen in der modernen Gesellschaft eine Funktion haben könnte und es deshalb erforderlich ist, auch anhand empirischer Untersuchungen, Grundlagenwissen über die Funktion des Singens für den Einzelnen und die Gruppe zu sammeln".*[112]

Dieser Impuls von Klusen wurde in einer empirisch orientierten soziologischen Untersuchung von Adamek aufgenommen. Für ihn ist es nicht an erster Stelle bedenklich, dass oder ob der moderne Mensch den Zugang zum alten Volkslied verliert, *„sondern dass er anscheinend überhaupt das Singen verlernt"*[113]. Er möchte mit seiner Befragung belegen, dass Menschen durch Singen innerpsychische Spannungen abführen können und stellt dazu Fragen wie

- Singe ich heute gerne?
- Wie gerne sang ich in der Kindheit?
- Wie gut schätze ich mein Singvermögen ein?
- Wie gefällt mir meine Stimme?
- Möchte ich gerne besser singen?
- Singe ich lieber alleine oder in geselliger Runde?
- Schäme ich mich beim Singen?
- Welche Gefühle habe ich, wenn andere singen?
- Ist Singen historisch überholt?

---

[110] Klusen 1967 S. 23.

[111] Klusen, E. (1989): *Singen. Materialien zu einer Theorie*. Regensburg.

[112] Adamek a.a.O., S. 40.

[113] Ebd.

- Liegt es, wenn ich nicht singe, an den fehlenden Gelegenheiten?
- Soll das Singen von Kindern gefördert werden?

Die Antworten der über 500 Personen aus unterschiedlichen Berufsgruppen machen deutlich, dass das frühkindliche Singen mit der Mutter oder einer nahestehenden Person die Persönlichkeitsentwicklung bis ins Erwachsenenalter signifikant beeinflusst.

Es gibt auch einen signifikant positiven Zusammenhang zwischen dem Grad des „Gerne-Singens" und der Häufigkeit des Singens, d.h. wer gerne singt, tut dies auch häufiger. Die Befragten beschrieben Singen dann durchgängig als schön, heimelig, glücklich, fröhlich, geborgen, vertraut, zusammengehörig usw. und nannten u.a. folgende Situationen, in denen in der Kindheit, zumeist zusammen mit der Mutter, gesungen wurde:

- Abends vor dem Einschlafen im Bett
- Auf Urlaubsreisen im Auto
- Bei der Hausarbeit, besonders in der Küche
- Beim Spazierengehen
- Abends im Badezimmer beim Waschen

Zusammenfassend stellt Adamek fest, dass 90% der Befragten gerne hören, wenn andere miteinander singen, jedoch auch, dass lautes Grölen durchgängig als unangenehm empfunden wird.

85% sind der Meinung, dass man das Singen bei Kindern besonders unterstützen sollte. Sie messen dem Singen eine wertvolle Bedeutung bei, die sie gerne tradiert sehen würden. Knapp die Hälfte der Befragten findet es schade, dass es in unserer Kultur so wenig Gelegenheit zum Singen gibt. Jedoch wissen 94% nicht, ob Singen in der heutigen Zeit mit den allgegenwärtigen Medien nicht einfach überholt und überflüssig ist.

Eine derartige Diskrepanz zwischen der persönlichen Wertschätzung und der gesamtgesellschaftlichen Entwicklungstendenz bezüglich des Singens kann als Ausdruck verbreiteter Desorientierung angesehen werden, zu der möglicherweise die Diskrepanz zwischen individuellen Lebensbedürfnissen und gesellschaftlicher Realität geführt hat[114].

---

[114] Vgl. ebd. S. 138.

In seiner Zusammenfassung kommt Adamek zu dem Fazit:

> *„Singen ist neben allen anderen Funktionen zugleich Gesundheitsverhalten. Es ist als Existential des Menschen belegbar, fördert seine Entfaltung auf allen Ebenen, von der körperlichen bis zur spirituellen. Singen ist in seiner Funktion für den Menschen durch nichts anderes ersetzbar"*[115].

Bei der Fragebogenanalyse[116] wurden mindestens fünf Arten des Singens als Bewältigungsstrategie unterschieden:

- Lautes, bewusst schiefes Mitsingen oder Grölen (meist zum Radio oder - damals - zur Kassette), besonders bei negativen Gefühlen wie Wut, Aggression etc. – hier dominiert ein disharmonisches Singen.
- Lautes Singen bei positiven Gefühlen wie Freude, Tatendrang, aber auch körperlichen und seelischen Schmerzen - hier dominiert ein harmonisches Singen.
- Leises Singen, besonders bei Trauer, Einsamkeit etc. - hier dominiert ein harmonisches Singen.
- Summen, besonders bei Anspannung, aber auch bei ruhiger Zufriedenheit – hier dominiert ein harmonisches Singen.
- Lautloses Singen in Gedanken, besonders in Situationen, in denen hörbares Singen nicht möglich oder angebracht ist. Hier werden Melodien ausschließlich gedacht, ohne dass ein Ton erklingt, dabei wird über die innerliche Melodie das Aus- und Einatmen organisiert.

Um die Gefühle, die beim Singen auftreten zu ermitteln, mussten die Adjektive angegeben werden. Dabei kam es zu folgendem Ergebnis:

90 % der Befragten:

- Warm gegenüber kühl
- Energiegeladen gegenüber müde
- Gefühlsbetont gegenüber verstandesbetont
- Vertraut gegenüber fremd

---

[115] Ebd. S. 197.

[116] Vgl. ebd. S. 86.

- Glücklich gegenüber unglücklich
- Hoffnungsvoll gegenüber skeptisch

80 % der Befragten:

- Froh gegenüber traurig
- Sicher gegenüber unsicher

70 % der Befragten:

- Weich gegenüber hart
- Mutig gegenüber vorsichtig
- Hell gegenüber dunkel
- Entspannt gegenüber gespannt
- Heiter gegenüber ernst

60 % der Befragten:

- Friedlich gegenüber kämpferisch
- Zart gegenüber robust

1.3.3.10 Forschungsergebnisse aus der Ethnopsychologie

Thomas Fritz vom Max-Planck-Institut für Kognitions- und Neurowissenschaften in Leipzig ging der Frage nach, ob Menschen auch dann den emotionalen Ausdruck westlicher Musik verstehen, wenn sie mit dieser noch nie in Berührung gekommen sind. Er konnte zeigen, dass Mitglieder eines afrikanischen Stammes aus entlegenen Dörfern der Mafa im Norden Kameruns, die in ihrem Leben noch nie Radio gehört hatten, trotzdem erkannten, welche Gefühle klassische westliche Musikstücke transportieren.

19 der 21 Teilnehmer der Untersuchungsgruppe konnten zuverlässig die „richtige" Emotion aus den Musikstücken heraushören. So interpretierten sie wie Deutsche beispielsweise ein schnelles Tempo als Ausdruck von Freude, ein langsames dagegen als Ängstlichkeit. Stücke in Dur wurden als fröhlich und solche in Moll als bedrückend

wahrgenommen. [117] Fazit: Die Sprache der Musik scheint universell zu sein.

1.3.3.11 Entwicklungsförderung durch Singen bei Kindergartenkindern

Die Förderung der Entwicklung durch Singen im Kindergarten war ein gemeinsames Forschungsprojekt von Karl Adamek und Thomas Blank[118]. Knapp 500 Kinder wurden in den Jahren 2001-2002 im Rahmen der Schuleingangsuntersuchungen im Raum Münster in die Untersuchung einbezogen. Mit den Ergebnissen wurde erstmals empirisch belegt, dass schon bei Kindergartenkindern positive Auswirkungen des Singens auf eine gesunde psychische und physische Entwicklung festzustellen sind.

Es zeigt sich, dass Kinder, die viel singen, durchweg ein harmonischeres und positiveres Schulfähigkeitsprofil aufweisen als Kinder, die wenig singen. Die Entwicklungsvorteile liegen vor allem in der Sprachentwicklung, der kognitiven und koordinativen Entwicklung sowie im emotionalen Verhalten. Neben der Förderung der psychischen Gesundheit konnten zudem auch positive Auswirkungen des Singens auf die körperliche Gesundheit bestätigt werden.

Mit solchen Ergebnissen kann Adamek berechtigt die Entfaltung der Singfähigkeit als wichtiges Element im Rahmen eines Rechts auf Bildung fordern. Er meint, dass man die Kinder spielerisch fördern und sie ermutigen solle, mit Musik umzugehen. Für die Erzieherinnen und Erzieher sollten zukünftige Qualifikationsmerkmale ihrer Aus- und Weiterbildung sein, dass sie mit Begeisterung die Kinder auf den bewegungsorientierten musikalischen Ausdruck im Singen und Tanzen hin lenken können. Seine These: Wenn alle Kinder schon von der frühesten Kindergartenzeit bis mindestens zum Ende der Grundschulzeit täglich über den Tag verteilt eine halbe bis zu einer Stunde spielerisch, bewegungsorientiert und ohne Leistungsdruck zum Singen begeistert würden, gäbe es in Deutschland die PISA–Problematik nicht bzw. nicht in dieser Schärfe. Einen Beleg hierfür sieht Adamek in dem vorderen Rang in der PISA-Studie für die Kinder aus Finnland, wo das alltägliche Singen die Kindheit deutlich prägt.

---

[117] Spektrum der Wissenschaft Gehirn und Geist Nr. 6/2009 S. 12.

[118] Vgl. Adamek u. Blank. *Angst oder Vertrauen*. www.karladamek.de/Forschung.html

Leider wird die Bedeutung des Singens für die Entwicklung der Kinder in den letzten Jahrzehnten in Deutschland verkannt (im Unterschied zum Singen in seiner Kunstform), so dass zwingend ein Umdenken erfolgen sollte: Wenn das Singen die Gefühlswelt auf einzigartige Weise reguliert, wenn es die soziale Beziehungsfähigkeit steigert und messbare Auswirkungen auf die soziale Verantwortlichkeit und Hilfsbereitschaft hat, wenn dadurch das Selbstvertrauen, die innere Gelassenheit und Zuversicht zunehmen, Aggressionen abgebaut und friedfertiges Verhalten gefördert werden, dann sollte nicht nur das Sprechen, sondern auch das Singen schon in früher Kindheit gefördert werden.

Parallel zu diesem Forschungsprojekt wurde eine praktische Studie mit begleitender wissenschaftlicher Evaluation konzipiert. In 15 Kindergärten wurden dabei die Möglichkeiten einer „Pädagogik des frühkindlichen Singens“ erfolgreich erprobt – und das, obwohl sich 90% der Erzieherinnen in ihrer Ausbildung gar nicht oder nur rudimentär musikalisch qualifizieren konnten.

Für die Praxis wurde von Il Canto del Mondo zusätzlich das generationenübergreifende Programm „canto elementar“[119] entwickelt, bei dem die Altersgruppe von 60 Jahren aufwärts, von der im Unterschied zu Jüngeren viele noch ganz selbstverständlich singen können, aktiviert wurde. Weil viele Kinder nicht mehr singen lernen, viele ältere Menschen aber gut und gerne singen, wird hier ein Generationen verbindendes Programm zur Ausbildung ehrenamtlicher Singpaten für Kindergartenkinder angeboten. Die Singpaten kommen regelmäßig in den Kindergarten, um mit den Kindern zu singen. Sie wurden zusammen mit Erzieherinnen und Eltern gezielt professionell vor- und weitergebildet. In Deutschland hat die „Yehudi Menuhin Stiftung Deutschland“ die organisatorische und wissenschaftliche Begleitung dieses Programmes übernommen. Der Titel „Canto-Kindergarten“ wird als Gütezeichen verliehen.

Die Idee von Il Canto del Mondo lässt sich folgendermaßen begründen:

> *„Singen kann den Menschen von Innen heraus friedlich stimmen, eine optimistische Lebenshaltung und Tatkraft fördern. Für den Menschen ist das Singen für die Entfaltung des Fühlens so wichtig wie die Sprache für die Entwicklung des Denkens. Die höchste Stufe des Fühlens ist das Mitgefühl. Singen liegt im Kern des Menschseins. Singen ist ein ‚Gesundheitserreger‘. Die weltweite Musikalisierung der Menschen durch*

[119] Vgl. http://www.ilcantodelmondo.de

Singen kann die notwendige Entwicklung hin zum Frieden mehr fördern, als die meisten das heute ahnen. Denn Singen hat das Zukunftspotenzial, zu einer Universalsprache des Mitgefühls jenseits der Worte weiterentwickelt zu werden. Deshalb setzt sich Il Canto del Mondo e. V. mit weiter Zukunftsperspektive für ein Menschenrecht auf Singen ein, für ein Menschenrecht eines jeden auf die Entfaltung der Muttersprache aller Menschen, wie Yehudi Menuhin das Singen nannte.“ [120]

Eine weitere Initiative zur Entwicklungsförderung durch Singen bei Kindergartenkindern ist die Stiftung „Singen mit Kindern“[121]. Sie wird von einem Förderkreis getragen, der eine kindbezogene Förderung von Kunst und Kultur in Bildung und Erziehung anstrebt. Hierzu gehört im Einzelnen die

- Förderung von Initiativen für das gemeinsame Singen mit Kindern,
- Förderung musikpädagogischer Begabungen bei Kindern und Jugendlichen,
- Beratung und Aufklärung über die Bedeutung des Singens in allen gesellschaftlichen Bereichen,
- Förderung und Weiterbildung für Pädagogen, die in den Bereichen Familienberatung, Kirchenmusik, Kinder- und Jugendarbeit der Musikvereine oder der schulischen Musikpädagogik tätig sind und eine vokalpädagogische Weiterbildung anstreben,
- Förderung und Unterstützung von modellhaften Maßnahmen zur Verbreitung des Singens mit Kindern – einschließlich vielfacher Kooperationsformen mit der Instrumentalmusik.

Ziele der Stiftung sind:

- Freude am gemeinsamen Singen zu wecken - im Kindergartenalltag, in der Familie und mit Freunden,
- die Förderung der Persönlichkeit des Kindes, seiner Sprache und seiner musikalischen Ausdrucksfähigkeit,
- Kinder mit verschiedenen Generationen und Kulturen verbinden,

[120] http://www.il-canto-del-mondo/unsere_idee.html

[121] Vgl. http://www.singen-mit-kindern.de/stiftung/freunde/index.html

- die musikalische Unterstützung der Kindergärten in guter Partnerschaft mit Erzieherinnen und Erziehern,
- die Zusammenarbeit mit Chören und Instrumentalgruppen im geistlichen und weltlichen Bereich.

Realisiert werden diese Ziele durch Schulungsangebote für

- Eltern, Erzieherinnen und Erzieher,
- Fachkräfte für Musik,
- Singmentorinnen für Kindergärten,
- Herausgabe von Liederkalendern,
- Ausbildung und Betreuung von Patinnen und Paten des Singens mit Kindern,
- Durchführung von Singfesten für Familien,
- Bereitstellung von Informationen zur Bedeutung des Singens,
- Vergabe von wissenschaftlichen Arbeiten,
- gemeinsame Angebote mit Ärzten und Kliniken.

1.3.4 Ein kurzer historischer Abriss zum Einsatz der Musik in der Heilbehandlung[122]

Durch die Jahrtausende der Geschichte und in allen Kulturen wussten die Menschen um die heilende Wirkung der Musik. Einen der frühesten Hinweise auf die Heilkraft der Musik finden wir im Alten Testament im Bericht über die Vertreibung des bösen Geistes, der über König Saul gekommen war:

„Sooft nun der böse Geist von Gott über Saul kam, nahm David die Harfe und spielte. So wurde es Saul leichter, […] und der böse Geist wich von ihm.“ (1. Sam 16,16).

[122] Zum ganzen Abschnitt vgl. http://www.musiktherapie.de/fileadmin/user_upload/medien/pdf/Geschichte_Musiktherapie.pdf

1.3.4.1 Magisch-mythische Form der Musikheilung

Encheduanna, Tochter des Königs Sargon von Akkad in der sumerisch-arkadischen Zeit (ca. 1800 v. Chr.) komponierte und dichtete 42 Tempelhymnen, mit denen sie Kranke heilen konnte. In dem tranceartigen Zustand der Kranken und/oder Heiler konnten die Götter beschworen und Dämonen vertrieben werden.

Von Pythagoras, dem griechischen Philosophen der Zeit um 570 v. Chr. wird berichtet, dass er

> *„Lieder gegen körperliche Leiden, zum Vergessen der Trauer, zum Stillen des Zornes und zur Austilgung von Leidenschaft“* [123]

verwendet hat.

1.3.4.2 Rational-wissenschaftliche Musikheilungen in Antike und Mittelalter

Musik diente in der klassischen Antike zur Wiederherstellung geistig-seelischer Harmonie. Dahinter stand das Menschenbild: Kranke Menschen befinden sich in Unordnung, die harmonisiert werden muss. Neben diesen ordnenden Effekten sollte die Musik gleichzeitig die Seele erziehen.

Auch im Mittelalter war Musik wichtig für die Behandlung Kranker. Bis 1550 gehörte die Musik zum Fächerkanon eines Medizinstudiums. Ein Mensch wurde u.a. dann als krank angesehen, wenn sein Puls in Tempo und Intensität von der Norm abwich.

1.3.4.3 Renaissance und Barock

In dieser Zeitepoche beschäftigten sich die Wissenschaftler mit dem Zusammenhang zwischen der Musik und menschlichen Affekten, vor allem der Melancholie. Durch harmonisierende Schwingungen der Musik wurden die Lebensgeister reaktiviert, das Blut verdünnt und die körpereigenen Säfte in ihrer Konsistenz normalisiert (Entdeckung des Blutkreislaufs durch William Harvey).

---

[123] Hamel, P.M. (1980). *Durch Musik zum Selbst.* München S. 171.

1.3.4.4 Romantik

Im 19. Jahrhundert verlor die Musik den Bezug zum medizinischen Bereich der körperlichen Krankheiten und fand einen neuen, psychologisch ausgerichteten Schwerpunkt in der Behandlung von psychischen Erkrankungen. Musiktherapie ist nunmehr vereinzelt in Psychiatrien zu finden.

1.3.4.5 Das 20. Jahrhundert

Einen deutlichen Aufschwung nahm die Musiktherapie nach dem zweiten Weltkrieg.

Vier große Bereiche haben sich bis heute herauskristallisiert:

- Die heilpädagogische Orientierung (u.a. P. Nordoff, C. Robbins, J. Alvin und G. Orff)
- Die psychotherapeutische Orientierung (u.a. G.K. Loos, Blanke und Jädicke)
- Medizinische Orientierung (u.a. H.H. Teirich)
- Anthroposophische Orientierung (u.a. M. Schüppel)

Heute befasst sich die Musiktherapieforschung mit verschiedenen Ebenen des menschlichen Erlebens (körperlich, vegetativ, psychisch und spirituell).

1.3.5 Spirituelle Wirkungen

Spirituelle Lieder und Hymnen beeinflussen den ganzen Menschen. Diese Ansicht vertritt Dieterich in seinem holistischen Ansatz, der die Seele (bzw. das menschliche „Wesen“) als Ganzheit in der Interaktion von Körper (Somatik), Psyche (Kognitionen, Emotionen und Motivationen) und Glauben (Pneumatik, Spiritualität, religiöses Erleben) sieht.[124]

Im Unterschied zu anderen Ansätzen wird die Spiritualität hier jedoch nicht additiv hinzugefügt oder als Teilmenge der Psyche gesehen, sondern ist ein integrativer Aspekt des gesamten menschlichen Wesens.

---

[124] Vgl. Dieterich, M. (2001). *Einführung in die Allgemeine Psychotherapie und Seelsorge*. Wuppertal S. 134.

Für seine Anthropologie übernimmt M. Dieterich die Definition des menschlichen Wesens aus dem AT: „Jahwe Gott gestaltete den Menschen aus Staub vom Ackerboden und blies in seine Nase Lebensodem; so wurde der Mensch eine lebendige Seele (nefesh).“ (Gen 2,7).

Seitz[125] und Wolff[126] zeigten mit ihren Untersuchungen zu dem Begriff der Seele, dass mit dem hebräischen Wort („nefesh“) die untrennbare Ganzheit des Menschen gemeint ist und damit die platonische Teilung und unterschiedliche Bewertung der Einzelaspekte des Menschen gegenstandslos wird. Mit einer solchen ganzheitlichen Sicht *hat* der Mensch dann keine Seele, sondern er *ist* eine Seele[127].

Wenn die menschliche „nefesh“ unteilbar ist, dann muss selbstverständlich davon ausgegangen werden, dass das gesungene Lied, wie in den vorangegangenen Kapiteln beschrieben, nicht nur somatische und psychische Reaktionen hervorruft, sondern dass es auch ein „Vermittlungsagent“ für das Reden mit Gott sein kann. A. Grün fasst die Ganzheitlichkeit in schöner Form zusammen, wenn er sagt: „Im Singen kommen wir in Berührung mit den positiven Gefühlen wie Freude, Hoffnung, Sehnsucht, Liebe. Dadurch verlieren die negativen Gefühle ihre Macht über uns. Wir brauchen uns im Singen nicht in Gefühle der Freude und Liebe hineinzusteigern. Wenn wir uns einfach auf das Singen einlassen, dann bewirkt es etwas in uns, dann steigen Freude und Sehnsucht in uns auf. ... Durch das Psalmensingen klingen in uns Saiten wieder, die sonst stumm bleiben. Es entsteht ein Bewegtsein des Gemütes, ein Ergriffensein von Freude und Liebe.“[128]

Wegen der Bedeutsamkeit des geistlichen Liedes wird diesem das ganze Kapitel 2 gewidmet.

---

[125] Seitz, M. (1985). *Praxis des Glaubens, Gottesdienst und Spiritualität*. Göttingen.

[126] Wolff, H.W. (1984). *Anthropologie des Alten Testamentes*. München.

[127] Vgl. ebd. S. 26.

[128] Grün, A. (1980). *Chorgebet und Kontemplation*. Münsterschwarzach S. 48 ff.

2 Das geistliche Lied

„Als der Heilige Geist sah, wie schwer sich das Menschengeschlecht zur Tugend leiten ließ und wie oft wir ... vom richtigen Leben abgezogen werden, was tat er da? Er fügte den Glaubenssätzen die Lieblichkeit der Melodie hinzu, damit wir durch das Hören unbemerkt den im Wort liegenden Segen in uns aufnehmen. Darum sind die wohlklingenden Melodien zu den Psalmen ersonnen worden, damit die dem Alter wie dem Geiste nach noch Unentwickelten und Jungen, während sie selber zu musizieren meinen, in Wahrheit ihre Seele bilden.“[129]

Basilius der Große

Mit diesem Zitat von Basilius dem Großen, Bischof von Cäsarea, einer der herausragenden Gestalten des Christentums des 4. Jahrhunderts, soll das Kapitel „Das geistliche Lied“ eingeleitet werden, denn es bringt zum Ausdruck, welchen starken Einfluss Musik, insbesondere das Singen, auf unser geistliches Leben hat: wir werden auf Gott „eingestimmt“.

Diese musikalische Einstimmung erfuhr in der Geschichte Israels, in der Zeit der neutestamentlichen Gemeinde, des Mittelalters, der Reformation und in der Neuzeit ganz unterschiedliche „Überlagerungen“ und „Nebenstimmen“ – jedoch gehörte das geistliche Lied in allen Zeiten zum (auch nichtchristlichen) Gottesdienst. Hierfür gibt es einige Gründe:

- Weil dem gesungenen Wort eine gewisse „Macht“ inne wohnt,
- weil Musik eine „bannende“ Wirkung hat (man verscheucht das Böse),
- weil Musik in gewissen Formen zur Begeisterung und Ekstase führen kann,
- weil Gott für Musik „empfänglich“ ist.[130]

Immanuel Kant meinte zu den geistlichen Liedern:

---

[129] Vgl. „Psychotherapie & Seelsorge“ 3/2005 (Kassel).

[130] Vgl. Gunkel, H., Zscharnack, L. (1930). Art. *Musik und Gesang*. Die Religion in Geschichte und Gegenwart. Vierter Band. Verlag Mohr Tübingen S. 298.

„Ich glaube durch meine Philosophie mit allem im Klaren zu sein – wenn ich aber einen evangelischen Choral höre, so gibt mir das einen Frieden, den mir meine Philosophie nicht gibt."[131]

Aus dem „Vorbericht" zu einer älteren Ausgabe des evangelischen Gesangbuchs[132] können die nachfolgenden Auszüge entnommen werden, die der damaligen Zeit entsprechend zusammenfassen, wie das geistliche Lied verstanden werden kann und welche Funktion es haben sollte (nachfolgend als Originalzitate in der damals üblichen Form).

„Gleichwie der Kirchengesang, dieses laute und langsame Gebet der ganzen Gemeine, zur öffentlichen Anbetung Gottes gehört: also sind geistliche Lieder, besonders die in Kirchen und Schulen eingeführt, und in der Jugend oder durch den vielen Gebrauch meistens auswendig gelernt werden, ein leichtes und sehr wirksames Mittel, die Religion auszubreiten und zu erhalten, und christliche Einsichten und Kenntnisse, christliche Empfindungen, Entschlüsse, Tröstungen, Hoffnungen und Freuden zu befördern. [...] Sie dienen, die Glut der Andacht zu verstärken, und den Geist der christlichen Eintracht und der Bruderliebe zu nähren. [...] Die Poesie und Tonkunst, welche hier ihre Kraft vereinigen, alle Saiten unserer Seele in Bewegung zu bringen, alle Triebfedern des Empfindens in Wirksamkeit zu setzen; das Verweilen bey jedem Wort, wodurch wir Zeit zum Empfinden gewinnen; das Mitsingen, die Rührung, welche so viele zugleich äußern, die Menge der Stimmen, die Feyerlichkeit der Versammlung, die Heiligkeit des Orts und der Zeit, die Wichtigkeit des Inhalts und des Zwecks und andere Umstände, welche das Herz in Empfindung setzen, geben dem Gesang einen großen Vorzug vor andern Theilen des öffentlichen Gottesdienstes. [...]

Es wird aber vornehmlich auf den rechten Gebrauch der Lieder ankommen, wenn sie diesen großen Nutzen haben sollen. Was helfen die erhabensten Lieder von Gott und seinen Eigenschaften ... wenn nicht durch ihren Gebrauch unsre Kenntnisse von dem Wesen Gottes, von seinen Werken wirklich belebt, unsere Herzen von der Bewunderung seiner Größe ergriffen, von den Unendlichkeiten seiner Wohlthaten gerührt, und mit Liebe, Ehrfurcht, Dankbarkeit, Vertrauen und Anbetung erfüllt werden? Was nützen die schönsten Lieder von Christo, wenn

[131] Vgl. „Psychotherapie & Seelsorge" 3/2005 (Kassel).

[132] Württembergisches Gesangbuch (1825). *Zum Gebrauch für Kirchen und Schulen, von dem königlichen Synodus nach dem Bedürfniß der gegenwärtigen Zeit eingerichtet*. Stuttgart, bei Hof- und Kanzleibuchdrucker Cotta's Erben.

sie nicht innigste Liebe und Dankbarkeit gegen den Heiland, Frohlocken über seinen Sieg und seine Herrlichkeit, glaubensvolles Verlangen nach der Seligkeit, wenn sie nicht die willigsten Entschließungen hervorbringen? Sollen die Lieder vom heiligen Geist, vom Worte Gottes nicht kraftlos für uns seyn, so muß bei ihrem Gebrauch ein aufrichtiges Verlangen nach dem unentbehrlichen Beystand der Gnade und dankbare Freude über die herrlichen Offenbarungen durch den Sohn Gottes entstehen.“

Mit einem kurzen Gang durch die jüdische und christliche Religionsgeschichte sollen nachfolgend die Wurzeln des geistlichen Liedes aufgespürt und damit gezeigt werden, welche Schätze wir bis heute daraus schöpfen können bzw. im Begriff sind, sie zu verlieren, wenn sie nicht wieder gehoben werden.

2.1 Musik und Gesang im Talmud und Midrasch – Ein Mittel zur Ehre Gottes

In den jüdischen Schriften war Musik ein Mittel zur Ehre Gottes[133]. Nach Auffassung der Rabbinen ist es der schon im Alten Testament bekannte Gedanke von der den Schöpfer preisenden Schöpfung, welcher der Musik ihren Ort in der Welt anweist. Es gibt nur einen Gott, dem alles andere als Geschöpf gegenübersteht. Und diese seine Schöpfung hat der souveräne Schöpfer allein um seiner eigenen Ehre willen geschaffen. Ihr Dasein ist nicht wesentlich, sondern funktional, sie ist Mittel zur Ehre und zum Preis Gottes.

Das Verwobensein von Gebet (hebr. Tefilla) und gesungener Melodie oder Lied (hebr. Shira) wird insbesondere bei den mystischen Texten offenbar, so dass dort selbst eine nur annähernde Trennung unmöglich ist[134].

In den Gesang werden auch Rufe, Jauchzen, Instrumentenklang und der seit alters her mit der Musik verwobene Tanz einbezogen. Der Gesang ist also ein von Gott zugedachter Auftrag, der der Verherrlichung des Schöpfers dient. Auch das Rauschen der Bäume, das Brausen des Mee-

---

[133] Vgl. Grözinger, K.E. (1982). Musik und Gesang in der Theologie der frühen jüdischen Literatur. Tübingen S. 8. Die Literaturangaben und Abkürzungen der rabbinischen Quellen in diesem Teilkapitel entstammen dem Buch Grözingers.

[134] Vgl. ebd. S. 3.

res, all die vielen Stimmen der Natur sind nichts anderes als ein einziger fortwährender Lobgesang zum Ruhme des Schöpfers[135]. Und der Mensch wird als Teil des großen Chores betrachtet und ist in ihm mit seiner schwachen Stimme sogar der Kleinsten einer (Psalm 148).

2.1.1 Die Sangespflicht und Sangesschuld des Menschen

Die Sangespflicht bleibt eher im Rahmen einer Dankesschuld, wie im Midrasch zu den Psalmen geschrieben steht:

„so wollen auch wir nicht dankesschuldig bleiben“[136]

Dort wird über das Danklied positiv reflektiert als dem einzig adäquaten Mittel, Gott zu danken[137].

So ist die Sangesschuldigkeit des Menschen eine Dankesschuld für die Herrlichkeit der Schöpfung, für das eigene Leben, für die von Gott erfahrenen Wunder, für die Vergebung der Sünde und andere Hulderweisungen Gottes.

„Die Sangesschuldigkeit des Menschen ist so verstanden eine schöpfungsmäßig gesetzte Schuldigkeit, die den Menschen vor Gott sündig werden lässt, wenn er sich ihr entzieht“.

Das Gotteslob ist ein Zeichen der Dankbarkeit, und damit ein *„Prüfstein für ein intaktes Verhältnis des Menschen zu Gott. Wo das Gotteslob fehlt, ist die Gemeinschaft gestört oder aufgehoben.“* Im Midrasch Tanhuma heißt es über das Schweigen der Israeliten, nachdem das Wasser aus dem Fels aufquoll: „*da sie schwiegen und kein Lied sangen, deshalb wurden sie (als schuldig) gefasst*“.

---

[135] Vgl. Goldammer, K. (1960). *Die Formenwelt des Religiösen???*, S. 267: „Das eigentümliche Phänomen des heilige Klanges ist ein sehr elementares. Es appelliert nicht an ein fein differenziertes Stimmungsgefüge des Gemütslebens oder gar an den Intellekt, es wartet nicht auf Identifizierung und Einordnung durch das Denken, sondern spricht jene Seiten der menschlichen Erlebnisfähigkeit an, die sich auch von ähnlichen akustischen Erfahrungen in der Natur beeindrucken lassen: Vom Poltern des Donners, Toben des Sturmes, Rauschen des Regens, vom Brüllen der Wild- und Weidetiere, Singen der Bäume und Pflanzen unter dem Winde, vom Wogenrollen der Brandung.“

[136] MTeh 22.1.

[137] Vgl. Grözinger a.a.O. S. 170f.

2.1.2 Königsjubel – Gott ist König

Der Königsjubel[138] war für das alte Israel bestimmend als Zeichen für ein mächtiges Königtum. So fordert der Psalmist die ganzen Völker zum Königsjubel für Gott auf:

„Alle Völker, klatscht in die Hände, jubelt Gott zu mit jauchzender Stimme! Denn der Herr, der Höchste ist furchtbar, ein großer König über die ganze Welt! Der Herr stieg hinauf unter Jubel, der Herr unter dem Klang des Schofar. Spielt dem Herrn, spielt unserem König, spielt!" (Ps. 47,2.3.6).

Anlässlich der Krönung Salomos hören wir, wie er unter dem Jubel des Volkes zum König wurde:

„Sie stießen in den Schofar und alles Volk rief: Es lebe der König Salomo! Und alles Volk zog hinter ihm hinauf und das Volk spielte mit Flöten und sie jubelten so laut, dass die Erde barst vor ihren Stimmen." (1.Kön. 1,33 ff).

2.1.3 Musik und Gesang zum Wecken von Gottes Barmherzigkeit

Grözinger stellt in Zusammenhang mit dem Thema „Sühne und Gottes Barmherzigkeit" (Kapitel VII) fest, dass fromme Juden nicht einfach ein Lied sangen, wenn sie „Lust" dazu hatten, sondern wenn sie ein Wunder erlebt hatten (vgl. Ex. 15,1 und das Beispiel Davids) [139]. Außerdem veränderte nach rabbinischer Lehre das Singen die Situation vor Gott. Es ist der Spruch eines Rabbi Simon überliefert:

„Es ist bekannt, dass dem, der ein Lied singt, seine Sünden vergeben werden und er wie ein neues Geschöpf wird!"[140].

Diese für uns merkwürdige Vorstellung wird u.a. am Beispiel des Schilfmeerlieds 2. Mose 2,1-21 so begründet: Im Anschluss an diesen Gesang „*ließ Mose die Israeliten vom Schilfmeer aufbrechen*" (V. 22).

„Das lehrt, dass Mose ihre Sünden von ihnen weggehen ließ, die sie am Schilfmeer begangen hatten".[141]

---

[138] „Königsjubel" teru'at melekh. Zum Jubel für den erhöhten Christus vgl. Phil 2,9-11 u. Hengel, Martin (1980). Hymnus und Christologie. In: Haubeck, W., Bachmann, M. (Hg.). Wort in der Zeit. Ntl. Studien. Leiden.

[139] Vgl. Grözinger a.a.O. S. 143.

[140] Ebd. S. 158.

[141] Ebd. S. 143.

Wie ist diese Sündenvergebung zu erklären? Grözinger meint, dass im Denken der Rabbinen Gott letztlich der Vergebende bleibt, der, rabbinisch formuliert, das gesungene Lied als Verdienst anrechnet und deshalb die Schuld erlässt. Die innere Zusammengehörigkeit von erfahrener Sündenvergebung und Gesang wird besonders dort augenscheinlich, wo das unter dem Wiegen des Feststraußes gesungene „Hallel" am Laubhüttenfest als Gesang der durch die Sündenvergebung Neugewordenen verstanden wird[142].

2.1.3.1 Ein Gesang Israels sühnt für die ganze Welt

Rabbi Levi[143] erzählt das Gleichnis von einem König, der ein Mahl veranstaltete und die Gäste lud. Die einen aßen, tranken und priesen den König, und die anderen aßen, tranken und fluchten dem König. Das bemerkte der König und wollte Verwirrung unter sie bringen und sein Mahl durcheinanderwirbeln. Da trat die Herrin ein und legte Fürsprache für sie ein, indem sie sagte: Mein Herr und König, statt auf jene zu blicken, die essen und trinken und dir fluchen, blicke auf jene, die essen, trinken und dich preisen.

So auch Israel, wenn sie essen und trinken, dann segnen, rühmen und preisen sie den Heiligen. Er lauschte ihrer Stimme und ließ sich versöhnen. Wenn aber die Völker der Welt essen und trinken, lästern und den Heiligen mit Schändlichkeiten schmähen, in dieser Stunde gedenkt der Heilige, sogar seine Werke zu zerstören. Aber die Thora legt Fürsprache ein und sagt: Herr der Welt, statt auf jene zu blicken, die lästern und dich erzürnen, blicke auf Israel, dein Volk, die deinen großen Namen segnen, rühmen und preisen, mit Tora, Liedern und Preisungen!

2.1.4 Das Lied als Dank des Menschen vor Gott[144]

Ein Beispiel des Dankes zeigt die bisher kinderlose Hanna, als sie schwanger wurde:

> *„Herr, der Welt, was kann ich tun? Dir Lieder singen und spielen. Lobsinget dem Herrn, Halleluja!" (1Sam 2,21)*

---

[142] Vgl. ebd. S. 159.

[143] Vgl. ebd. S. 157f.

[144] Vgl. ebd. S. 170ff.

Dem Menschen bleibt als Antwort auf die Wohltaten Gottes eigentlich nur das Danken, das wie von selbst im gesungenen Wort geschieht. Es gibt eine Reihe unterschiedlicher Dankeslieder. Hierzu gehören u.a.

- Der Dank für die Schöpfung, die Leben und Dasein ermöglicht. Dies bedeutet nicht Dank für eine Gabe, sondern eine Erfüllung des Schöpferwillens.
- Der Lobpreis über die Schönheit der Schöpfung. Hier ist das Staunen über der Schöpfung als eine Verherrlichung des Schöpfers und nicht ein Besingen der Natur gemeint. Die ganze Schöpfung bricht in einer Art von Schöpfungsliturgie in den Preis des Schöpfers aus.
- Der Dank über Gottes Wohltaten in der Geschichte: Hier wird „Gottes Rettungswunder" an Israel und einzelnen Personen als ganz konkrete Führungs- und Rettungsgeschichte besungen. Der, dem ein Wunder getan wurde, soll vor Gott singen - in Israel eine Verpflichtung, dies den Kindern und Kindeskindern für alle Zeiten zu gebieten:

  „Wir wollen es unseren Söhnen sagen und unsere Söhne ihren Söhnen, dass sie vor Dir ein Lied wie dieses singen sollen zur Zeit, da Du ihnen Wunder tust." ShemR 23,12.

- Der Dank für Erwählung, für die Gebote, für besondere Ereignisse des persönlichen und alltäglichen Lebens, der sich

  „in eine Fülle von Segenssprüchen hüllt mit der Folge, dass Gott stets und ohne Unterlass gepriesen wird. [145]

2.1.5 Singen statt kämpfen - glauben an Gottes rettendes Handeln

Nachdem Israel gesehen hatte, wie gewaltig sich die Hand Gottes erwies, sangen Mose und Israel dem Herrn das Lied und sprachen:

„Ich will dem Herrn singen, denn er hat eine große Tat getan; Ross und Mann hat er ins Meer gestürzt" (Ex 15,1). „Wenn ihr in Not kommt, dann sprecht nicht: ‚Wir wollen einen Krieg fechten, sondern der Herr wird für euch streiten' (Ex 14,14) und ihr sollt singen!"

---

[145] Ebd. S. 180.

„Hierbei", so meint Grözinger, *„ist die Rede vom intendierten Singen an Stelle des Kämpfens"*[146]: Der Gesang wird zum Schwerte Israels. Ein Midrasch sagt zu Ps 149,6:

> *„Der Heilige sprach: Ihr erhebet Mich und Ich streite den Krieg für euch, um euch aus der Verbannung (den Exilen) und der Knechtschaft zu erretten. So sagt es auch die Schrift: Der Mund Israels ist ihr Schwert, denn es heißt: Lobpreisungen in ihrer Kehle sind ein zweilippiges Schwert in ihren Händen." (MTeh 149,5)*

In der ständigen Bereitschaft, Gott zu loben, äußern sich das Vertrauen und der Glaube, dass Gott jederzeit rettend und helfend eingreifen kann und will. So begann Mirjam nach der Errettung am Schilfmeer zu singen und zu spielen und alle Frauen zogen hinter ihr her:

> *„Da nahm Mirjam die Prophetin die Handpauke in die Hand, und alle Frauen zogen hinaus nach ihr mit Handpauken und Meholot (Reigen). Und Mirjam rief ihnen zu: Singet dem Herrn, denn hoch und erhaben ist er." (Ex 15,20)*

Woher hatten wohl die Frauen in der Wüste Handpauken? Die rabbinische Antwort:

> *„Deshalb, weil die Gerechten immerdar wissen und gewiss sind, dass Gott ihnen Wunder tut, bereiteten sie sich schon beim Auszug aus Ägypten Handpauken [...] vor"*[147].

2.1.6 Gesang und Musik als Ausdruck der Freude

Von den Rabbinen werden nachfolgend einige aus der Bibel gesammelte Namen für Freude aufgezählt, die mit Klang und Stimme verbunden sind[148]:

- Sason, simha, gila: Jauchzen,
- rinna: Jubel,
- disa: Tanzen, Jauchzen
- sehala: Jubel,

---

146 Ebd. S. 192.

147 Vgl. ebd. S. 195.

148 Vgl. ebd. S. 228.

- aliza: Frohlocken,
- hedwa, tif eret: Verherrlichen, Rühmen.

Häufig sind im jüdischen Denken Freude und Gesang fast synonym. Grözinger bringt folgendes Beispiel[149]:

„Ein Nichtjude fragte den Rabbi Jehoshua: „Ihr habt eure Festzeiten und wir haben unsere Festzeiten, so dass wenn ihr euch freut, wir uns nicht freuen, und wenn wir uns freuen, freut ihr euch nicht. Wann aber freuen wir uns alle zusammen?"

Der Rabbi antwortete: „Wenn der Regen fällt!" „Was ist der Grund für diese Freude?"

Der Rabbi antwortete mit Psalmworten: „Du wässerst seine Furchen, erweichst seine Schollen durch Regenschauer..., die Berge bekleiden sich mit Herden und die Täler hüllen sich in Korn, jauchzen, schmettern und singen (Ps 45,11.14)". Danach steht geschrieben: „Jauchzet dem Herrn, die ganze Erde besingt die Herrlichkeit seines Namens (Ps 66,1)".

„Das Schmettern und Singen der ganzen Erde ist demnach Beleg für die Freude der ganzen Erde"[150].

So ist auch die enge Verbindung von Singen und Freude offenbar, wenn Weinen und Singen zu Gegensätzen werden, wie z.B. in Ps. 126,5:

„Die mit Tränen säen, werden mit Freuden ernten..."

2.1.7 Der Kosmos als Musikinstrument

„...wäre nicht der Gesang und das Musizieren, das Israel vor mir singt an jedem Tag, hätte ich meine Welt nicht erschaffen"(ARA A, BHM III)[151].

„Es ist nicht das Geschöpf, das, einmal geschaffen, sich selbst preisend vor Gott stellt, sondern es ist der Schöpfer, der dem Geschöpf den Mund zum Singen öffnet"[152].

---

149 BerR 13,6, zitiert ebd. S. 229.

150 Ebd.

151 Ebd. S. 292.

152 Ebd. S. 293.

Der Gesang scheint eine eigene Würde erhalten zu haben, so auch in dem mystischen Midrasch von der Schöpfungsordnung:

„[...] und schließlich erschuf er den Menschen, alles zu beherrschen, und Lobgesang und Singen pflanzte er in ihren Mund und Gesang und Preisen in ihre Kehle."

Im selben Midrasch wird der Gesang der gesamten Schöpfung, des Himmels und der Erde, im Gewande der Mythologie vor Gottes Thron gehoben und an den Anfang der Geschichte der vollendeten Schöpfung gestellt, in einer breit ausgeführten Schöpfungsschlussfeier, oder mit den Worten des Midrasch selbst, in einer Feier zur *„Einweihung von Himmel und Erde."* (SedR de-bereshit § 14, BatM I)

Das Besondere dieser Feier soll eine gemeinsame Freudenfeier von Schöpfer und Geschöpf sein und wöchentlich am Sabbat wiederholt werden:

„Am siebten Tag der Schöpfung setzte sich der Heilige [...] auf den Thron der Freude und ließ vor sich vorüberziehen den Fürsten des Wassers mit großer Freude, den Fürsten der Ströme mit großer Freude, die Fürsten der Berge, Tiefen, Wüsten, Sonne, Mond, Plejaden, Orion, Bäume, Wildtiere, Grünkräuter, Garten Eden usw., den ganzen Rest jeglicher Fürsten, herrlicher, fürchterlicher und schrecklicher Fürsten. Und sie standen alle mit großer Freude im Quell der Freude, veranstalteten Freude und tanzten und jubelten und priesen vor Ihm mit allerlei Preis und Gesang und Spiel, Rühmen und Lobgesang. Und die Dienstengel öffneten ihren Mund und riefen: ‚Die Herrlichkeit des Herrn währe ewiglich!' – und alle antworteten ‚der Herr erfreue sich seiner Werke' (Ps104,31)". (SedR de-bereshit § 15-16, BatM I)

Grözinger schreibt dazu[153], es handele sich hier nicht nur um das Lob der Geschöpfe für ihren Schöpfer, sondern um *„eine Freudenfeier vor dem Thron Gottes, an der die gesamte Schöpfung Anteil hat"*. Sie ähnelt einer Hochzeitsfeier, zu der Preisgesang und Tanz gehören. Braut und Bräutigam entsprechen dabei gleichsam Gott und dem Sabbat, *„zu deren Ehre die Schöpfung, vertreten durch ihre Fürsten, den Hochzeitsgästen, musiziert und tanzt"*.

Nach Grözinger haben wir hier eine schöpfungstheologische Ätiologie der Sabbatfreude vor uns, die sich in dieser Welt Woche um Woche mit Gesang wiederholen soll, denn der Sabbat ist ein Stück heilige Zeit, die

---

[153] Vgl. ebd. 296.

Gott selbst auf seinem Thron sitzen und bejubeln ließ, um sie danach den Menschen auf der Erde zu schenken, damit sie dort die gemeinsame Freude der Schöpfung und des Schöpfers während der anstehenden Weltzeit wiederholen und bewahren können, bis sie dereinst als nimmer endender Sabbat wiederkehrt.

Die Sabbatfreude ist also schon ein irdischer Anteil an der kommenden Welt – wie der Sabbat überhaupt – und zugleich Erbe aus der Zeit, da die Schöpfung noch im heilen Urstand war. Die Musik wird demnach der Ausdruck einer ursprünglichen gemeinsamen Freudenfeier von Schöpfung und Schöpfer, die man für das Ende der Zeiten wieder erhofft.

2.1.8 Zur Geschichte der jüdischen Musik

Die Musikwissenschaftler und Musikpädagogen H. Rauhe und R. Flender[154] gehen davon aus, dass die Texte der jüdischen Bibel mit lauter Stimme und als Sprechgesang rezitiert wurden. Auf diese Weise kommt der Text vom Papier ins Ohr der Zuhörer. Dieser alttestamentliche Sprechgesang ist vom jüdischen Volk von Generation zu Generation mündlich bis auf den heutigen Tag überliefert worden. Rauhe meint, dass es sich hierbei um das einzige „klingende“ Dokument einer musikalischen Praxis handelt, wie sie früher in allen antiken Hochkulturen verbreitet war, deren Dokumente allerdings nicht mehr vorhanden - und dadurch verstummt sind.

Der alttestamentliche Sprechgesang ist eine wortgebundene Musik und wird deshalb auch als *logogene* Musik bezeichnet. Weil das Papier ja nicht sprechen kann, übernimmt die Musik die Elemente der Sprache, Tonfall, Betonungsverhältnis und Aussprache.

Religionsgeschichtlich wird durch Israels Auszug aus Ägypten der Monotheismus begründet – Mose schafft den Polytheismus ab und anstelle der in Stein gehauenen monumentalen Götterbilder Ägyptens steht jetzt der eine lebendige Gott Israels, von dem es im 2. Gebot heißt:

> *„Du sollst dir kein Gottesbild machen, keinerlei Abbild weder dessen, was oben im Himmel, noch dessen, was unten auf der Erde, noch dessen, was in den Wassern unter der Erde ist, du sollst sie nicht anbeten und ihnen nicht dienen.“*

[154] Rauhe H., Flender R. (1990). *Schlüssel zur Musik.* München S. 52.

Diese heiligen Texte sollen lebendig sein und nicht zu einer toten in Stein gehauenen Sprache verkommen, deshalb konzentrierte sich die jüdische Religion besonders darauf, die schriftlichen Überlieferungen dem Volk verständlich zu machen (vgl. Neh 8,7).

Nach der Rückkehr aus dem babylonischen Exil lernten alle männlichen Juden schon in frühester Kindheit minutiös den Text der Thora in der Chederschule. Die jüdische Pädagogik ist also eine Errungenschaft der Synagoge. Dort lernen die Kinder ab dem 5. Lebensjahr den Thoratext zu entziffern und dann in einer traditionell festgelegten und mündlich überlieferten Gesangsweise vorzutragen. Diese Unterweisung dauert acht bis neun Jahre und endet mit der „bar mizwah", der jüdischen Konfirmation. Jetzt trägt der „Konfirmand" die Verantwortung dafür, die Schrift lebendig zu erhalten. Die Heilige Schrift ist nicht ein toter Buchstabe, sondern soll mit ganzem Herzen und mit ganzer Seele gesungen werden. Das Wort Gottes, das in der Bibel spricht, ist ein gesungenes Wort und wird von Generation zu Generation mündlich weitergegeben. Die Schrift ist dabei gleichsam eine „Partitur", die die genauen Angaben darüber erhält, *was* gesungen werden soll. Das *Wie* liegt in der Hand mündlicher Überlieferung.

Rauhe betont vor diesem Hintergrund, dass das Alte Testament auch nicht wie ein „Roman" zu lesen sei, weil es darauf abgestimmt ist, Stück für Stück durch den Sprechgesang *durchgehört* zu werden. Der literarische Stil des Alten Testaments ist nicht breit ausschmückend, sondern knapp und trocken:

„Erst durch den Sprechgesang geht die Saat der Worte in einen Sinnzusammenhang auf, werden die toten Buchstaben zu neuem Leben erweckt"[155].

2.1.8.1 Einzelheiten zur Geschichte der jüdischen Musik[156]

In seiner Eröffnungsrede zum ersten internationalen Kongress jüdischer Musik in Paris 1957 hat Curt Sachs die jüdische Musik folgendermaßen definiert:

„Jüdische Musik ist diejenige Musik, die von Juden für Juden als Juden gemacht wurde."[157]

---

[155] Ebd. S. 55.

[156] Vgl. Folk World Ausgabe 35 02/2008 http://www.folkworld.de/35/d/israel2.html; Artikel „Jüdische Musik" aus Wikipedia.

Die jüdische Musik erstreckt sich über mehr als 3000 Jahre von der alttestamentlichen Zeit bis zur Gründung des Staates Israel in die Gegenwart. Die Besonderheit dieser Musik liegt in der fast ständigen Diaspora der Juden begründet. Durch die Zerstreuung kamen sie in Kontakt mit unterschiedlichen Stilelementen. Einige entsprachen eher der eigenen Überlieferung (z.B. im Nahen Osten und rund ums Mittelmeer), andere unterschieden sich davon grundsätzlich (beispielsweise in Europa nördlich der Alpen und den Pyrenäen).

Die religiösen Texte der älteren jüdischen Lieder sind überwiegend in hebräischer Sprache und in geringem Ausmaß auch in aramäisch verfasst; diejenigen der weltlichen Musik (z.B. Klezmer-Musik) zumeist in der jüdischen Umgangssprache Ivrit, aber auch in Jiddisch oder Ladino bzw. auch in der jeweiligen Landessprache.

2.1.8.2 Die biblische Periode

Die Bibel ist die wichtigste Quelle für das Wissen um das musikalische Leben im alten Israel bis zur Rückkehr aus der Babylonischen Gefangenschaft. Sie wird durch mehrere Zusatzquellen ergänzt: Archäologische Funde von Musikinstrumenten usw. sowie nachbiblische Quellen wie z.B. die Schriften von Josephus Flavius, die Apokryphen und die Mischna.

Als die Bundeslade nach Jerusalem hinaufzog, tanzten David und das Volk unter Gesängen mit aller Macht vor Jahwe her. In der Bibel werden Zithern, Harfen, Pauken, Schellen und Zimbeln (2 Sam 6,5-14) als Instrumente erwähnt. Wenn eine festliche Prozession stattfand, dann schritten die Sänger voran, hinter ihnen die Saitenspieler, inmitten Pauken schlagender Jungfrauen (Ps 68,26).

Die Musik gehörte zum zentralen Element des Gottesdienstes, in ihr fand die festliche Stimmung ihren fröhlichen Ausdruck.

Nach und nach wurde im Tempel zu Jerusalem eine ständige Tempelmusik eingerichtet, die am Sabbat, Neumond, jüdischen Festen und beim täglichen Opfer ihren Dienst zu verrichten hatte (Ps. 150,3-6). An erster Stelle stand das Bläserkorps der Priester (2. Chron. 5,12). Sie hatten mit der hellen silbernen Trompete den Anbruch der Feste von der Zinne des Tempels herab zu verkünden, Signale bei den einzelnen Festakten zu geben, alle Arten von Opfern mit Trompetenstößen zu beglei-

---

[157] Ebd.

ten, damit Gott seines Volkes gedenke (Num. 10,2; 31, 6). Mit der großen Posaune (Schofar), die einen dunkeln, starken Ton hatte, bliesen die Bläser am Neujahrsfest (Lev. 23,24).

Weiterhin werden in der Bibel ein Sängerkorps und das Instrumentalkorps der niederen Kleriker erwähnt. Über sie berichtet uns der Chronist mit großer Liebe; er nennt sie „gottbegeisterte Leute“ (1. Chr. 25,1). Sie hatten auf dem heiligen Platz ihre besondere Aufstellung auf einer Tribüne östlich vom Brandopferaltar. Prächtig war es, wenn sie mit Jubel, Danksagung und Gesang, mit Zimbeln, Harfen und Zithern ihren musikalischen Dienst verrichteten (Neh. 12,27). Der Vorsänger stimmte an (Neh. 11,17), der Chor nahm die Worte auf und erwiderte sie.

Nach der Rückkehr aus Babylon erhielt die Musik als sakrale Kunst einen bedeutenden Platz in der Organisation des Tempeldienstes. Der Psalm 137 „An den Flüssen Babylons“ wird von levitischen Sängern gesungen, die zuvor im Dienste ihrer Eroberer das Lob der assyrischen und babylonischen Könige singen mussten. So wurden Hof- und Tempelorchester in Mesopotamien zum Prototyp der Tempelmusik, die nach der Rückkehr der Juden in Jerusalem errichtet wurde.

Besonders liebte man den Wechselgesang der Chöre. So ließ Nehemia beim Fest der Mauerweihe zwei große Sängerchöre zum Tempelberg hinaufziehen und am Haus Gottes aufstellen (Neh. 12,27). Bereits bei der Einweihung des Salomonischen Tempels gingen,

> *„die Priester heraus und die Leviten, die Sänger alle, Asaph, Heman und Jedithun und ihre Kinder und Brüder, angezogen mit feiner Leinwand, standen gegen Morgen des Altars mit Zimbeln, Psaltern und Harfen, und bei ihnen hundertundzwanzig Priester, die mit Drommeten bliesen; und es war, als wäre es einer, der drommete und sänge, als hörte man eine Stimme loben und danken dem Herrn. Und da die Stimme sich erhob von den Drommeten, Zimbeln und Saitenspielen und von dem Loben des Herrn, dass er gütig ist und seine Barmherzigkeit ewig währet, da ward das Haus des Herrn erfüllt mit einer Wolke, dass die Priester nicht stehen konnten zu dienen vor der Wolke; denn die Herrlichkeit des Herrn erfüllte das Haus Gottes“ (2. Chr 5,13).*

2.2 Die Geburt der abendländischen Musik aus dem Geist der christlichen Kirche

Nach Rauhe[158] ist die Entwicklung der abendländischen Musikgeschichte untrennbar mit dem Wachsen der christlichen Kirche in Europa verbunden, weil sie der Musik eine wichtige Funktion in den Gottesdiensten zuwies.

2.2.1 Vorreformatorische Kirchenmusik

In christlichen Klöstern wurde die Notenschrift entwickelt und in den christlichen Kathedralen auch die Mehrstimmigkeit.

„Die Kirchen Europas glichen einem Treibhaus für Musik, da sie einen Teil der Liturgie ausmacht und damit ein zentrales Medium christlichen Glaubens ist“[159]

Das in ganz Europa verbreitete Evangelium war eine gesungene Botschaft, aus dem Wort geboren. Martin Luther fasst dies zu einem Zeitpunkt zusammen, an dem die römisch-katholische Kirche die Verbindung zu diesem Ursprung christlichen Glaubens fast verloren hatte, wenn er in seiner Vorrede zur Übersetzung des Neuen Testaments schreibt:

„Das Evangelium ist eine gute Mär und Geschrei/ in alle Welt erschollen/ durch die Apostel“.

Rauhe meint, dass

„der Christ der singende Mensch schlechthin ist. Seine Gesänge sind aus dem Wort geboren (logogen), und dieses Wort ist nicht irgendein Wort, kein Epos und keine Philosophie, sondern einzig und allein das Wort Gottes, wie es in der Bibel offenbart worden ist.“[160]

So gesehen stammt der christliche Gesang aus der Psalmodie (dem ursprünglichen Singen der Psalmen), wie dies der Apostel Paulus empfiehlt:

„... und redet zueinander mit Psalmen und Lobgesängen und geistlichen Liedern; singet und spielet dem Herrn in euren Herzen“ (Eph 5,19).

---

[158] Rauhe, H., Flender, R. (1990). *Schlüssel zur Musik*. München S. 120.

[159] Ebd.

[160] Ebd.

Dabei ist die Psalmodie eine einfache Rezitationsweise, in der die Musik die Funktion übernimmt, die Struktur des Verses anzugeben.

Der hebräischen Poesie liegt ein sehr musikalisches Prinzip zugrunde, der *parallelismus membrorum*. So kennt der hebräische Vers weder den Reim noch das Metrum, sondern stattdessen den sogenannten Gedankenreim, d.h. die Formulierung eines Verses in zwei Halbversen, die inhaltlich parallel aufgebaut sind. Ein Beispiel hier ist der Vers:

„Der Herr ist mein Licht und mein Heil/
vor wem sollte ich mich fürchten?

Der Herr ist meines Lebens Kraft/
vor wem sollte mir grauen?" (Ps 27,1)

Dieser Vers hat vier Glieder, von denen sich das erste zum dritten wie das zweite zum vierten verhält.

Ein solcher Parallelismus membrorum kann auch musikalisch dargestellt werden, der Text wird dann durch die Musik strukturiert. Die melodischen Motive des Gesanges dienen dann dazu, eine Orientierungshilfe für den Hörer anzubieten, damit dieser den Text leichter verfolgen kann.

Mit unserem heutigen Musikverständnis drängt sich die Frage auf, ob das dann überhaupt Musik ist. Rauhe weist nach[161], dass das Hebräische keinen Begriff für Musik kennt und auch das Singen der Psalmen als „lautes Lesen" bezeichnet. So ist die Psalmodie – die älteste Form jüdischer Musik – eine Form von Sprechgesang, d.h. die Sprache gebärdet sich musikalisch. Das Erbe der Synagoge, das die christliche Kirche antritt, ist demnach eine „Sprachmusik"[162]. Für Menschen, die die hebräische Sprache nicht beherrschen, erscheint deshalb auch der alttestamentliche Sprechgesang als monotoner und unverständlicher Singsang, denn die Melodie ergänzt den Text um genau diejenigen Informationen, die der Text nicht bietet. Sie enthält die Vokalisierung (der Text besteht ja nur aus einer Reihe von Konsonanten), vertont die Interpunktion und unterstreicht den Sinn des Textes (s. Kapitel 2.1.8).

Im alttestamentlichen Sprechgesang sind also Wort und Ton völlig aufeinander angewiesen, weil sie für sich gesehen nur fragmentarisch sind und erst durch ihre Kombination die volle lebendige Sprache ausmachen. Das Alte Testament ist für den Juden kein „Buch", sondern das „Vorzulesende" (miqra), wie es wörtlich genannt wird. Erst wenn das

---

[161] Ebd.

[162] Ebd.

Wort „erklingt“, ist es vollwertig, während die geschriebenen Buchstaben nur als wertvolle Gedächtnishilfe betrachtet werden.

Wenn Johannes sein Evangelium mit den Worten beginnen lässt: „Im Anfang war das Wort“, ist damit nach Rauhe nicht der griechische *logos*-Begriff gemeint, sondern das Wort Gottes, wie es aus dem Alten Testament heraustönt: „Und Gott sprach…“. Gott erschafft unsere Welt durch sein Wort: „Es werde Licht! – Und es ward Licht“. Die göttliche Sprache ist eine imperativische Sprache. Der Imperativ ist der dominierende Tonfall im Alten Testament[163].

Wenn es in den Psalmen heißt „*Singet dem Herrn ein neues Lied, denn er tut Wunder*“, dann ist hier der Keim dafür gelegt, was später im christlichen Abendland zum Durchbruch kommt:

„Musikgeschichte als immerwährende Erneuerung der musikalischen Sprache“[164].

Das Neue Testament ist allerdings auf Griechisch geschrieben und damit die klangliche Dimension der Sprache nicht mehr wie im Hebräischen mit der Sprache verkoppelt. Diese Trennung von Musik und Sprache war nicht ungefährlich und hat im Laufe der Kirchengeschichte immer wieder zu Spannungen geführt.

So ergab sich nun die Möglichkeit, dass heidnische Musiken aus Theatergesängen und Volksliedern mit christlichen Texten verbunden wurden. Für Augustinus und später auch Luther war das keine Gefahr, jedoch ihre Zeitgenossen Papst Gregor und die Reformatoren Calvin und Zwingli sahen darin eine unheilsame Verschränkung, der sie mit aller Entschiedenheit entgegentraten.

Nachfolgend einige Einzelheiten zu diesen Streitfragen, die allerdings m.E. nicht nur theologisch und musikalisch gelöst werden können, sondern von der jeweiligen Persönlichkeitsstruktur der „Kämpfer“ abhängig ist – ein Phänomen, das wir bis heute beobachten können.

2.2.1.1 Augustinus – ein Vertreter der eigenständigen Melodie

Augustinus, der „musikalischste“ der Kirchenväter, beschreibt den Quell christlicher Musik in seinem Kommentar zum Palm 23:

---

[163] Ebd.

[164] Ebd. S. 125.

„Das Jubilieren ist ein Zeichen dafür, dass das Herz voll Freude ist, was sich nicht mehr in Worten ausdrücken lässt, sondern durch den Gesang artikuliert wird. Und wem gilt dieser Jubel? Keinem andern als dem unbeschreiblichen Gott! Und weil Gott unaussprechlich ist und der Mensch ihn aber gleichermaßen nicht verschweigen kann, was bleibt denn anderes, als zu jubilieren, dass das Herz sich ohne Worte freut und der unbemeßbare Strom der Freude außerhalb von den Markierungen der Buchstaben fließt. "[165]

Diese augustinische Sicht der Musik wird zum Segen für die abendländische Musikgeschichte, birgt aber auch Gefahren in sich, die Augustinus selber erkennt und in seinen „*Confessiones*" beschreibt:

„Durch die heiligen Worte werden meinem Empfinden nach unsere Seelen andachtsvoller und leidenschaftlicher zu der Glut der Liebe hingezogen, wenn sie so gesungen werden, als wenn dies nicht der Fall wäre. Wenn ich mich der Tränen erinnere, die ich bei den Gesängen der Kirche vergossen habe, und auch jetzt bedenke, dass nicht der Gesang es ist, der mich bewegt, sondern die Dinge, die gesungen werden, mit klarer Stimme und entsprechender Melodik, so kommt mir der große Nutzen dieser Einrichtung zu Bewusstsein. Und doch muss ich, wenn es mir zustößt, dass ich durch den Gesang mehr bewegt werde als durch das Gesungene, mich einer schweren Sünde schuldig bekennen, und ich wünsche in einem solchen Falle, lieber keine Sänger zu hören"[166].

Wie schon weiter oben bemerkt, setzt sich der Zwiespalt des Augustinus, dass Musik die Wirkung der Sprache verstärkt, uns aber auch unabhängig von der Sprache „bewegen" kann, in der christlichen Musikgeschichte fort. Augustinus lässt den Gesang ohne Text, das Melisma zu: auf einzelnen Silben eines Wortes (wie Gloria, Halleluja, Amen) werden ganze Melodien gesungen. Anders als beim jüdischen Sprechgesang wird der Sinn der Sprache des Neuen Testaments in ein anderes Medium übersetzt, in eine Melodie, die einen völlig autonomen Stellenwert bekommt, sich „selbständig" machen kann.

Rauhe schreibt[167], dass diese „musikalischen Gärungsprozesse" von Papst Gregor I. (6. Jh.) zum ersten Male unterbrochen werden. Dazu bemerkt Albert Schweitzer[168], dass Papst Gregor dem Wuchern des

---

[165] Ebd. S. 127.

[166] Ebd. S. 127.

[167] Ebd. S. 128.

[168] Schweitzer, A. (1967). *Joh. Sebastian Bach*. Wiesbaden S. 4.

melismatischen Gesangs ein Ende setzte, indem er liturgische Gesänge für das ganze Kirchenjahr festlegte und den Gemeindegesang durch Priestergesang ersetzte. Vorher hatte die Gemeinde ihren unmittelbaren Anteil am gottesdienstlichen Gesang mit den Doxologien, dem Amen, Kyrie und den Hymnen. Diese noch von Ambrosius gewährten Rechte der Gläubigen wurden aber um die Wende des 6. Jh. durch Gregor aufgehoben.

Auf deutschem Boden drang allerdings diese Reform nicht ganz durch. Die Gemeinde bewahrte sich einzelne Privilegien, besonders bei den hohen Festen, indem sie mit dem Kyrie-Eleison und Halleluja einfiel. In der Folge gewöhnte man sich daran, an diese liturgischen Zeilen deutsche Strophen anzufügen. So fand das deutsche geistliche Lied, durch Kyrie und Halleluja gedeckt, Einlass in den Gottesdienst. Lange Zeit hindurch bildeten diese Rufe den obligaten Strophenschluss für jedes im Gottesdienst gesungene Lied. Darum nannte man diese Gesänge „Kirleisen".

Die älteste „Osterleise" reicht wohl bis in das 12. Jh. zurück. Sie lautet:

„Christ ist erstanden von der Marter alle,
des sollen wir alle froh sein,
Christ will unser Trost sein, Kyrieleis.
Halleluja, Halleluja, Halleluja.
Des sollen wir alle froh sein,
Christ will unser Trost sein, Kyrieleis."

Als Fazit muss gesehen werden, dass sich durch die Einführung des gregorianischen Chorals eine konservative Strömung in der Kirchenmusik durchsetzen konnte und dass die römische Kirche im Wesentlichen auf der hebräischen Psalmodie aufbaut. Dies war ein Beitrag, um eine emotionsfreie Atmosphäre zu schaffen, die für den gregorianischen Choral so charakteristisch ist.

Während es den Kirchen im Mittelmeerraum gelungen war, die Traditionen antiker Kunst- und Volksmusik fast völlig auszumerzen, so dass heute keinerlei Anhaltspunkte mehr darüber existieren, wie die „heidnische" Musik der Antike geklungen haben mag, ist es nördlich der Alpen anders verlaufen. Dort begannen die Mönche der großen musikalischen Zentren bald das gregorianische Repertoire zu modifizieren und eigene Melodien und Dichtungen unterzumischen.

2.2.2 Protestantische Kirchenmusik

Nach Rauhe[169] ist die protestantische Kirchenmusik eine konsequente Fortsetzung der musikalischen Umwälzung, die im 9. Jh. in den Klöstern nördlich der Alpen begonnen hatte. Im Anschluss an Augustinus - und nicht wie im traditionellen jüdisch-biblischen Kontext - wurden jetzt Musik und Text relativ unabhängig voneinander bzw. eine schon bestehende Melodie wurde christlich neu „untertextet" – eine völlige Umkehrung des bisherigen Wort-Ton-Verhältnisses.

In der protestantischen Kirchenmusik wird nun zur Regel, dass zuerst die Melodie kommt und dann der Text, der dann in ein enges Schema gepresst wird: Mehreren Strophen eines Liedes wird die gleiche Melodie unterlegt, ohne Rücksicht auf den Text der unterschiedlichen Strophen werden diese allesamt nach dem gleichen Schema heruntergesungen. In der protestantischen Liturgie ist deshalb auch der gregorianische Choral bis auf wenige Rudimente verschwunden.

A. Schweitzer schreibt über Martin Luther, dass er das alte Liedgut für die neue Kirche revidiert hat, indem er lateinische Hymnen, Psalmen, liturgische Gesänge und biblische Stücke zu Liedern für den deutschsprachigen Gottesdienst umdichtete. Es war der Vorzug der deutschen Reformation vor der französischen, dass sie schon ein geistliches Lied in der Volkssprache vorfand und auf diesem Grund weiter aufbauen konnte. Luther ließ nicht zu,

> *„dass man den alten Wald abholzte, sondern erkannte, dass das neue Lied im Schatten des alten emporwachsen müsse. Der geistliche Volksgesang auf romanischem Boden hingegen verdorrte, weil er keine Wurzel im Mittelalter hatte, und muss sich bis heute darein finden, vom Psalter zu leben."*

Für Luther war die Musik ein

> *„göttliches Geschenk, das die Traurigkeit und den Teufel vertreibe".*

Er befürwortete ausdrücklich auch den mehrstimmigen Chorgesang, der von den Schweizer Reformatoren Calvin und Zwingli strikt abgelehnt wurde mit der Begründung, hier handele es sich um „papistisches Teufelswerk"[170].

---

[169] Rauhe, H., Flender, R. (1990). *Schlüssel zur Musik.* München S. 131.

[170] Vgl. Schweitzer a.a.O.

Deutlich werden die Meinungen der verschiedenen Reformatoren bei einer Betrachtung des Harfenspiel Davids. Auf die Frage, was beim Harfenspiel geschehen sei, meinte Zwingli:

„Nichts Besonderes ist geschehen. David war ein guter Harfenspieler, und es gehört nun einmal zur Wirkung der Musik, dass sie auch einen Gemütskranken für kurze Zeit von den Heimsuchungen seiner Krankheit zu befreien vermag. Das ist ein ganz natürlicher Vorgang, der sich immer abspielt, wenn irgendwo musiziert wird. Die Musik, und zwar jegliche Musik, ist ein weltlich Ding, ohne geistliche Qualität und ohne theologischen Rang. Sie hat daher im Gottesdienst der christlichen Gemeinde keinen legitimen Platz.“ [171]

Bezeichnend für diese Einstellung zur Musik ist auch die Anekdote, der zufolge Zwingli auf dem Rathaus in Zürich erschien, um zu erwirken, dass Orgel und Gesang in den christlichen Gottesdiensten der Stadt abgeschafft werden sollten. Er brachte sein Anliegen so vor, dass er sich vor die Ratsherren stellte und ihnen dieses vorsang, worauf ihn diese mit der Frage unterbrachen, wofür er sie eigentlich halte, er möge gefälligst mit ihnen reden, statt sie anzusingen. Darauf Zwingli: Wenn sie es schon unter ihrer Würde fänden, sich ansingen zu lassen, was er sehr wohl verstehe, wie viel mehr müsse es unter der Würde Gottes liegen, angesungen statt angeredet zu werden!

In Zürich und auch in Bern wurden die Orgeln beseitigt, die Chöre aufgelöst und der Gemeindegesang abgeschafft. Dieser Radikalismus ist auch deshalb so bemerkenswert, weil Zwingli als der musikbegabteste unter den Reformatoren galt. Er spielte ein Dutzend Instrumente und pflegte die Haus- und Kammermusik mit Begeisterung. Jedoch hatte die Musik für ihn ihre eigene Würde und Aufgabe als innerweltliche Angelegenheit humaner und pädagogischer Art - jenseits von Theologie und Gottesdienst.

Calvins Antwort auf die Frage nach dem Harfenspiel Davids war, dass die Heilung Sauls von Schwermut nicht an der Musik lag, sondern an einem direkten Eingreifen Gottes. Es sei oft die Art der Ratschlüsse Gottes, dass er „schiefe Mittel“ gebrauche, um sein Ziel zu erreichen. Für Calvin ist demnach die Musik ein „schiefes Mittel für einen göttlichen Zweck“[172] Er warnt davor, das Beispiel Davids nachzuahmen: die

---

[171] Ziegler, H. (1967). *Weicht ihr Trauergeister*. Metzingen S. 19, zitiert bei Söhngen, O. (1967). *Theologie der Musik*. Kassel S. 252.

[172] Söhngen ebd.

Musik mitsamt ihren Instrumenten sei eine Erfindung der Nachkommen Kains, die sich gegenseitig damit unterhalten und erfreuen, also eine höchst verdächtige Sache. Nach Meinung Calvins ist sie deshalb innerhalb der Kirche nur mit größter Vorsicht zu genießen und der einzige Platz, der ihr eingeräumt werden kann, ist der Psalmengesang der Gemeinde im Gottesdienst, allerdings dann nur einstimmig, keinesfalls polyphon und ohne Begleitung einer Orgel.

Bei Luther dagegen hat die Musik, und zwar nicht nur die Kirchenmusik, sondern die gesamte Musik, nicht nur eine anthropologische Bedeutung wie für Zwingli und nicht nur eine liturgische wie für Calvin, sondern sie ist für ihn eine theologische Angelegenheit.

Wenn Musik für Calvin bestenfalls auf die Antwortseite des Glaubens gehört – dorthin, wo die Gemeinde Antwort gibt auf das Wort -, so gehört sie für Luther zur Wortseite:

„Davon ich singen und sagen will"

Man beachte die Reihenfolge! Musik selbst hat für ihn zwar keinen Offenbarungscharakter und kann ohne das Wort auch keinen Glaubensgehorsam schaffen, aber sie enthält heilende, zurechtbringende und ordnende Kräfte, die sich entfalten wollen und zum Wort hin tendieren, wie umgekehrt auch das Wort in die Musik treibt und nach ihr ruft.

Bei Luther kann Musik also in die Tiefenschichten der menschlichen Psyche einwirken und das Wort in Regionen tragen, die begrifflich nicht mehr erreichbar sind. Konsequenterweise kann sie dann aber gerade in dieser Tiefenwirkung auch missbraucht werden, der Verfremdung verfallen und entarten. In ihrem Ursprung und Wesen ist sie jedoch dem Wort verwandt und zugeordnet.

Dementsprechend stellt Rauhe[173] fest, dass es Luther war, der

„als Förderer der Musik einer Entwicklung Vorschub leistet, die in der Musik Johann Sebastian Bachs kulminiert."

A. Schweitzer schreibt dazu:

„Mit dem Ende des 16. Jh. setzte die eigentliche schöpferische Periode des Kirchenlieds ein. Die gesamte deutsche Dichtung wird auf die religiöse Bahn gedrängt. Während sich Frankreich zu einem starken nationalen Staat entwickelt, auf dessen Boden eine glanzvolle, von einem

---

[173] Rauhe a.a.O. S. 132

kunstliebenden Hof gepflegte Literatur entsteht, naht für das deutsche Reich der vollständige Verfall und damit verschwindet das Nationalgefühl, ohne welches keine wahre Literatur möglich ist. Das Land fiel durch den dreißigjährigen Krieg in Barbarei zurück und es blieb von allen geistigen Gütern nur die Religion übrig. In ihren Schoß flüchtete sich die Dichtung. So schuf Deutschland in seiner schwersten Not eine religiöse Poesie, der nichts in der Welt gleichkommt, vor der auch die Herrlichkeit des Psalters verbleicht.“ [174]

Schweitzer reiht in seiner Darstellung die betreffenden Liederdichter wie an einer Perlenschnur aneinander, insbesondere die beiden Mystiker Philipp Nicolai (1556-1608) und Johann Franck (1618-1677), zu denen sich auch Joh. Sebastian Bach besonders hingezogen fühlte und deren Lieder in einer Reihe von Kantaten vertonte.

Aber bald danach schon kündigte sich auch der Niedergang an. Im

„beginnenden Verfall, da Gefühl und Sprache bereits verkünstelte Wege zu wandeln anfingen, tritt, als wollte er das Kommende aufhalten, Paul Gerhardt (1607-1676), der König der geistlichen Sänger, auf den Plan [...] Von seinen hundertzwanzig Liedern sind über zwanzig in die Gesangbücher aufgenommen worden. Sie atmen kraftvolle schlichte Frömmigkeit und sind in eine vornehm volkstümliche Sprache gekleidet.“ [175]

Bach war ein Bewunderer Paul Gerhardts und nahm mehrfach Strophen aus dessen Liedern in seine Kantaten auf. In der Matthäuspassion sind fünf Strophen von „O Haupt voll Blut und Wunden“ und eine von „Befiehl du deine Wege“ verarbeitet.

Die eigentlich schöpferische Periode des Kirchenlieds war mit Paul Gerhardt jedoch abgeschlossen. Zwar brachte auch der Pietismus geistliche Poesie hervor, doch greift Bach auf die Schätze der Vergangenheit zurück, die die damaligen Gesangbücher in erschöpfender Vollständigkeit boten. Dass allerdings diese alten Choräle in Bachs Werken eine so herausragende Stellung einnehmen, sollte verhängnisvoll werden. Sie fielen mit unter das Gericht, das der Rationalismus im Namen des geläuterten Geschmacks über das von ihm vorgefundene Kirchenlied ergehen ließ. Bachs Kantaten und Passionen existierten für die zweite Hälfte des 18. Jh. nicht, weil sie mit dem alten Kirchenlied ins Exil gewandert waren.

---

[174] Schweitzer a.a.O. S. 10.

[175] Ebd.

Schweitzer ist der Meinung, dass der Geist, der nun gegen Beginn des 18. Jh. über die Musik wehte, diese unfähig machte, weiterhin die wahre Kirchenmelodie hervorzubringen. Die deutsche Tonkunst verlor die Fühlung zum deutschen Lied und geriet immer mehr unter den Einfluss der ausschließlich kunstschönen italienischen Melodik. Sie hatte nicht mehr das Vermögen des Naiven, aus welchem ihr seit dem Mittelalter jene einzigartig herrlichen Weisen zugeflossen waren.

Als Bach auftrat, war die große Zeit der Choralschöpfung zu Ende, ebenso wie die der geistlichen Dichtung. Zwar brachte auch die damalige Musik noch geistliche Melodien hervor, aber es waren arienhafte Lieder, nicht eigentliche Gemeindegesänge.[176]

Albert Schweitzer registriert, dass mit Anbruch der Neuzeit die Musik immer mehr aus der Kirche heraus in das Musiktheater und den Konzertsaal drängt. Diese Entwicklung findet bezeichnenderweise vor allem im Mutterland der römischen Kirche, in Italien statt. Hingegen bringen die protestantischen Kantoren von Hassler, Schütz bis zu Bach diese Musik wieder in den Kirchenraum zurück. So kann man bei Bachs Kantaten keinen Unterschied zwischen den weltlichen (z.B. der „Kaffeekantate") und den geistlichen erkennen. Bachs Orgelmusik wird zu einem Monument tönender Theologie ohne Worte! Trotzdem ist die meiste Musik der Barockepoche „weltlichen" Ursprungs und wird von den Protestanten „vergeistlicht". Dieser Versuch wirkt sich ungeheuer befruchtend auf die europäische Musikgeschichte aus.

2.3 Hymnologie – Gotteshymnus und Christushymnus in der frühen Christenheit

Deichgräber[177] untersucht die Hymnologie der frühen Christenheit und stellt fest, dass das menschliche Reden mit bzw. zu Gott immer auf die drei Grundformen Lobpreis, Bitte und Dank zurückzuführen ist.

Die Bitte – eine besondere Ausformung der Klage – führt, wenn sie erhört wird, zu Lob und Dank. So bringen wir es in unserem Sprachgebrauch zum Ausdruck, wenn wir bei einem glücklichen Ausgang „Lob und Dank" sagen, also ein Paar bilden („Hendiadyoin"), wie es auch in

---

[176] Vgl. Ebd. S. 19.

[177] Deichgräber, R. (1967). *Gotteshymnus und Christushymnus in der frühen Christenheit.* Göttingen.

den Gesangbüchern gegliedert ist. Deichgräber unterscheidet jedoch[178] zwischen Loblied und Dankgebet. Das Dankgebet wird in der Regel in der Ich-Du-Redeweise ausgesprochen („ich danke Dir dafür, dass Du...“), während das Loblied, der Hymnus auch in der Ich-Er-Redeweise auftreten kann, ja, das Ich sogar in den meisten Fällen völlig gegenüber dem Er zurück tritt.

Zum Wesen des Hymnus gehört eine strenge Konzentration auf die Person dessen, dem das Lob gilt.

> *„Im Loben bin ich ganz auf den gerichtet, den ich lobe; das bedeutet notwendig in diesem Augenblick ein Wegsehen von mir“.*[179].

Wir verstehen also unter einem Hymnus das rühmende und lobpreisende Aufzählen der Taten oder Eigenschaften Gottes, der als

> *„kunstvolles Gebilde einen Einblick gibt in die schöpferische Kraft der ersten christlichen Gemeinden“.*[180]

Beim Gebet sind eigentlich nur das Dank- und Bittgebet an Gott gerichtet und doch ist es nicht möglich,

> *„den Hymnus vom Gebet zu trennen, wenn er im Du-Stil auftritt. Dann sprechen wir von Anbetung. Der Hymnus im Er-Stil setzt ein Forum voraus, vor dem das Preislied erklingt“*[181].

So beschreibt Deichgräber, dass im Du-Stil der Beter ganz allein auf den Angebeteten ausgerichtet ist und so demnach zwischen proklamatorischen und anbetenden Hymnen zu unterscheiden ist. Der Hymnus im Er-Stil (proklamatorisch) steht an der Schwelle zwischen Gebet und Verkündigung, der Hymnus im Du-Stil ist reines Gebet, Anbetung.[182]

2.3.1 Kurze Lobsprüche

Im frühchristlichen Schrifttum wurden Lobsprüche sehr häufig in einer formelhaften Prägung gesungen, die der jüdischen Gebetsweise entspra-

---

[178] Ebd. S. 22.

[179] Westermann, C. (1963). *Das Loben Gottes in den Psalmen*. Göttingen, S. 22.

[180] Vgl. Sieger, J. *Einleitung in das Neue Testament*, http://www.joerg-sieger.de/einleit/nt/04paul/nt66.htm

[181] Deichgräber a.a.O. S. 22.

[182] Ebd.

chen. Deichgräber unterscheidet dabei drei Typen, die Doxologie, die Eulogie und den Charis-Spruch:

Doxologie (gr. Δόξα, wörtl. „Meinung"). „Doxa" bedeutet „Preis" und „Ehre" und unter „logein" kann „zusprechen" verstanden werden. Es ist der häufigste im NT vorkommende Lobspruch. Die Doxologie besteht in der Regel aus drei Teilen. Zuerst wird die Person genannt, der der Lobpreis gilt, dann folgt ein Lobpreiswort, den Abschluss bildet eine Zeitbestimmung, die Ewigkeitsformel. In den meisten Fällen schließt sich ein „Amen" an. Sieger sieht in der Doxologie zwei Anteile[183]:

a) Die Doxologie mit der Einleitung („eulogätos") entspricht etwa dem Ausdruck „gepriesen sei…". Solche Doxologien sind stark von der jüdischen Liturgie beeinflusst, dabei wurden traditionelle Formen einfach verchristlicht, indem man sie mit Zusätzen erweitert hat. Zum Beispiel: *„Gepriesen sei Gott der Vater des Erbarmens und der Gott allen Trostes"* wird durch die Erweiterung *„… und Vater unseres Herrn Jesus Christus…"* ganz einfach ins Christentum hineingeholt.

b) Neben der Doxologie mit Einleitung, bei der es ganz klar darum geht, die Ehre zuzusprechen (vgl. Röm 11,36 *„Denn aus ihm und durch ihn und auf ihn hin ist die ganze Schöpfung. Ihm sei Ehre in Ewigkeit."*) sieht Sieger im liturgischen Amen, das oft auf solche Doxologien folgt, eine mögliche sekundäre Zufügung, wenn die Gemeinde beim Verlesen der Briefe mit „Amen" geantwortet hat. So wurde vermutlich dieses „Amen" fest in den Text aufgenommen.

Eulogie (gr. ευλογια) bedeutet wörtlich „gutes Wort" mit der übertragenen Bedeutung „Segenspruch". Sie ist ein Lobspruch auf das konkrete Eingreifen Gottes in den Lauf der Geschichte. Eulogien sind der Ausdruck spontaner Freude, ein Aufatmen nach überstandener Gefahr, so wie oftmals in unserer Redensart ein „Gott sei Dank" bewusst oder gedankenlos aus einem herausbricht.

Der **Charis-Spruch** (gr. χάρις, bedeutet Wohlwollen, Gefälligkeit, Gnade, Geschenk, Lieblichkeit, Dank) ist eine kurze Danksagung (vgl. hierzu Röm 7,25, 1 Tim 1,12).

---

[183] Vgl. Sieger a.a.O.

Deichgräber[184] geht der Frage nach, welche Bedeutung die hymnischen Stücke für die Komposition der Johannes-Apokalypse haben und kommt zu dem Ergebnis, dass zu jedem der großen Abschnitte ein oder zwei hymnische Stücke gehören. Sie preisen Gott, der im voran gehenden oder im folgenden Ereignis wirkt und sie lenken den Blick auf den Ausgangspunkt aller apokalyptischen Geschehnisse. Oft entsteht dabei ein eindrucksvoller Kontrast, wenn den furchtbaren Katastrophen die lobpreisende himmlische Gemeinde gegenübergestellt wird. So erklärt Boussett[185]:

„Jedes Mal schiebt der Apokalyptiker hinter den grauenvollen Gerichtsszenen als Gegenstück ein freundliches Lichtbild ein".

Es geht in der ganzen Apokalypse darum, die Gemeinde zu trösten und zu mahnen, damit sie in den kommenden Schrecknissen aushält. Besonders deutlich wird das in den Sendschreiben und dem Schlusskapitel.

„Die Hymnen dienen der Gemeinde, den Blick von der sie umgebenden Drangsal zu lösen und auf das Ziel der himmlischen Herrlichkeit zu lenken, damit sie einmal mit der Schar der Überwinder in ihre Lieder einstimmt."

Deichgräber meint[186], dass der Apokalyptiker den irdischen Gottesdienst als Spiegelbild des himmlischen sieht, einen Ort, an dem sich die Gemeinde proleptisch (gr. προληπτικός bedeutet antizipiert, vorgezogen) in diese Situation versetzt. Er stellt fest, dass die meisten der poetischen Stücke der Offenbarung hymnischen Charakter haben: Kurze Jubelrufe, Lobsprüche, Doxologien oder ähnliche Stücke, gelegentlich auch ein Dankgebet, so wie nach spätjüdischer Auffassung der himmlische Gottesdienst aus den Lobgesängen der Engel besteht. Eine in Israel seit langem verwurzelte Vorstellung finden wir schon in den Berufungsvisionen Jesajas (6,1 ff) und Hesekiels (1,1 ff.). Im Buche Hiob (38,7) wird gesagt, dass die Engel die Schöpfung jubelnd begrüßten und dem Schöpfer zujauchzten.

Sieger[187] zeigt in der Homologie (gr. ὁμολογεῖ bedeutet bekennen) eine weitere Form von Lobsprüchen. Es ist nicht wie die Doxologie ein kurzer Lobpreis, sondern ein kurzes Bekenntnis, das sich an Gott richtet.

---

[184] Deichgräber a.a.O. S. 43.

[185] Zit. bei Deichgräber a.a.O.

[186] Ebd.

[187] Sieger a.a.O.

Ein typisches Beispiel ist das „sch'ma", des jüdischen Grundgebets (5 Mo 6,4-9):

„Höre Israel! Jahwe, unser Gott, Jahwe ist einzig. Darum sollst du den Herrn, deinen Gott lieben mit ganzem Herzen, mit ganzer Seele und mit ganzer Kraft... ".

Dieses „sch'ma" ist eigentlich eine Anrede Gottes an Israel, aber in der Form des Gebetes gleichzeitig Israels Bekenntnis zu dem einen Gott, das entspricht etwa unserem christlichen Credo.

In Röm 3,29-30 macht Paulus die jüdische liturgische Homologie zur Basis seiner Argumentation: Ist denn Gott nur der Gott der Juden, nicht auch der Heiden? Ja, auch der Heiden, da doch gilt: Gott ist „der Eine". Die christliche Homologie erweitert die Homologie um Jesus Christus, indem der Philipperhymnus (Phil 2, 6-11) das Bekenntnis „Christus ist der Herr" mit der Doxologie verbindet „Gott dem Vater zum Preis".

2.3.2 Der Gotteshymnus

Deichgräber sieht im NT zwei oder drei Gotteshymnen[188], bei denen es sich um literarische Bildungen handelt.

Erstens:

„O welch eine Tiefe des Reichtums, beides, der Weisheit und der Erkenntnis Gottes! Wie gar unbegreiflich sind seine Gerichte und unerforschlich seine Wege! Denn wer hat des Herrn Sinn erkannt, oder wer ist sein Ratgeber gewesen? Oder wer hat ihm etwas zuvor gegeben, dass ihm werde wiedervergolten? Denn von ihm und durch ihn und zu ihm sind alle Dinge. Ihm sei Ehre in Ewigkeit! Amen" (Römer 11,33-36).

Zweitens:

Und sie (die Überwinder) sangen das Lied des Mose, des Knechtes Gottes, und das Lied des Lammes und sprachen: „Groß und wundersam sind deine Werke, Herr, allmächtiger Gott! Gerecht und wahrhaftig sind deine Wege, du König der Völker. Wer sollte dich nicht fürchten, Herr, und deinen Namen preisen? Ja, alle Völker werden kommen und anbeten vor dir, denn deine gerechten Gerichte sind offenbar geworden" (Offb 15,3ff).

[188] Deichgräber a.a.O. S. 60.

Drittens: In 1 Tim 6,15 liegt zwar kein selbständiger Hymnus vor, doch werden hymnische Gottesprädikate aufgezählt:

„...bis auf die Erscheinung unseres Herrn Jesus Christus, welche uns wird zeigen zu seiner Zeit der Selige und allein Gewaltige, der König aller Könige und Herr aller Herren, der allein Unsterblichkeit hat, der da wohnt in einem Licht, da niemand zukommen kann, welchen kein Mensch gesehen hat noch sehen kann. Dem sei Ehre und ewiges Reich! Amen".

2.3.3 Christushymnen

In der frühchristlichen Literatur war die Zahl der Gotteshymnen auffällig klein – sie wurden weitgehend durch die Christushymnen verdrängt. Darunter versteht Deichgräber[189] Stücke, die inhaltlich von Christus und seinem Werk sprechen und sich durch Sprache, Stil und Aufbau deutlich als poetisch zu erkennen geben. Er weist darauf hin, dass Christushymnen jedoch nicht mit den Verkündigungsformeln, Homologien und Bekenntnissen vermischt werden dürfen.

- Unter *Verkündigungsformel* versteht er eine kurze, formelhaft geprägte Zusammenfassung der wesentlichen Elemente urchristlicher Verkündigung, die Jesu Leiden und Sterben, Auferweckung und Wiederkunft zum Inhalt haben (vgl. 1. Kor 15,3-5).
- Die *Homologie* ist eine einfache Form, bei der in einem knappen Nominalsatz Eigenname und Würdetitel miteinander verbunden werden.
- Eine dritte Formulierung ist das *Bekenntnis*, das sehr häufig im NT bezeugt: „Jesus ist der Sohn Gottes".

Als ältester Christushymnus wird der Philipperhymnus gesehen:

„Ein jeglicher sei gesinnt, wie Jesus Christus auch war: Welcher, ob er wohl in göttlicher Gestalt war, nahm er's nicht als einen Raub, Gott gleich zu sein, sondern entäußerte sich selbst und nahm Knechtsgestalt an, ward gleich wie ein andrer Mensch und an Gebärden als ein Mensch erfunden. Er erniedrigte sich selbst und ward gehorsam bis zum Tode, ja zum Tode am Kreuz. Darum hat ihn auch Gott erhöht und hat ihm den

[189] Ebd. S. 106.

Namen gegeben, der über alle Namen ist, dass in dem Namen Jesu sich beugen sollen aller derer Kniee, die im Himmel und auf Erden und unter der Erde sind, und alle Zungen bekennen sollen, dass Jesus Christus der Herr sei, zur Ehre Gottes, des Vaters." (Phil 2, 6-11)

Das ganze Lied beschreibt das Heilswerk Christi, so wie Israel der Wunder Gottes in seiner Geschichte gedenkt. Dabei wurde häufig von Theologen diskutiert, ob es ein Glaubensbekenntnis oder ein Hymnus sei. Deichgräber meint, dass an der Bezeichnung „Hymnus" wegen des Stils und der besonderen poetischen Form des Textes festzuhalten sei.

E. Käsemann erklärt[190], dass die Urchristenheit gerade im Nacherzählen der Gottestat Anbetung und Lobpreis bekunden konnte. Deichgräber sieht hier eine der wichtigsten Strukturanalogien zwischen dem AT und dem NT: Wie das alte Israel in seinen Hymnen Gottes Heilstaten in der Geschichte feierte und rühmte (Ex 15), so rühmt die christliche Gemeinde Gottes geschichtliches Heilshandeln in seinem Sohne Jesus Christus.

Der Philipperhymnus zeigt den ganzen Weg des Gottessohnes durch die drei Stufen von Präexistenz, Erniedrigung und Erhöhung[191].

Ein weiterer Christushymnus mit dieser Stufung, der sich von Phil. 2,6-11 neben der Länge durch größere Formstrenge unterscheidet, findet sich in 1.Tim 3,16.

Sechs parallel gebaute Zeilen, die immer mit einem Verb beginnen, bilden das Lied:

„Er ist offenbart im Fleisch,
gerechtfertigt im Geist,
erschienen den Engeln,
gepredigt den Heiden,
geglaubt in der Welt,
aufgenommen in die Herrlichkeit."

In Hebräer 1,3 wird ebenfalls der ganze Christusweg nachgezeichnet:

„Er ist der Abglanz seiner Herrlichkeit und das Ebenbild seines Wesens und trägt alle Dinge mit seinem kräftigen Wort und hat vollbracht die Reinigung von unsren Sünden und hat sich gesetzt zur Rechten der Majestät in der Höhe."

---

190 Zit. ebd.

191 Ebd. S. 133.

Die Aufzählung von Ruhmestiteln dessen, dem der Hymnus gilt, ist charakteristisch. Wie im Philipperhymnus kommt die preisende Gemeinde gar nicht ins Blickfeld.[192]

Ein weiterer Christushymnus liegt in 1. Petr 2,21 ff. vor, dessen poetische Struktur schon lange erkannt war. R. Bultmann erbrachte im Jahr 1947 den Nachweis, dass es sich um ein traditionelles Gut und nicht um eine Schöpfung des Briefeschreibers handelt. Zugleich warf er die Frage auf, inwieweit innerhalb dieses Textes sekundäre Hinzufügungen zu erkennen sind. Es geht im Kontext um eine Mahnpredigt an Sklaven (V. 18 ff), die zum Gehorsam ermahnt werden, auch gegenüber den verkehrten Herren, unter denen sie oft unschuldig leiden mussten[193]. Das entscheidende Argument entnimmt der Verfasser der Tatsache, dass unschuldiges Leiden genau das ist, wozu die Christen berufen sind: Nachfolge Christi bedeutet Leidensnachfolge.

Dieser Christushymnus unterscheidet sich von den anderen dadurch, dass er nur vom irdischen Jesus und nur von seinem Leiden spricht. Wir können diesen Text als das erste überlieferte Passionslied der Kirche bezeichnen. Es klingen darin auch Stellen aus Jesaja 53 an, wenn Jesu geduldiges Leiden zur Sühnung unserer Sünden beschrieben wird:

„Denn dazu seid ihr berufen, da auch Christus gelitten hat für euch und euch ein Vorbild gelassen, dass ihr sollt nachfolgen seinen Fußtapfen; welcher keine Sünde getan hat, ist auch kein Betrug in seinem Munde erfunden, welcher nicht widerschalt, da er gescholten ward, nicht drohte, da er litt, er stellte es aber dem anheim, der da recht richtet; welcher unsere Sünden selbst hinaufgetragen hat an seinem Leibe auf das Holz, auf dass wir, der Sünde abgestorben, der Gerechtigkeit leben; durch welches Wunden ihr seid heil geworden. Denn ihr waret wie die irrenden Schafe; aber ihr seid nun bekehrt zu dem Hirten und Bischof eurer Seelen." (1 Petr 2,21-25)

Ein weiterer poetischer Christushymnus steht im Brief an die Gemeinde der Kolosser (Kol 1,15-20):

„Er ist das Ebenbild des unsichtbaren Gottes, der Erstgeborene vor allen Kreaturen. Denn in ihm ist alles geschaffen, was im Himmel und auf Erden ist, das Sichtbare und das Unsichtbare, es seien Throne oder Herrschaften oder Reiche oder Gewalten; es ist alles durch ihn und zu ihm geschaffen. Und er ist das Haupt des Leibes, nämlich der Gemein-

[192] Vgl. ebd. 137.

[193] Vgl. ebd. S 140.

de; er, der der Anfang ist, der Erstgeborene von den Toten, auf dass er in allen Dingen der Erste sei. Denn es ist Gottes Wohlgefallen gewesen, dass in ihm alle Fülle wohnen sollte und alles durch ihn versöhnt würde mit Gott, es sei auf Erden oder im Himmel, dadurch dass er Frieden machte durch das Blut an seinem Kreuz."

Hier wird die Erhabenheit Christi über die kosmischen Mächte in Schöpfung und Erlösung zum Ausdruck gebracht.

Deichgräber führt noch weitere Christushymnen als Christusprädikate an, die Gottes Größe vor Augen bringen und die Augen ablenken von dem, was dem Menschen nicht hilfreich ist. Ein Beispiel ist 1 Petr 1,18-21:

„... und wisset, dass ihr nicht mit vergänglichem Silber oder Gold erlöst seid von eurem eitlen Wandel nach der Väter Weise, sondern mit dem teuren Blut Christi als eines unschuldigen und unbefleckten Lammes. Er ist zwar zuvor ersehen, ehe der Welt Grund gelegt ward, aber offenbart zu den letzten Zeiten um euretwillen, die ihr durch ihn glaubt an Gott, der ihn auferweckt hat von den Toten und ihm die Herrlichkeit gegeben, auf dass ihr Glauben und Hoffnung zu Gott haben möchtet."

2.3.4 Christushymnen zu lehrhaften und ermahnenden Zwecken im Gottesdienst

Deichgräber weist nach, dass aus der ersten Zeit der christlichen Kirche keine Gottesdienstordnung und auch keine Psalmensammlung überliefert ist[194]. Erst mit den „Oden Salomos", die um die Mitte des zweiten Jahrhunderts abgefasst worden sind, begegnet uns eine geschlossene Sammlung von Psalmen. Vom gottesdienstlichen Singen von Psalmen ist bereits in Kol. 3,16 („*und singet dem Herrn in Psalmen, Hymnen und geistlichen Liedern...*") und Eph 5,19 die Rede.

Einen lehrhaften Hymnus finden wir in Kol. 1,15-20. Paulus führt der Gemeinde vor Augen, wie Christus in Schöpfung und Erlösung den Vorrang hat. Dass alles, was geschaffen ist, in ihm geschaffen ist, dass ihm daher alles unterworfen ist, dass er das Haupt ist, all das soll in dem Hymnus aufgenommen werden. Er hat damit die Würde eines heiligen Textes, wie sonst Stücke aus dem AT.

[194] Vgl. ebd. S 188.

Ebenso ist auch die Argumentation, die hinter Hebr 1,3 ff steht. Die absolute Vorrangstellung Christi über alle anderen Mächte war im hellenistischen Raum nicht selbstverständlich. Die hellenistischen Gemeinden waren vor allem von der Frage bewegt, wer denn eigentlich die Macht in dieser Welt ausübe. Viele Christushymnen feiern die Erhöhung Christi über alle kosmischen Mächte und Gewalten, und solche Lieder werden denjenigen Gemeinden vorgehalten, die in der Gefahr standen, diese Mächte zu fürchten und zu verehren.

Was im Hymnus als „das Heilshandeln Christi" besungen wird, wird in eine andere Richtung gewendet. Es ist vorbildlich für die Gemeinde Christi, dient der Nachahmung und soll zur Geschichte seiner Nachfolger werden. Das wird in dem oben genannten „Passionslied" 1 Pt 2,21-25 ganz deutlich.

Für die Frage nach dem ursprünglichen Sinn des Hymnus ist völlig klar, dass das Lied von Hause aus kein mahnendes Gepräge trägt. Eine ethische Interpretation widerspricht dem ursprünglichen Wesen des Hymnus, der eine Gottheit und ihr Handeln feiert. Dennoch kann ein Hymnus sekundär auch unter einem ermahnenden Aspekt gesehen werden. Dass „die Christen in Christus sind" bedeutet, dass sie Anteil gewinnen an dem von ihm erworbenen Heil. Dass sie dadurch unlöslich mit ihm verbunden sind, schließt jedoch ein, dass sie ein christusgemäßes Leben führen.

Besonders deutlich wird dieser paränetische Zusammenhang bei dem Hymnus Phil 2,6ff. Paulus benützt den Hymnus, um die Gemeinde zur Einmütigkeit, zur Überwindung von Streit und Ruhmsucht zu ermahnen. Für ihn ist dieses Anliegen so ernst, dass er in Phil 2,1 auf die elementarsten Gegebenheiten christlichen Gemeindelebens hinweist: Christliche Ermahnung, liebevolle Tröstung, Anteil am Geist Gottes, herzliche Liebe und Erbarmen. Dann folgt der Übergang in V. 5 „So seid gesinnt", danach kommt der Christushymnus. Was den Hymnus für diese mahnende Verwendung für Paulus geeignet machte, ist, dass Erniedrigung und Erhöhung einander als Antithesen gegenübergestellt werden.

Solche traditionellen Christusaussagen sind im Urchristentum weit verbreitet. Dabei wird die Frage wichtig, wie weit eine Imitatio Jesu Christi möglich ist. Kann ein „Vorbild" einfach kraft seiner Vorbildhaftigkeit die Versöhnung der Welt schaffen und den Menschen aus der Gewalt der Sünde und des Todes erlösen? Natürlich nicht. Paulus und andere Schriftsteller des NT haben solche Aussagen gewagt, weil für sie die eschatologische Heilstat Christi unumstößlich feststand. Der „Imperativ" der Nachahmung des Vorbildes Jesu ist nur deshalb möglich (und nötig!), weil ihm der „Indikativ“ des „Seins in Christus“ und der Wiedergeburt vorausgeht.

Deichgräber fragt mit Recht[195], ob diese Imitatio Jesu Christi in der evangelischen Christenheit nicht zu kurz gekommen sei und einer Neuerweckung bedürfe. Ganz konkret gemeint ist damit die Nachahmung von Jesu Erniedrigung, seiner Armut, seines Leiden, seiner Demut und Geduld, liebevoller Hingabe und Selbstpreisgabe.

2.3.5 Lobpreis der frühen Christenheit

Liturgische Fachwissenschaftler und Praktiker haben häufig festgestellt, wie sehr der Lobpreis das Leben der ältesten Christengemeinden bestimmt hat, und daraus Folgerungen für die gottesdienstlichen Reformen gezogen. Allerdings wurde die Bedeutsamkeit, dass die Gemeinde des NT eine lobende Gemeinde ist, zu wenig gesehen. Und Deichgräber bedauert, dass von vielen Theologen die Bedeutung der gottesdienstlichen Lieder nicht erkannt wurde.

Einen wichtigen Schritt weiter geht Rudolf Bultmann. Er führt im Sachregister unter dem Stichwort „Lieder“ eine große Zahl von Stellen auf, an denen er von der frühchristlichen Hymnendichtung spricht[196]. (Allerdings sieht Bultmann den Gottesdienst als „Selbstdarstellung“ der Gemeinde und nicht, dass Gott selbst im Gottesdienst an seiner Gemeinde handelt.)

Deichgräber vermisst aber in Bultmanns Darstellung des christlichen Gottesdienstes die Behandlung des Lobes der Gemeinde, obwohl doch offensichtlich ist, wie stark der biblische Lobpreis sowohl im AT als auch im NT gottesdienstlicher Lobpreis ist. Dem entspricht Luthers bekannte Aussage zum Gottesdienst:

„...dass unser lieber Herr selbst mit uns rede durch sein heiliges Wort, und wir wiederumb mit jm reden durch Gebet und Lobgesang“[197].

Eine bessere Sicht findet Deichgräber in der Theologie des Alttestamentlers Gerhard von Rad[198]. In dem Kapitel „Israel vor Jahwe“ behan-

---

195 Ebd. S. 196.

196 Zitiert ebd. S 198.

197 Ebd.

198 Vgl. ebd. S. 200.

delt v. Rad zuerst den „Lobpreis Israels“[199], der als Antwort der Gemeinde auf Gottes Heilstat definiert wird. Theologisch nach dem Lobpreis fragen heißt bei v.Rad also nach der Antwort fragen, die die Gemeinde auf Gottes Heilstat gibt. Damit ist gesagt, dass der Lobpreis nie das erste Wort ist, sondern immer erst an zweiter Stelle kommt. D.h. dass der

„Lobgesang der Gemeinde grundsätzlich nie die prima actio, sondern immer reactio ist, reactio auf das Heilshandeln Gottes in Schöpfung und Erlösung, auf sein ordnendes Wirken in Natur und Geschichte. Lobpreis ist nur möglich, wenn etwas vorangegangen ist“[200].

Nach Deichgräber liegt allerdings in dieser Betonung der Antwort des Menschen auf die Heilstaten Gottes auch eine Gefahr, wenn der Fokus nur auf das Verhalten des Menschen gerichtet ist:

„es wird zu einem eigenständigen Thema und der Mensch mit seinem Tun wird plötzlich isoliert vom Handeln Gottes gesehen.“

V. Rad sieht mit seiner biblischen Anthropologie den Menschen nach Gottes Willen als einen Antwortenden, immer neu zur Antwort Gerufenen.

„Jahwe hat sich sein Volk nicht als stummes Objekt seines Geschichtswillens, sondern zum Gespräch erwählt.“[201]

Das Tun des Menschen lebt vom Tun Gottes, sein Reden erhebt sich aus der zuvor geschehenen Anrede durch Gott. Dabei geht es natürlich nicht um ein unverbindliches Gespräch zwischen Mensch und Gott, sondern hier steht das Geschöpf vor seinem Schöpfer und erkennt Gott als seinen Herrn, den es zu preisen gilt.

Es darf dabei nie vergessen werden, dass die Einheit zwischen Lobendem und Gelobtem allein durch das Wunder der göttlichen Barmherzigkeit zustande kommt. Der Lobgesang darf also nicht als Tat des Menschen der Heilstat Gottes gegenübergestellt werden, als ginge es um seinen Anteil an der Erlösung.

Der Lobpreis ist geistgewirkt, pneumatisch. D.h. dass sein Ursprung, Wesen und Ziel nicht im Menschen ruht, sondern in Gott. Gott gibt Lobgesänge, diese Erkenntnis des Buches Hiob (35,10) ist auch Grund-

---

[199] Vgl. Rad, G. v. (1957). *Theologie des Alten Testaments* Band I. München S. 352-367.

[200] Zit. bei Deichgräber a.a.O. S. 200.

[201] V. Rad a.a.O. S. 352f.

lage des neutestamentlichen Lobpreises, denn der Lobpreis gibt ja nicht Gott etwas, das er nicht hätte, sondern er

> *„preist die Herrlichkeit, die Gott hat und ist - und zwar auch dann hat und ist, wenn der Mensch ihm nicht die Ehre gibt"*[202].

Dennoch ist der Lobgesang nur ein Ausschnitt aus der Antwort, die der Mensch mit seiner ganzen Person Gott geben soll, also mit seinem ganzen Handeln, Reden und Denken (vgl. Kol 3,17). Das bedeutet, dass das Lob nie isoliert werden darf von dem ganzen Gehorsam, den der Mensch seinem Schöpfer und Erlöser leisten soll. Das Lob kann demnach nicht aus dem Zusammenhang des ganzen Lebensvollzugs herausgelöst und nur als rein liturgisches Problem gesehen werden. Auch ein nur ästhetisches Verständnis des Lobes ist gefährlich. Das Lob Gottes soll „lieblich und schön" sein (Ps 147,1), aber nicht im Sinne einer genießenden Ästhetik, sondern im Sinne der Schönheit und Ordnung, die Gott angemessen ist.

Vor einem solchen Hintergrund kann Paulus die Korinther dann ermahnen, alles zur Verherrlichung Gottes zu tun und nicht das Lob auf den gottesdienstlichen Bereich zu beschränken (1Kor 10, 31). Die Verherrlichung Gottes wird geradezu zum Kriterium für das richtige Verhalten in problematischen Situationen. Paulus belegt ausgerechnet den Leib mit dem anspruchsvollen kultischen Begriff „Tempel" (1Kor 6,19). Gott mit seinem leibhaftigen Leben zu preisen (V.20) - das bedeutet die Selbsthingabe des Menschen gerade in seiner leiblichen Existenz. Es ist also das ganze Leben eines Christen, durch das Gott gepriesen werden will. Allerdings kann die Zunge, die das Lob ausspricht, auch fluchen und damit das Lob zunichtemachen (vgl. Jak 3,9f.).

Deichgräber sieht den Lobpreis als eine Frucht der Heilstat Gottes, die nicht aus menschlicher Vernunft und Kraft kommt, sondern empfangen werden muss. Gott selbst muss die Zunge lösen und die Lippen auftun (Lk 1,64), weil auch das Loben nicht in der Verfügungsgewalt des Menschen liegt[203]. Deichgräber weist darauf hin, dass das geistgewirkte Lob in besonderer Weise mit Ekstase in Verbindung gebracht wird und das ekstatische Rühmen zu den deutlichsten Zeichen des Pneumas gehört, wie Apg. 10,46 zeigt. Der Empfang des Geistes wirkt sich bei den Heiden darin aus, dass sie in Zungen reden und Gott rühmen. Auch Paulus

---

[202] Schlink, E. (1957). *Die Struktur der dogmatischen Aussage als oekumenisches Problem* S.254.

[203] Vgl. Deichgräber a.a.O. S. 205.

(1Kor 14,15) kennt ein solches Psalmensingen im Geist, im Gegensatz zum Psalmensingen mit dem Verstand.

Wie schon erwähnt, sind anbetende und proklamatorische Hymnen zu unterscheiden. Letztere sprechen von Gott in der dritten Person und haben deshalb auch Öffentlichkeitscharakter. Es gibt aus Sicht Deichgräbers

„keine andere legitime Art, von Gott zu reden, als so, dass man ihn lobt und ehrt. Alles andere Reden von Gott ist Gotteslästerung. Ein neutrales Reden von Gott, das weder Lob noch Lästerung wäre, kann es nicht geben.“[204]

Man wird sich beim Lobpreis bewusst, dass die Sprache im Blick auf den Inhalt immer ein inadäquates Mittel ist. Das Wort bleibt immer hinter der Wirklichkeit zurück, es ist ein Symbol und darf nicht mit dem verwechselt werden, wovon es spricht und worauf es weist. So ist alles Loben umgrenzt und damit zur Bescheidenheit gerufen. Es ist dem Maß des diesseitigen „Noch nicht“ unterworfen, das erst in der Ewigkeit aufgehoben sein wird, was in der nachfolgenden Liedstrophe von Johann Mentzer (1704)[205] recht deutlich wird:

„Ach nimm das arme Lob auf Erden mein Gott in allen Gnaden hin.
Im Himmel soll es besser werden, wenn ich bei deinen Engeln bin.
Da sing ich dir im höhern Chor viel tausend Halleluja vor.“

Deichgräber fragt weiter[206], wem der Lobpreis der neutestamentlichen Gemeinde gilt und meint, dass die Antwort gar nicht so einfach sei. Natürlich wird Gott gelobt, der sich in Christus offenbart hat. So haben sich die Christen bemüht, die aus dem Judentum übernommenen Formeln zu verchristlichen. Diese Übernahme macht deutlich, dass das Loben keine spezifische christliche Übung ist. Christlich wird der Lobpreis erst durch den Inhalt und der wichtigste Anlass ist die eschatologische Wende, die Gott in seinem Sohn Jesus Christus heraufgeführt hat. Diesen Anlass besingen die zahlreichen Christushymnen, in denen die Inkarnation, der Kreuzestod, aber vor allem die als Einsetzung in die Weltherrschaft verstandene Erhöhung betont wird. Der Kosmos, der den Verderbensmächten preisgegeben zu sein schien, empfängt nun seinen wahren Herrn. Die Macht der Finsternis ist gebrochen, die Zerreißung

---

[204] Ebd.

[205] Vgl. Evangelisches Gesangbuch (1996). Ausgabe für die Evangelische Landeskirche in Württemberg, 330,7.

[206] Deichgräber a.a.O. S. 207.

von Himmel und Erde überwunden. So tragen die meisten Christushymnen den Charakter eines Geschichtsberichtes gemäß der bereits oben zitierten Aussage Käsemanns,

„dass die Urchristenheit gerade im Nacherzählen der Gottestat Anbetung und Lobpreis bekunden konnte“[207].

Deichgräber betont weiter den universalen Charakter des Lobpreises[208]:

„Der Universalität des göttlichen Heilshandelns entspricht notwendigerweise die Universalität des Lobens. Wenn wirklich alle Dinge von ihm und durch ihn und zu ihm hin sind (Röm 11,36), wenn wirklich alles durch Christus versöhnt ist (Kol 1,20), dann muss auch alles in den Lobpreis einbezogen sein.“

Der Seher Johannes vernimmt, wie „*jedes Geschöpf im Himmel und auf der Erde und unter der Erde und auf dem Meer und alles, was in ihnen ist*“ Gott und dem Lamme den Lobpreis darbringt (Offb 5,13). Die endzeitliche Erlösung gilt nicht nur dem Menschengeschlecht, sondern dem ganzen Kosmos (vgl. Röm 8,19ff).

Deichgräber kommt zu der Schlussfolgerung:

„Wer Gott nicht lobt und ihm die Ehre gibt, stellt sich außerhalb der Schöpfung und ihres Lobgesanges. Aber auch im Blick auf die Dimension der Zeit ist der Lobpreis ohne Grenze – also mit der Formel ‚von Ewigkeit zu Ewigkeit‘ versehen. Die Ewigkeit des Lobpreises entspricht der Ewigkeit Gottes und dieses ‚allezeit‘ des Lobens wird natürlich da besonders akzentuiert, wo der Christ durch Leiden angefochten ist und so in der Versuchung steht, das Loben zu unterlassen. So betont Paulus in Röm 5,3, dass Christen sich gerade dann rühmen können, wenn sie Trübsale erleiden müssen. So erscheint das Loben immer wieder als wesentliches Charakteristikum der Christen, bei dem zu beachten ist, dass der Lobpreis gerade eine Sache der Gemeinde ist, die im Lobpreis ihre Einheit und Einmütigkeit zeigt (Röm 15,6)“.[209]

Zusammenfassend kann gesagt werden, dass im Loben die Selbstbezogenheit und Verschlossenheit des Menschen ihr Ende finden. Beim Loben wird er frei von der Anbetung des Ichs, die ihn zum Mittelpunkt aller Dinge machte. Weil er den wahren Mittelpunkt aller Dinge außer-

---

[207] Käsemann, E. (1957). *Aufbau und Anliegen des johann. Prologs*. In: Libertas Christiana (Delekat-FS). München Kaiser S. 82.

[208] Deichgräber a.a.O. S. 211.

[209] Ebd.

halb seiner selbst sieht, jedoch sich selbst auf diesen Mittelpunkt bezogen und von ihm gehalten erkennt, wird er frei zum Lob. Im Hymnus verliert das „Ich“ seine alles beherrschende Rolle und an seine Stelle tritt das „Du“.

So gesehen ist das Fehlen des Gotteslobs nicht nur ein Mangel an liturgischem Reichtum, sondern eine Verfehlung, und zwar die Verfehlung schlechthin. Wer Gott nicht lobt, lobt etwas anderes und nimmt damit Gott die Ehre.

2.3.6 Geschichte der geistlichen Lieder in Armenien, der ältesten Kirche der Welt

Die armenische Kirche ist die älteste christliche Kirche, die zur Staatskirche wurde (Proklamation 301). Die Bibelübersetzung des armenischen Kirchenvaters Mesrop (*360, †440) förderte den nationalen Charakter der armenischen Kirche. Seitdem verkörpert sie für die Armenier die nationale Identität ihres Volkes. Aus diesem Grunde ist es auch für unser Thema wichtig, unter historischem Aspekt die dortige Entwicklung der Lieder zu studieren[210].

Die geistlichen Lieder in Armenien werden Sharakans genannt, sie entstanden zusammen mit dem armenischen Alphabet. Ursprünglich bedeutet Sharakan eine Kette aus Edelsteinen. Der Begriff wurde später auf eine Folge von Liedern übertragen, die den kirchlichen Festen entsprechen. Auch heute noch sind die Menschen tief berührt von der spirituellen Harmonie dieses Gesanges, der zwar zu den ältesten christlichen Gesängen gehört, aber dennoch erstaunlich modern wirkt.

Die Sharakans entstanden im 5. Jh. in den armenischen Klöstern. Sie sind die unsterblichen Denkmäler des Landes und seines wahren Wesens. Die Komponisten Mesrop, Mashtots und Sahak Partev gelten als Begründer der geistlichen Gesangskunst in Armenien.

Worte sind die eigentliche Grundlage dieser Art von Gesang und wurden über die Generationen weitergegeben und stets als Ausdruck höchster Wahrheit angesehen. Einige Komponisten verschwiegen demütig ihren Namen, überzeugt, dass das Himmlische nicht ins Irdische herabgezogen werden dürfe.

Das Leben der Sharakans dauerte tausend Jahre, vom 5. bis zum 15. Jahrhundert. Diese Kunst vollendete ihren irdischen Weg und ging in die

[210] Quelle: Renovabis 2007 http://www.renovabis.de

spirituelle Welt ein, nun für alle eine zeitlose Quelle der Inspiration und Andacht. Die Sharakans liefern die Grundlage für die herrlichen Liturgien von Yekmalyan und Komitas. Die armenische Messe gilt als eine der schönsten in der gesamten geistlichen Musik und man kann Armenien kaum verstehen ohne seine Sharakans. Überall in der urwüchsigen Natur scheinen sie präsent, malen die schon verblassten Farben auf jener Leinwand nach, die „Armenien" genannt wird.

„So, und hier bin ich, stehe oben auf dem Felsen und rufe, singe dem mächtigen Geheul des Windes entgegen: „Licht - Schöpfer des Lichts!"[211].

Im 10. Jahrhundert, einer Zeit des Friedens zwischen endlosen Kriegen, wurden in der armenischen Gesangs- und Dichtkunst auch die psychischen Aspekte aufgenommen. Standen vorher biblische Gestalten und historische Ereignisse im Vordergrund, drang Narekatsi (Dichter aus dem 10. Jhd.) mit seinen „Taghs" nun in die Psyche der Personen vor. Diese Lieder verzaubern mit ihrer Vielfalt an Farben und Bildern. Die Einheit von Mensch und Natur erscheint in einem besonderen Spannungsfeld zwischen Geist und Körper.

„Die Natur ist vollkommen, der Mensch sündig und unvollkommen. Wir können nicht vollkommen sein wie die Natur, aber wir dürfen auch nicht aufhören, danach zu trachten"

schreibt Diakon Hovhannes Imastaser, Wissenschaftler, Philosoph, Dichter und Sharakanakir. Er markiert einen Höhepunkt der armenischen Dicht- und Gesangskunst des 12. Jahrhunderts. Für ihn ist die Natur unsere größte, unvergleichliche Lehrmeisterin: Das Trällern eines Vogels, der Duft einer Blume, das Heulen des Windes, die unbändigen Wogen des Meeres, die unfertige Skulptur im nackten Gestein, Sonnenstrahlen, die forsch durch dicke Wolken dringen, schwerer Regen und sternenklare Nächte - all das sollte sich in der menschlichen Stimme widerspiegeln. Doch nur ein Herz, eine Seele voller Liebe und tiefen Vertrauens vermag so den Schöpfer zu ehren.

Ein weiterer Höhepunkt in der Geschichte der Sharakans sind die Lieder von Nerses Shnorhali, der sich auf die alte Tradition zurück besann. Viele Arevagal (Sonnengebete), Sharakans voller Licht und über das Licht, erklingen heute zur Morgenstunde in armenischen Kirchen. „Licht, Schöpfer des Lichts", singt der Mönch mit zum Himmel erhobe-

---

[211] Vgl. die CD Treasures of Light. The Spirit of Armenian Sacred Chants Vocals Anna Mailian. 2002 CCn'C Records.

nen Händen, während die Strahlen der Morgensonne die dicken alten Mauern der Kirche erleuchten und die Herzen der Menschen erwärmen. Die Welt ist bestimmt von Anfang und Ende. Der göttliche Geist dagegen ist unsterblich und ewig (ebd.).

2.3.7 Geschichte der Spirituals und der Gospel Songs

Es ist ein weiter Sprung von Armenien zu den Maisfeldern in den amerikanischen Südstaaten – und doch ist diese Verbindung im Rahmen der hier vorliegenden Arbeit legitim: In beiden Kulturen waren es Lieder, die Glauben und Leben mit dem Lied verbunden haben.

Für die Geschichte der Gospels gibt es drei wichtige historische Meilensteine[212]:

1865: Abschaffung der Sklaverei

1925: Die schwarze Renaissance

1985: der erste Martin-Luther-King-Tag

2.3.7.1 Die Zeit vor 1865

Fast alle Afrikaner, die die neue Welt erreichten, waren Sklaven, die aus verschiedenen Regionen der afrikanischen Westküste kamen und in den Städten oder in der Landwirtschaft arbeiten mussten. Einige amerikanische Christen versuchten gegen die Sklaverei anzugehen, so durften sich die Sklaven wenigstens zu Gottesdiensten zusammenfinden. Dort hatten sie ihre „praise houses“, um zu singen und zu tanzen. Der Rhythmus wurde durch Klatschen und Füßestampfen begleitet, weil Trommeln als heidnisch galten und daher verboten wurden. Zusätzlich zu den kirchlichen Treffen im Gottesdienste gab es auch geheime Treffen („camp meetings“ und „bush meetings“), um dort gemeinsam Freud, Leid und Hoffnungen zu teilen. Auf solchen Treffen auf dem Lande hörten Tausende von Sklaven das Evangelium durch herumziehende Prediger und sangen über mehrere Stunden Spirituals.

Das Hauptanliegen der afrikanischen Musik besteht darin, Geschichten vorzutragen, und so brachten die Schwarzen, die nach Amerika gebracht wurden, diese Kunst mit[213].

---

[212] Aus dem Englischen übersetzt von der Seite http://www.negrospirituals.com/

Die ersten Spirituals des späten 18ten Jahrhunderts nannten sich, weil sie auf dem Felde gesungen wurden, „corn ditties" („Mais-Liedchen"). Während der Sklaverei war es den Arbeitern erlaubt, bei der Arbeit zu singen. Dadurch gelang es, den Arbeitsablauf besser zu koordinieren. Gefangene sangen einen Ketten-Gang („Chain gang") bei der Arbeit an den Straßen. Einige Sklaventreiber („drivers") erlaubten den Sklaven auch, stille Lieder („quiet songs") zu singen, solange diese sich nicht gegen die Sklaverei wendeten. Diese Lieder dienten der Aufmunterung oder dem Ausdruck von Gefühlen.

Während die „work songs" nur von dem täglichen Leben der Sklaven handelten, waren die Spirituals von der Botschaft von Jesus Christus und seiner Guten Nachricht in den Evangelien inspiriert. Sie unterschieden sich von den herkömmlichen Kirchenliedern dadurch, dass sie das gemeinsam empfundene harte Schicksal der Sklaverei widerspiegelten.

„Das schwarze Spiritual ist ein religiöser Ausdruck für die Bestimmung der Sklaven, jemand zu sein in einer Gesellschaft, die ihre Würde als Personen auszutilgen sucht"[214]

Wie der Theologe James H. Cone gezeigt hat, betont die schwarze Religiosität mit Nachdruck die Persönlichkeit *(somebodiness)* der schwarzen Sklaven:

„Ihr seid nach Gottes Bild geschaffen. Ihr seid keine Sklaven, ihr seid keine nigger; ihr seid Gottes Kinder."[215]

Und weil die Religion sie als Persönlichkeit bestimmte, konnten die Schwarzen einen Sinn für die Würde ihrer Person selbst dann bewahren, wenn sie als Sachen behandelt wurden (vgl. Heymel S. 90).

Viele Sklaven versuchten, in ein freies Land („free country") in Amerika ohne Sklaverei zu fliehen. Die Sklaverei machte es notwendig, bestimmte Dinge nicht offen auszusprechen. In der verschlüsselten Sprache der Sklaven hießen die Gebiete ohne Sklaverei: „my home" oder „Sweet Canaan", „the promised Land". Dieses Land war auf der nördlichen Seite des Ohios, den man in der verschlüsselten Sprache „Jordan" nannte.

Eine Fluchthilfeorganisation, die „Underground Railroad" (UGRR), half den Sklaven zu entkommen. Dabei konnte ein Flüchtling verschiedene

---

[213] Heymel, M. (1999). *Trost für Hiob*. München S. 90.

[214] Cone, J.H. (1972). *The Spirituals and the Blues*. An Interpretation. New York S. 17.

[215] Ebd.

Wege wählen, die in unterschiedlichen Spirituals verschlüsselt erwähnt wurden. Damit wurden die Spirituals dann auch zu einem Ruf nach Freiheit („steal away“). Die Flüchtlinge wateten („waded“) durch Wasser, um die Hunde abzuschütteln (vgl. das Gospel „Wade in the water“). Sie mussten nachts mit Lampen oder im Mondlicht gehen, oder man sprang als blinder Passagier auf eine Kutsche (“Swing Low, Sweet Chariot“). Eine bekannte entkommene Sklavin war Harriet Tubman, die in der Under-ground Railroad den Kodenamen Moses bekam („Go down, Moses“).

2.3.7.2 Die Zeit zwischen 1865 und 1925

Die Sklaverei wurde im Jahr 1865 abgeschafft und einigen Afroamerikanern erlaubt, auf Schulen und Universitäten zu lernen. Die Fisk-Universität in Nashville (Tennessee) war eine der ersten Universitäten, in denen Schwarze studieren konnten. Um die Institution finanziell zu unterstützen, wurden Musikgruppen gegründet, die in der ganzen Neuen Welt und in Europa Negrospirituals sangen (Fisk-Jubilee-Singers). Die meisten Afroamerikaner wollten jedoch, kurz nach der Abschaffung der Sklaverei, nicht mehr durch Negrospirituals an ihre harten Zeiten erinnert werden.

Bei den großen Erweckungen gegen Ende des 19ten Jahrhunderts bildeten sich neue Kirchen in den USA, in denen die Traditionen der schwarzen „praise houses“ (in die Hände klatschen und mit den Füßen stampfen) auch von weißen Amerikanern weiter geführt wurden.

Etwa zu dieser Zeit begannen sich auch Komponisten und Textdichter mit den Spirituals zu beschäftigen. Die bislang ohne schriftliche Fixierung überlieferten Songs wurden neu arrangiert und einige Songs bekamen sogar ein Copyright.

2.3.7.3 Die Zeit zwischen 1925 und 1985

In den 20er Jahren des 20ten Jahrhunderts entstand eine poetische und musikalische Bewegung der Schwarzen in Amerika, die als „Black Renaissance“ bezeichnet wird. Zum ersten Mal besannen sich die Afroamerikaner ihrer Geschichte, ihrer Werte und Traditionen. Heymel[216] zeigt, dass die historischen Bezüge von Spirituals stärker betont und die

[216] Heymel a.a.O. S. 88.

Art und Weise des Singens und der Interpretationen verbessert wurden. Diese ständige Verbesserung der Spirituals führte zu einem neuen Typ von christlichen Songs. Inspiriert von der Bibel (besonders von den Evangelien) und dem täglichen Leben wurden sie „Gospel-Songs“ genannt. Thomas A. Dorsey war der erste Komponist solcher Gospels, man nannte ihn deshalb auch den Vater der Gospel-Music. Gospel (Evangelium) bezeichnet musikalisch eine Form religiöser Lieder, die während der Erweckungsbewegung ab Ende des 19. Jh. in den USA entstanden ist. Diese Lieder sind gesungene Verkündigung, sie tragen die Wahrheit des Evangeliums vor. Auf diesem Wege wurden Gospels auch im Norden der USA populär und zwischen 1915 und 1925 nicht nur in den Kirchen aufgeführt, sondern auch im Theater und in Konzerthallen. Das Gospel wurde mehr und mehr kommerzialisiert.

Die Entwicklung der Gospels hängt eng mit dem Wachstum der Pfingstkirchen am Ende des 19. Jh. zusammen, deren Gottesdienste durch ekstatisches, von Händeklatschen begleitetes Singen und Tanzen der Gemeindeglieder und durch kraftvolle Ansprachen der Prediger charakterisiert sind. So wie früher in der amerikanischen protestantischen Kirche beim Psalmengesang, wurde auch beim Gospel der Wechselgesang zwischen Vorsänger und Chor praktiziert. Dieser Ruf-und-Antwort-Wechsel wird sehr anschaulich in einer Szene von Steven Spielbergs Film „Die Farbe Lila“ gezeigt, wo der Chor einer Gottesdienstgemeinde einer singenden Gruppe antwortet, die sich draußen in einer Art Prozession der Kirche nähert.[217]

Heute ist Gospel ein schillernder Begriff geworden: Zunächst ist die afroamerikanische geistliche Musik der Schwarzen gemeint, die sich aus der Spiritual-Tradition der Südstaaten entwickelt hat. Danach wirkte sie durch die Beeinflussung der populären säkularen Musikstilrichtungen vom Soul über Funk bis House auch in die Mainstreammusik der weißen Amerikaner und Europäer hinein.[218]

Weltweit bekannt wurden einige Spirituals in den 1950er und 1960er Jahren während der Bürgerrechtsbewegung, z. B. „We Shall Overcome“ oder „This Little Light of Mine“.

Der erste Dr. Martin Luther King's Tag wurde im Jahr 1985 gefeiert und seit dem Jahr 2000 wird in allen Staaten der 3. Montag im Januar als Nationalfeiertag gefeiert. Die afroamerikanische Bevölkerung wurde

---

[217] vgl. ebd. S. 91

[218] Bubmann, P., Landgraf, M. (2006). *Musik in Schule und Gemeinde*. Stuttgart S. 110.

somit ein Teil der US-Amerikanischen Nation. Schwarze Geschichte und Kultur bekamen ihre offizielle Anerkennung und Gospels werden nun in aller Welt und unterschiedlichen Institutionen zu allen möglichen Ereignissen gesungen.

2.3.7.4 Exkurs zum Bericht von der Wirkung der Musik in einem schwarzen Gottesdienst

Ein von Bubmann zitierter Text C. Smalls[219] lässt uns die Wirkungen der Musik in den Pfingstgottesdiensten in Amerika besser verstehen:

„...wenn der Heilige Geist herabkommt, manchmal direkt zu Beginn der Feier, manchmal erst nach anhaltendem Suchen, muss man die Intensität der Emotionen fühlen, um sie zu glauben, besonders in einer Empfindung der Gemeinschaft und des gemeinsamen Anliegens aller Anwesenden. Die Werkzeuge, durch die der Heilige Geist erfleht und in die Mitte der Versammlung gebracht wird, sind Rede, Musik und Tanz – nicht als getrennte Künste, sondern als Elemente einer großen künstlerischen Darbietung.

Der Vortrag ... eines begnadeten schwarzen Predigers... steigert die Erregung stufenweise, wobei die Bedeutung seiner Worte allmählich einer größeren ekstatischen Musikalität weicht. Wörter und Sätze, die er oft wiederholt, werden von der Gemeinde aufgegriffen und an ihn zurückgegeben mit Rufen der Zustimmung mit „Amen“. Schließlich ... singt die ganze Versammlung, klatscht in die Hände, oft in bewundernswert komplexen, ineinander geschachtelten Rhythmen, jeder bewegt sich in seiner individuellen Art. Der Grad der Erregung, der so erreicht wird, betrifft jeden als einzelnen ... aber das überwältigende Gefühl ist das einer singenden, tanzenden, betenden Gemeinschaft.“

Fermor[220] schreibt über die ekstatische Wirkung von Musik:

„Es gibt eindeutig Formen ekstatischer Musikreligiosität, so vor allem im Alten Testament, aber auch im Umkreis glossolalischer Phänomene im Neuen Testament. Beides bot vor allem für die afroamerikanische Musikentwicklung in den Ursprungskontexten des religiösen Erbes in der Popmusik Anknüpfungspunkte.“

---

[219] Ebd. S. 111; vgl. http://www.bubmann.com/Kirchenmusik/gospelundgemeindeaufbau1.htm

[220] Fermor, G. (1999). *Ekstasis. Das religiöse Erbe in der Popmusik als Herausforderung an die Kirche*. Stuttgart S. 207.

Bubmann ergänzt:

„Ekstatisierende Musikerfahrungen können zum Medium heilsamer Entgrenzungserfahrungen werden. Sowohl mystische Gotteserfahrungen als auch starke Gemeinschafts- Gemeindeerfahrungen werden so möglich. Allerdings bedürfen solche Erfahrungen der Integration in einen umfassenden christlichen Deutungskontext, woher sie auch einer kritischen Prüfung unterzogen werden können und sollen"[221].

2.4 Das neue geistliches Lied – zeitgenössische Singformen

Zeitlich nach dem Siegeszug des Gospels rund um die Welt, der auch in säkularen Kreisen weiten Eingang fand, kam es innerhalb der Kirchen zu einer Mischung unterschiedlichster Musik, die als „Neues geistliches Lied" zusammengefasst werden kann. Hiermit wird ein musikalisches Genre bezeichnet, das einige charakteristische Merkmale aufweist:[222]

- Ein im weitesten Sinn religiöser Text - darunter fallen u.a. liturgische, biblische orientierte, christlich engagierte und politische Texte.
- Zugehörigkeit zur Gattung Lied.
- Stilistische Beeinflussung durch Popularmusik (z.B. Schlager, Jazz, Folklore, Rock) oder an neomodalen Mustern der 30er Jahre orientiert in einer Art „neuem Kirchenliedstil".
- Für den Gottesdienstgebrauch bestimmt (auch wenn sie oft außerhalb gesungen werden).
- Hauptproduzenten und Hauptvermittler sind Chöre und Bands.

Bubmann[223] wählt für die „Neue geistliche Musik" den Begriff „populäre christliche Musik", um

---

[221] Bubmann a.a.O. S. 111.

[222] http://de.wikipedia.org/wiki/Neues_Geistliches_Lied

[223] http://www.bubmann.com/publikationen/Sound.htm „Von Danke bis Christival" – 30 Jahre populäre christliche Musik in Deutschland.

„Phänomene wie die Taizé-Musik, die Jugendchöre etc., die ja nicht zur industriellen Popularmusik zu rechnen sind, nicht schon durch die Begrifflichkeit auszugrenzen."

Mit dem Attribut „christlich" ist dabei nicht irgendeine bestimmte „fromme" Musikstruktur oder ein eigener Kirchenstil gemeint, sondern es weist zum einen hin auf das engagierte Christentum, in dem diese Musik ihren sozialen Ort hat, zum anderen – und das ist der wesentliche Sinn – auf die geistliche Wirkung, die von dieser Musik ausgeht. Der hierfür eigentlich angemessenere Begriff wäre „geistlich" im Sinne einer Musik, die durch den Geist Gottes bestimmt ist. Solche Lieder dienen durch Text wie Musik der frohen Botschaft von Jesus Christus im Sinne von Eph. 5,19ff. (Bubmann redet dennoch von „christlicher" Musik, weil damit verdeutlicht werden soll, dass Christi Geist durch diese Musik wirkt bzw. wirken soll.)

So wie die protestantische Theologie die Kirche zum einen als unsichtbare Gemeinschaft der wahrhaft Gläubigen und zum andern als sichtbare Größe sieht, unterscheidet Bubmann bei der populären christlichen Musik zwischen ihrer geistlichen Qualität und weltlichen „Szenen".

„Der Geist Gottes – wenn er durch populäre Musik wirken will – ist aber nicht auf irgendwelche Szenen angewiesen. Er weht, wo er will (Joh 3,8), was nicht heißt, dass er sich nicht auch bestimmte Szenen in der Welt zu Nutze machen könnte."[224]

Bubmann teilt die populäre christliche Musik in folgende Unterbereiche ein:

a) *Gospelrock* (auf Anregung von Andreas Malessa) meint die evangelistisch-missionarische Musikszene, die vor allem mit Stilmitteln der Rock- und Popmusik arbeitet und mit dieser „weltlichen" Sprache die Botschaft Jesu Christi durch Konzerte, Tonträger, Evangelisationsversammlungen etc. in die Welt tragen will.

b) *Sacropop* ist eine neue Kirchenmusik mit Stilmitteln moderner Popularmusik. Der Begriff wurde 1971 von dem Katholiken Peter Janssens geprägt. Damit ist nicht nur gottesdienstliche Gebrauchsmusik gemeint, sondern auch die Musik konzertanter Großformen wie Musicals oder kommunikativer Veranstaltungen wie Kirchentage.

---

[224] Ebd.

c) Mit dem Begriff *Neues Geistliches Lied* sind alle Bemühungen um neue Mitsing- und Vortragslieder für das Gemeindeleben zusammengefasst. Dazu zählen auch die Liedermacher und Liedermacherinnen, die mit ihren neuen Liedern teils stärker missionarisch oder politisch ausgerichtet sind.

d) Die *Jugendchorbewegung* ist, was die Zahl der Mitwirkenden betrifft, die stärkste der hier aufgezählten Gruppierungen. Stilistisch sind die Chöre oft nicht allein auf populäre Musik fixiert, vielmehr wird Musik aller Musikepochen gesungen.

e) Die zunehmende Bedeutung rechtfertigt es, *Meditations- und Praise-Musik* als eigenen Bereich aufzuführen.

f) Zuletzt, aber wichtig ist die *populäre christliche Musik für Kinder.*

Diese Einteilungskriterien sind allerdings nicht neu – höchstens bezogen auf ihre sprachliche Formulierung, denn es gibt populäre christliche Musik nicht erst seit 40 Jahren. Wie schon weiter vorne angemerkt, kannte man bereits im Mittelalter und davor geistliche Volkslieder. Und Martin Luthers erstes Werk als „Liedermacher" ist ein „Protest- und Propagandasong"[225] gegen die Verbrennung zweier seiner Anhänger in Brüssel („Ein neues Lied wir heben an", verfasst 1523).

2.4.1 Entstehung und Entwicklung des Neuen geistlichen Liedes

Zu „*Tradition, Erneuerung und die liturgische Musik der Kirchen*" schreibt der Hörfunk-Journalist Peter Katlewski[226], dass die Reformation auch die Kirchenmusik stark verändert hat. Der Gesang ist seitdem nicht mehr nur eine Sache der Priester und Mönche, die ganze Gemeinde ist involviert. Hingegen war die Orgel zu Beginn der Reformation umstritten. Doch Martin Luther meinte:

> *„Um des jungen Volkes willen", wenn „es hilfreich und förderlich ist, das Evangelium aufzunehmen, sollen dazu Glocken läuten, Orgeln pfeifen und alles klingen, was klingen kann."*

[225] Rößler, M. (1984). *Mit Lust und Liebe singen – Luthers Lieder einst und heute.* In: Musik und Kirche 54. Jg. (1984), 109-127, 111.

[226] http://www.hpk-info.de/musik/musik_kirche/index.htm

Diese Worte Luthers wurden vielfältig interpretiert und sie haben bis heute großen Einfluss auf die Kirchenmusik, nicht nur unter Lutheranern. Die in ihnen zum Ausdruck kommende Offenheit für „alles Klingende“ hat neue religiöse Volkslieder ermöglicht und Komponisten wie Heinrich Schütz und Johann Sebastian Bach hervorgebracht. Und heute dient sie in beiden großen Konfessionen einer von Rock und Pop geprägten Generation als Argument.

Seit den sechziger Jahren will eine ganze Szene den Gläubigen nicht nur neue Klänge nahe bringen, sondern damit auch neue Gläubige gewinnen. Mit frommen Balladen und Schlagern, mit Gospel-Konzerten, Rock-, Pop- und Techno-Messen, versucht sie, junge Leute in die Kirchen zu locken und Frömmigkeit „hip" sein zu lassen.

Dieser Trend zum missionarischen Kuschel- oder Predigtsound ist nicht unumstritten. Viele Kirchenmusiker fürchten um das musikalische Niveau im Gottesdienst und meinen, der Verzicht auf musikalische Kunst könnte Religion trivialisieren. Manche schlagen vor, Neue Musik in den Kirchenraum zu holen und regen deshalb zeitgenössische Komponisten an, für Kirche und Gottesdienst zu komponieren. Die Liturgiker machen sich Sorgen um Gestalt und Würde des Gottesdienstes.

Verschiedene Faktoren führten, vor allem nach dem zweiten Weltkrieg, zur Entwicklung des Neuen Geistlichen Liedes. Zu nennen sind u.a.

Kirchentage: 1956 führt der Kirchenmusiker Helmut Barbe sein Musical „Halleluja Billy“ auf dem Deutschen Evangelischen Kirchentag in Frankfurt am Main auf. In diesem Werk verwendet er erstmals Elemente aus dem Jazz-Bereich. Das Echo auf diese Aufführung war – vor allem bei jungen Menschen – sehr positiv.

Wettbewerbe: Richtungweisend in der Geschichte des Neuen Geistlichen Liedes waren die vier Wettbewerbe der Evangelischen Akademie in Tutzing. Zum ersten, von Günther Hegele initiierten Wettbewerb wurden 996 Beiträge eingesendet, die „dem von Jazz und Unterhaltungsmusik geprägten musikalischen Resonanzvermögen der Jugend entsprechen“ sollten. Bei den beiden Wettbewerben 1962 und 1963 wurden die Lieder „Danke“ des Kirchenmusikers Martin G. Schneider und „Weil du Ja zu mir sagst“ von Christine Heuser und Oskar Gottlieb Blarr, auch das spätere „Ein Schiff, das sich Gemeinde nennt“ von Martin G. Schneider zu echten kirchenmusikalischen Evergreens.

Bubmann[227] sieht eine weitere Wurzel der populären christlichen Musik bei den Vertretern des Neuen Geistlichen Liedes, die sich am reformatorischen Choral und an Volksliedern, verbunden mit einem Schuß Rhythmik orientieren – bewusst nicht am Schlager: Hierzu gehören z.B. Lieder aus den „Liederwerkstätten" des Evangelischen Stadtjugendpfarramtes in Frankfurt (Dieter Trautwein zusammen mit Gert Watkinson u.a.), aus Stuttgart sind Kurt Rommel und aus Ottweiler/ Saar Martin Olly und Hans-Helmut Knipping zu nennen.

Vorreiter der Liedermacher und Chansonniers sind einige seit 1958 auf Katholiken- und Kirchentagen singende katholische Patres und Schwestern (Arm, Duval, Maurice Jean Cocagnac, die Nonne Soeur Sourire).

Die Missionsbewegung „Jugend für Christus" führte in Rehe seit Ende der 50er Jahre Sommerfreizeiten durch, auf denen viel gesungen wurde. Dort entstand der „Jugend-für-Christus-Chor" als eine der wichtigsten Keimzellen der späteren Jugendbewegung.

2.4.1.1 Zum ersten Aufbruch 1955

Mitte der 1950er Jahre schwappt die revolutionäre Jugendkultur aus den USA, der Rock'n Roll, nach Deutschland und damit verlangte auch die kirchliche Jugend nach neuen kulturellen Ausdrucks- und Gottesdienstformen. Aber erst Anfang der 60er Jahre fassten Jazz-Gottesdienste in einigen Gemeinden Fuß. 1962 fanden in der Kanaankapelle der Marienschwestern in Darmstadt-Eberstadt missionarische Gottesdienste mit einer Studentenjazzband statt, Pfarrer Otto Friedrich und die von ihm gegründete lutherische „Christusträger"-Gemeinschaft stellten den Jazz in den Dienst der Evangelisation und wurden so zu Vorreitern des missionarischen Einsatzes von Popularmusik[228].

1963 schrieb der Katholik Peter Janssens eine Messe mit Jazz-Elementen usw. Überall wurden Spirituals gesungen, teils verdeutscht und oft mit Dixieland-Begleitung auf Schlagerniveau herabgesenkt. Authentischer Jazz in Kirchenräumen bleibt in dieser Zeit jedoch die Ausnahme.

---

[227] Vgl. http://www.bubmann.com/publikationen/Sound.htm „Von Danke bis Christival" – 30 Jahre populäre christliche Musik in Deutschland.

[228] Vgl. ebd.

In den 1970er Jahren erschienen Liederbücher[229]. Ein wichtiger Beitrag zum neuen geistlichen Lied war das Liederbuch „Das Lob", das 1979 von Josef Mittermair erstmals aufgelegt wurde. Durch die Aufnahme einzelner Lieder in das Evangelische Gesangbuch (1996) hat sich das Neue Geistliche Lied endgültig etabliert. Nun waren Lieder von Paul Bischoff, Clemens Bittlinger, Siegfried Fietz, Thomas Knodel, Johannes Nitsch, Kurt Rommel, Manfred Siebald, Peter Strauch, Jürgen Werth und Christoph Zehendner zumindest aus dem Regionalteil der offiziellen Gesangbücher nicht mehr wegzudenken.

Innerhalb der römisch-katholischen Kirche wuchs zunächst allerdings zunehmend die Kritik am Neuen Geistlichen Lied. Lieder wie „Ins Wasser fällt ein Stein" oder „Herr deine Liebe ist wie Gras und Ufer" entsprachen nach Auffassung vieler katholischer Theologen nicht dem Charakter und der Würde der katholischen Liturgie. Viele Lieder seien zwar für Katechesen geeignet, jedoch lasse sich aufgrund ihrer oftmals unliturgischen Texte für sie kein Platz im Gottesdienst finden. Auch das II. Vatikanische Konzil spricht sich in seinen Dokumenten für den Erhalt der klassischen Kirchenmusik aus.

In einem STERN-Artikel von 2003 wird die musikalische Gestaltung mit Gitarre und Neuen Geistlichen Liedern ironisch-kritisch als „Klampfenkatholizismus" bezeichnet. Auch die Päpste Johannes Paul II. und Benedikt XVI. haben wiederholt vor einer Banalisierung der Liturgie gewarntwomit sie eine oft gedankenlose Liedauswahl und häufig minderwertige Liedqualität meinen. Ratzinger möchte eine

„Musik, die der Anbetung in Geist und Wahrheit dient, diese kann nicht rhythmische Ekstase, nicht sinnliche Suggestion oder Betäubung, nicht subjektive Gefühlsseligkeit, nicht oberflächliche Unterhaltung sein".

Kirchliche Rock- oder Popmusik wird von Ratzinger daher vehement zurückgewiesen und Popmusik als „Gegenreligion" bezeichnet.

„Denn in ihr liege eine Ideologie der Selbstbefreiung zugrunde, die dem christlichen Menschenbild zutiefst widerspreche. Es handelt sich um Erlösungspraktiken, deren Form der Erlösung dem Rauschgift verwandt und dem christlichen Erlösungsglauben von Grund auf entgegengesetzt ist."[230]

---

[229] Vgl. Neues geistliches Lied Wikipedia

[230] Josef Ratzinger, zitiert in: Peter Bubmann, *Papst Benedikt XVI. als Musiktheologe*, in: Musik und Kirche, Heft 4/5, Jahrgang 2005, Bärenreiter-Verlag Kassel.

2.4.1.2 Konsolidierung

Bis zur Mitte der 1960er Jahre weicht die Aufregung des ersten Aufbruchs einer Selbstbesinnung[231]. Erste Bücher erscheinen und zaghafte Vermarktungsversuche entstehen, jedoch verhärten sich auch manche Fronten. Im evangelisch-pietistischen Bereich profiliert sich Sieg-fried Fietz und startet für die Schallplattenabteilung des Hermann Schulte Verlags eine acht Jahre dauernde Single-Reihe „Songs der frohen Botschaft".

Schon seit 1960 sendet der Rundfunksender Radio Monte Carlo über den deutschen Ableger „Evangeliums-Rundfunk" (ERF) ein jugendgemäßes Programm mit Popularmusik und wird so zum Talentförderer des Nachwuchses. Die evangelistische Popmusik kann sich durch die Unterstützung maßgeblicher Personen aus dem Bereich der Evangelisation (Wolfgang Dyck, Billy Graham) gegen manche Vorbehalte allmählich durchsetzen.

2.4.1.3 Neue Impulse und Differenzierung (1972-1978)

Wohl angeregt durch kommerzielle Musicalerfolge von „Jesus Christ Superstar" u.a., beginnen christliche Komponisten populärer Musik sich für die Großformen von Musical und Oratorium zu interessieren (so schreibt z.B. Peter Janssens ein Sacropop-Musical „Menschensohn", Siegfried Fietz seine Oratorien „Paulus", „Johannes", „Petrus" etc. und 1980 auch eine „Weltraum-Symphonie").

Eine neue Generation taucht ab 1972 in der deutschen Gospelrockszene auf, von Arno & Andreas bis Jan Vering. Durch das Christival 1976 in Essen, dem großen evangelistischen Mitarbeiterkongress, bei dem auch Poptöne zu hören sind, wird der Wert der christlichen Popularmusik für die Evangelisation endgültig anerkannt.

Für ehrgeizige Gospelrock-Bands an der Basis bietet vor allem der Evangeliumsrundfunk ERF mit seiner Nachwuchssendung „Förderband" seit 1974 die Chance, schnell bei einem größeren Publikum bekannt zu werden und Konzertverpflichtungen zu erhalten.

Bubmann berichtet von einer nun immer rasanter werdenden Entwicklung der Musikgruppen, Bands und Liedermacher, insbesondere auch in

---

[231] http://www.bubmann.com/publikationen/Sound.htm „Von Danke bis Christival" – 30 Jahre populäre christliche Musik in Deutschland.

der Plattenbranche, und fasst seine Ergebnisse folgendermaßen zusammen[232]:

Die jüngste Phase der Entwicklung populärer christlicher Musik ist charakterisiert durch die starke Expansion des kommerziellen Gospelrock und der Musikarbeit beim Kirchentag, eine wahre Festival-Flut und vielfältige institutionalisierte Fortbildungsmöglichkeiten. 1979 wird die Pila music GmbH gegründet und führt zu einem Produktionsschub deutscher Gospelrock-Musik. Bereits Ende 1989 enthält der Pila-Lagerbestand Platten von über 350 ausländischen Interpreten, hinzu kommen in Deutschland ca. 60 Musiker und Musikerinnen bzw. Bands, die in den Lagerlisten der verschiedenen Verlage erscheinen.

Die Jugendchorarbeit blüht in den 80er Jahren auf, gefördert durch das 1981 von Klaus Heizmann und anderen gegründete „Musische Bildungszentrum“. Hunderte neuer Jugendchöre entstehen, angeregt durch neue Chorliteratur und inspiriert durch Chöre wie „Aufwind“ (Johannes Nitsch), „Spektrum“ (Martin Falk), den „Deutschen EC-Chor“ (Helmut Hoeft), die „Brückenbauer“ (Berthold Engel) und den „Studiochor des MBZ“ (Klaus Heizmann).

Aus dem MBZ kommt die Idee, auch für Kinder Platten zu produzieren, populäre Musicals zu schreiben und aufzuführen. Kinderliteratur gibt es im Sacropop schon seit den 70er Jahren (Peter Janssens, Ludger Edelkötter und Detlev Jöcker von der Gruppe „Menschenkinder“). Dabei wurde eine ganze Reihe von Singheften, Kassetten u.a. herausgebracht. Besonders Rolf Schweizer und Gerd Watkinson haben neue Kinderlieder veröffentlicht.

Eine eigenständige Form der Musikarbeit übernimmt der deutsche CVJM seit 1986 vom norwegischen CVJM: Jugendliche zwischen 13 und 19 Jahren werden unter dem Stichwort „Ten Sing“[233] zu eigener Kreativität ermutigt und dies nicht allein durch Musizieren, sondern genauso durch Tanz, Theater, Bühnengestaltung, Technik, geistliche Betreuung usw. „Ten Sing“ möchte den neuen Stil ernst nehmen, jedoch eine Konsumhaltung durch eigenes Engagement überwinden.

Ein immer wichtiger werdender Einfluss auf die deutsche Musikszene kommt aus Frankreich. Ein neuer meditativer Kirchenmusikstil breitet

---

[232] Ebd.

[233] Ende 1989 gibt es nach Angaben von Pit Prawitt (Musikreferent des CVJM-Gesamtverbands) bereits 80 Ten-Sing-Gruppen und eine eigene Ten-Sing-Zeitschrift „trend“.

sich von der 1949 gegründeten Kommunität Taizé aus. Viele Jugendliche unterschiedlicher Konfessionen und Länder treffen sich dort und bringen neu komponierte Gesänge von Bruder Jacques Berthier in ihre Regionen.

2.4.2 Lobpreis und Anbetung (Praise and worship)

Heute wird unter Lobpreis und Anbetung eine zeitgenössische Ausprägung von Musik und Wort verstanden, die gegen Ende des 20. Jahrhunderts in der charismatischen Bewegung entstand, nun aber als Kennzeichen für eine musikalische Erneuerungsbewegung in allen christlichen Kirchen – vor allem in der Jugend – verbreitet ist.[234] Waren die ersten Lobpreislieder in den 70er und 80er Jahren noch meist schlicht und kurz, wurden in den 90er Jahren musikalisch und textlich anspruchsvollere Lieder komponiert. Manche sind aus dem Englischen übersetzt oder werden in englischer Sprache gesungen, es kommen aber inzwischen immer mehr Lieder von deutschen Künstlern hinzu (einige wichtige Namen sind Graham Kendrick, Brian Doerksen, Matt Redman, Albert Frey und Lothar Kosse).

Der traditionelle Ort für Lobpreis in der christlichen Liturgie ist das „Gloria", doch umfasst er inhaltlich auch Elemente, die dem Psalm, dem Kyrie oder dem Sündenbekenntnis zugeordnet sind, so dass in der „Lobpreiszeit" meist der gesamte erste Teil des Gottesdienstes ab der Begrüßung bis zur Predigt stattfindet. Sie wird meistens von einem Lobpreisleiter oder einer Lobpreisband geführt. Manche Gemeinden singen aus Liederbüchern, heute ist es jedoch üblich, die Texte mittels Beamer an eine Leinwand zu projizieren. Die Dauer der Lobpreiszeit variiert zwischen 15 Minuten bis hin zu einer halben Stunde und länger. Die Ausdrucksformen der Gläubigen sind unter anderem das Schließen der Augen und das Nach-oben-Strecken der Hände (eine in der Bibel sehr häufig anzutreffende Form des Gebets).

Der Lobpreis wird teilweise durch Gebetszeiten unterbrochen. Viele Gläubige erwarten in der Lobpreiszeit das konkrete Handeln Gottes. So werden vor allem in charismatischen Gemeinden auch Geistesgaben, wie etwa Zungenrede (Glossalie) und Prophetie praktiziert, die jedoch weder zwingend noch ausschließlich dort anzutreffen sind.

---

234 http://de. Wikipedia.org/wiki/Lobpreis

In manchen Gemeinden ist das Erheben von Bannern und Flaggen (Flaggentanz) Bestandteil des Lobpreises. Flaggen und Banner signalisieren in der Bibel Autorität, Zugehörigkeit und Macht. Banner sind Botschaften auf Stoff (Feldzeichen).

Kritiker sehen in den modernen Formen von Lobpreis und Anbetung eine gefährliche Anpassung an den Zeitgeist[235]. Der Einsatz moderner Musikstile in Gottesdiensten führt ihrer Meinung nach häufig zu Generationenkonflikten in christlichen Gemeinden. Andere beklagen die zunehmende Kommerzialisierung von Anbetungsmusik. Dadurch gehe der eigentliche Sinn – die Anbetung Gottes – verloren.

Häufig richtet sich die Kritik auch gegen die dem Heiligen Geist zugeschriebenen und auf Außenstehende oft drastisch wirkenden Manifestationen, die mit dem Lobpreis verbunden sind. Dabei wird der Heilige Geist als Urheber bezweifelt. Stattdessen werden nicht von Gott kommende Geister (Dämonen) verantwortlich gemacht oder die körperlichen und geistlichen Manifestationen auf ungewöhnliche psychische Kräfte zurückgeführt, wie sie auch bei Meditation oder durch Trancezustände beim Singen und Tanzen ausgelöst werden können.

Theologisch gesehen ist das Verhältnis der Lobpreiszeit zu der Gesamtgottesdienstfeier bzw. der gemeinschaftlichen Andacht noch immer in der Diskussion. Lobpreis, so die Kritiker, sei Teil der Gottesdienstfeier und solle deshalb nicht herausgelöst und alleine praktiziert werden. Zum Gottesdienst gehöre untrennbar das Hören auf das Wort Gottes (Lesung) und deren Auslegung (Predigt), das Sündenbekenntnis und das Kyrie hinzu.

2.4.3 Der liturgische Gottesdienst oder die musikalische Messe

„Form oder frische Quelle?" Bubmann meint[236], dass auch bei den Lehrenden die Grundkenntnisse über den christlichen Gottesdienstverlauf weniger als rudimentär sind. Weil der Gottesdienst eine symbolische Verdichtung des ganzen christlichen Lebens ist, schließen die einzelnen Gottesdienstteile gleichzeitig wichtige Themen auf, wie das in der unten stehenden Abbildung 2[237] deutlich gemacht wird.

[235] Vgl. ebd.

[236] Bubmann, P., Landgraf, M. (2006). *Musik in Schule und Gemeinde,* Stuttgart S. 121.

[237] Vgl. ebd. S. 129.

Gottesdienst bedeutet im Neuen Testament „Zusammenkunft".

> *„Die von Christus Ergriffenen und solche, die dazukommen wollen, scharen sich um Christus als unsichtbare Mitte – im Glauben und in der Gewissheit, dass er, wenn sein Name genannt wird, mitten unter ihnen ist" (Mt 18,20).* [238]

Der andere Ausdruck für diese Zusammenkünfte ist „Liturgie" als Gesamtbezeichnung des Gottesdienstes in allen seinen Teilen, in Psalm, Wort Gottes, Sakrament, Lied und Gebet. Manfred Seitz sieht dies als eine „Vergleichzeitigung", bei der der heilige Gott mit uns unheiligen Menschen Gemeinschaft haben will.[239]

Die biblische Anthropologie hat den ganzen Menschen im Blick, über den Gott seine heilende Hand hält. Es ist der Mensch, der in eine vierfache Beziehung gestellt ist: Zu Gott, zum Mitmenschen, zu „sächlichen Dingen" und zu sich selbst.

> *„Wird eine dieser Beziehungen überfrachtet oder unterbewertet, gerät das ganze System in Unordnung und der Mensch wird krank, unglücklich, verstimmt, verwirrt oder zerrissen"*[240].

So kann die Liturgie auch therapeutisch gesehen werden, weil

> *„der Mensch eine Einheit ist und biblisch auch so gesehen wird, müssen alle Dienste, die seiner Gesundung dienen, zusammenwirken. Medizinische Behandlung und Beratung, Musiktherapie und Sozialarbeit, christlicher Heilungsdienst und Physiotherapie gehören buchstäblich unter ein Dach, wenn der Mensch nicht unsachgemäß aufgeteilt werden soll"*[241].

---

[238] Seitz, M. (2005). *Psychotherapie & Seelsorge* Nr. 3 S. 29.

[239] Ebd.

[240] Ebd.

[241] Ebd. S. 30.

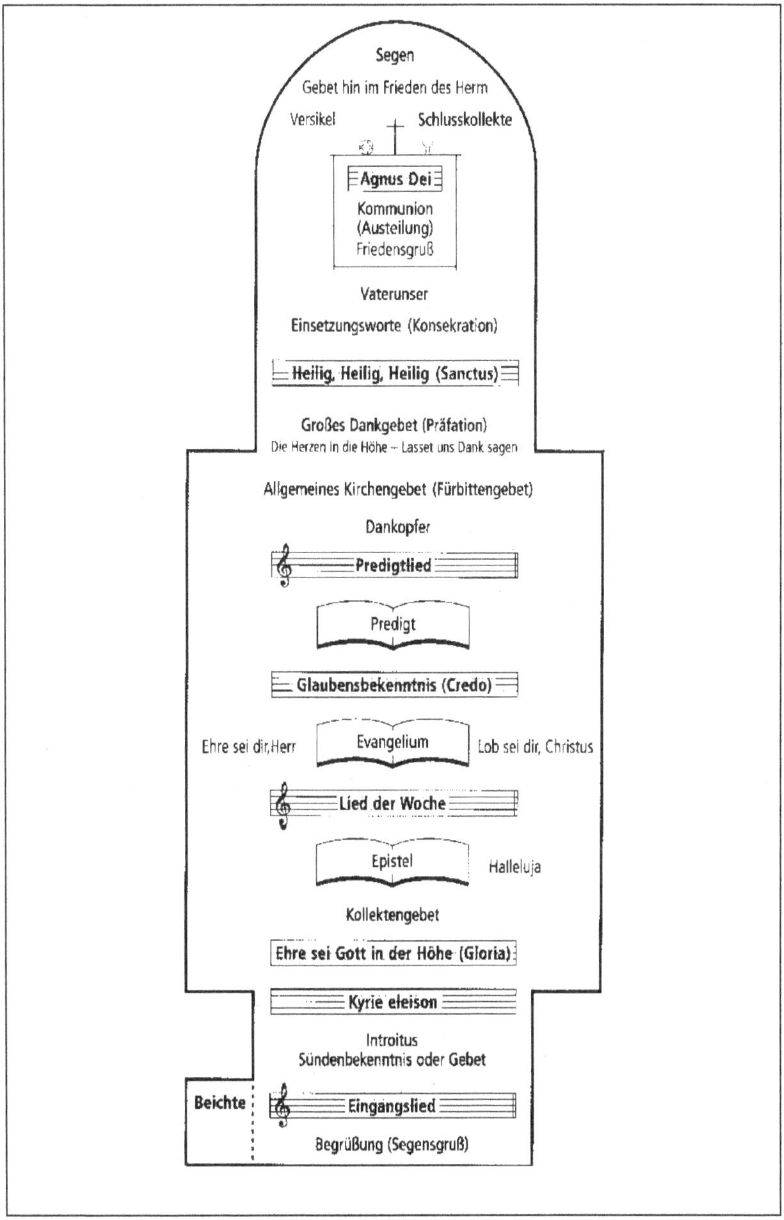

Abbildung 5 Ablauf eines Gottesdienstes

Bei ganzheitlicher Sicht des Menschen sollte dies gerade auch im Gottesdienstverlauf berücksichtigt werden. So wird das Schema der Abbildung 5 in die nachfolgenden Überlegungen für eine sinnvolle Reihenfolge hineingenommen.

2.4.3.1 Seelsorgerliche Abholung

Nach der Begrüßung wird mit einem „Abhollied" der Besucher, der aus seinem ganz individuellen Umfeld in den Gottesdienst kommt, eingestimmt.

Danach folgt der Introitus (Eingangspsalm), über den Bubmann schreibt:[242] „Ausgehend von der römischen Messe ist der *Introitus* ein seit dem 7. Jahrhundert zum Einzug der Priester von der Schola cantorum (Kleriker- oder Schulchor) gesungener Psalm, der heute sinnwidrig meist erst nach dem ersten Lied und der Begrüßung durch den Liturgen gesungen oder gesprochen wird."

Mit dem Introitus war ein vorbereitendes und reinigendes Gebet zu Beginn des Gottesdienstes üblich. Mit den vertrauten Worten kann all das, was die Gottesdienstbesucher mitbringen, individuell vor den allmächtigen Gott gebracht werden: „dass wir gesündigt haben mit Gedanken, Worten und Werken, auch aus eigener Kraft uns von unserem sündigen Wesen nicht erlösen können".

Warum aber ein Sündenbekenntnis schon zu Beginn? Z. B. um eine innerliche Versöhnung mit dem Bruder (Mt 5,23) zu erreichen und damit Befreiung und Entlastung, die die Bereitschaft öffnet, um auf Gott zu hören. Ein abholendes Lied, das inhaltlich ein Sündenbekenntnis enthält, kann auch als „Abgabelied" gesehen werden.

Das darauf folgende *Kyrie* „Herr erbarme dich" ist ein Bittruf an Gott, der auch mit dem Fürbitten-Gebet verbunden ist. Als Dank für die Vergebung und die großen Taten Gottes folgt das *Gloria* „Ehre sei Gott in der Höhe" und das *Te Deum* (eine erweiterte festliche Fassung des Gloria). Dieser *Doxologie* können nun noch weitere Lobpreislieder folgen.

Wie Grözinger und Deichgräber (vgl. Kapitel 2.1 und 2.3) herausgearbeitet haben, ist die Doxologie eine Antwort auf Gottes Vergebung und seine Taten. Durch die Gottes- bzw. Christushymnen wird der Blick weg von sich selbst auf die Größe Gottes und seine Allmacht gerichtet. Dieses auf Gott ausgerichtete Erleben wird den Glaubenden auch in den

---

[242] Bubmann, Landgraf a.a.O. S. 113.

Alltag begleiten und somit Ordnung in sein Glauben, Denken, Fühlen und Handeln bringen.

Der Lobpreis des Christen soll immer auch der Vergewisserung einer neu gewonnenen Identität dienen. „Erkennt man, dass das Wort ‚Singet Gott dankbar in euren Herzen' (Kol 3,16) das gottesdienstliche Singen im Auge hat, werden auch einige missverständliche Ausdrücke klarer. Es meint nicht einen unhörbaren Gesang im eigenen Innern, sondern zielt auf die Verwurzelung des Singens im Zentrum der Person."[243]

2.4.3.2 Vorbereitung für die Predigt

Nach Gebet und Lesung folgt das vertonte Glaubensbekenntnis, das *Credo*, mit lobpreisenden Ausrufen vor Gott und den Menschen: „Jesus ist der Herr"! (Röm. 10,9) Als Lied gesungen und als Glaubensbekenntnis an den dreieinigen Gott gesprochen ist es der Wichtigkeit des Bekenntnisses angemessen.

2.4.3.3 Hören auf Gottes Wort und die Antwort der Gemeinde

Nach diesen beiden Elementen kann der Zuhörer entlastet der Predigt folgen und durch Dankopfer und Dankgebet seine Antwort darauf geben.

Bubmann schreibt dazu:[244]

„Das Sanctus und Benedictus beschreibt danach die Heiligkeit Gottes bzw. das Heilige wird in Form von Klängen und Musik ins Hörbare transformiert. In der Begegnung mit dem Sanctus (inkl. Benedictus) wird die spezifisch jüdische und christliche Vorstellung vom Heiligen bzw. vom heiligen Gott deutlich."

Zu den Sanctus-Texten gehören u.a. Jes. 6,3 und Mt. 21,9 (Einzug in Jerusalem), auch Ps. 118,25f (ritueller Durchzug durchs Tempeltor):

„Heilig, heilig, heilig ist der Herr Gott Zebaoth.
Voll sind Himmel und Erde von deiner Herrlichkeit.
Hosianna in der Höhe!
Gepriesen sei, der da kommt im Namen des Herrn.
Hosianna in der Höhe!"

---

243 Meiser, M. (2006). *Psychologie & Seelsorge* Nr. 3 S. 17.

244 Bubmann, Landgraf a.a.O. S. 113.

Als liturgischen Schluss wird das Agnus Dei gesungen – die zentrale Aussage der Christologie:

„Lamm Gottes, der du trägst die Sünden der Welt,
erbarme dich unser.
Lamm Gottes, der du trägst die Sünden der Welt,
erbarme dich unser.
Lamm Gottes, der du trägst die Sünden der Welt,
gib uns deinen Frieden."

Ein solcher Ablauf des Gottesdienstes zeigt eine Ordnung, die den Besucher auch in den Alltag begleiten wird und somit auch Ordnung in seinen Glauben, sein Denken und Handeln bringt. Für die einzelnen liturgischen Teile können viele Musikstile verwendet werden.

2.4.3.4 Der gottesdienstliche Abschluss

Beim gottesdienstlichen Segen, so Seitz[245], begegnen wir dem menschensuchenden Gott

- als Arzt: „Ich bin der Herr, dein Arzt" 2. Mo 15,26,
- als Seelsorger: „Er erquicket meine Seele…", „Er sorgt für euch" (Ps 23,3; 1.Petr 5,7),
- als Begleiter: „Er bleibt bei euch" (Jo 14,17).

Das alttestamentliche Ur-Wort des Segens (4 Mo 6,24-27) hat seinen Ort bei der Entlassung der Gemeinde aus dem Gottesdienst. Er wird zugesprochen der „wandernden Kriegsschar", also Menschen, die nun wieder außerhalb beziehungsweise zwischen den Gottesdiensten ihr Leben führen und oft in kränkende oder krank machende Verhältnisse zurückgehen müssen. Die erhobenen Hände - sie sollten als Gebärde wirklich nicht unterlassen werden - geben den Segen Gottes weiter, der folgendermaßen lauten kann:

„ 'Der Herr segne dich und behüte dich'
→ Er gewähre dir Schutz im bedrohten Bereich des persönlichen Lebens.

‚Der Herr lasse sein Angesicht leuchten über dir und sei dir gnädig' →
Er erweise dir Gnade im Bereich des Glaubens und lasse dich seine Freundlichkeit und Nähe spüren.

---

[245] Seitz, M. (2005). *Psychologie & Seelsorge* Nr. 3 S. 29.

'Der Herr hebe sein Angesicht über dich und gebe dir Frieden'
→ Er schenke dir Frieden im empfindlichen Bereich des sozialen Lebens. Der segnende Herr geht mit uns, wohin wir auch gehen. Schutzbedürftig, krankheitsanfällig, rechtlos auf Gnade angewiesen, ohne verlässliche Friedensordnung, unmittelbar und jederzeit bedroht, werden wir nun durch die Gewährung des Segens über dem Abgrund gehalten"[246].

2.5 Lieder und Musik in der Seelsorge[247]

Michael Heymel schreibt im Vorwort zu seinem Buch „Trost für Hiob":

„Musik wirkt auf die Seele – sie kann Leidende trösten, indem sie die Türen ihrer Seele öffnet. Durch tröstende Musik finden Menschen im Leid den Zugang zu einer neuen Wahrnehmung ihres Lebens. Musik kann aber auch die Seele beleidigen; ohne personale Beziehung benutzt, schändet sie das Leben und betäubt die Sinne."[248]

Das seelsorgerliche Wort kann durch das Singen zu Herzen gehen, doch hat auch die rein instrumentale Musik für die Seelsorge eine Bedeutung. Heymel schreibt dazu: Als

„die gregorianische Weise des Psalmengesangs das Wort zum Erklingen brachte, wurde die mehrstimmige Musik in so „beredsamer" Weise ausgebildet, dass auch die rein instrumentale Musik davon geprägt wurde. Musik ist zur Tonsprache geworden, zu einer „Klangrede", auch wo das Wort ihr fehlt." (Heymel, S. 12)

Einen Menschen zu trösten heißt ihn erst einmal klagen lassen. Nicht die Besänftigung ist der Trost, sondern „*die Ermutigung von Grund auf ... durch das Wort des Evangeliums*". Echter Trost ermutigt zum Widerstand und befähigt,

„Konflikte aufgrund des Glaubens aktiv zu lösen oder bewusst mit unveränderlichem Leiden zu leben".[249]

---

[246] Ebd. S. 31.

[247] Heymel, M. (1999). *Trost für Hiob*. München.

[248] Ebd. S. 5.

[249] Schneider-Harpprecht, zitiert in Heymel S. 12. Die Zitate und Quellenangaben im folgenden Text sind ebenfalls dem Buch von Heymel entnommen, ohne dass dies jeweils erwähnt wird.

Ist durch die Musik ein solcher Trost möglich?

Hans Helmut Decker-Voigt[250] bezeichnet Musik, die tröstlich, beruhigend und entspannend wirkt, als „trophotrope Musik"[251] und meint, dass Kirchenmusik oft zu dieser Art von Musik gehöre. Sie unterscheidet sich s. E. aber darin von säkularer Musik, dass sie uns helfen kann, die Werte des Christentums zu verinnerlichen.[252]

„Weil die Musik die Affekte regiert und den bösen Mut vertreibt, kann sie auch das Zusammenleben zum Guten hin wenden (...) So arbeiteten die lutherischen Seelsorger des 16. und 17. Jahrhunderts immer wieder mit Singen geistlicher Lieder, als Mittel, sich im Leid gegen böse und schwermütige Gedanken zu trösten"[253].

Diese Einsicht der nachreformatorischen Seelsorgeliteratur, dass die Musik als Trostmittel für Leidende seelsorgerliche Bedeutung haben könne, scheint nach Heymel allerdings späteren Generationen verlorengegangen zu sein scheint. Erst in jüngster Zeit werden in der Seelsorge Erkenntnisse der Psychologie und der Musiktherapie wieder aufgenommen, in denen die therapeutische Funktion des Singens und Spielens empirisch untersucht und praktisch genutzt werden.[254] Eine solche musikalische Seelsorge fordert allerdings als Grundlage, dass die Seelsorger selbst eine von der Macht Gottes ergriffene Lebenshaltung einnehmen, weil nicht die Musik in sich selbst heilig ist. Sie sollten Erfahrungen mit dem Machtbereich des Heiligen gemacht haben und auch um die ambivalenten Wirkungen von Musik wissen.[255] Hierzu gehört, so Heymel, die Erkenntnis, dass der Umgang mit der Musik sich in unserer Zeit qualitativ und quantitativ erheblich verändert hat. Niemals war das Angebot der Musikindustrie so groß wie heutzutage und wir können durch die unterschiedlichen Medien überall und zu jeder Zeit Musik hören.

---

[250] Decker-Voigt, H.H. (1991). *Aus der Seele gespielt.* München S. 71.

[251] Trophotropie bezeichnet einen Zustand des vegetativen Nervensystems, bei dem das Gleichgewicht zwischen Sympathikus und Parasympathikus in Richtung des Parasympathikus verschoben ist. Daraus ergibt sich ein klinisches Syndrom mit niedrigem Blutdruck, langsamem Puls, engen Pupillen und oft kalten Händen und Füßen sowie gelegentlich Antriebslosigkeit (vgl. Wikipedia).

[252] Ebd. S. 186.

[253] Heymel a.a.O. S. 13.

[254] Ebd.

[255] Ebd. S. 15f.

Ein solches Überangebot der Technik muss Folgen für den Umgang mit Musik haben. Der Musikpädagoge Friedrich Klausmeier hatte schon 1978 darauf aufmerksam gemacht hat, dass wir unbewusst unser Verhalten den technischen Geräten anpassen, obwohl sie eigentlich uns dienen sollten. Dementsprechend zeigt sich bei Menschen, die viel Musik durch technische Geräte vermittelt bekommen, ein Defizit an Ausdrucksfähigkeit. Sie konsumieren Musik zur Unterhaltung und hören selten aktiv zu. Dadurch verkümmert die Fähigkeit, sich musikalisch auszudrücken und damit der

„intensivste emotionale Ausdruck, den sich Menschen in ihrer Kultur geschaffen haben."[256]

Besonders die Popularmusik bietet an, das Bedürfnis nach emotionalem Ausdruck bequem und schnell zu befriedigen. Adorno hatte schon Anfang der 60er Jahre diagnostiziert, dass der am meisten verbreitete Hörertypus der des Unterhaltungshörers sei und die auf ihn geeichte Kulturindustrie vor allem standardisierte Musik produziere, die dann auch auf standardisierte Reaktionen ziele. Adorno geht davon aus, dass der Unterhaltungshörer adäquat nur im Zusammenhang mit den Massenmedien Radio, Film und Fernsehen zu beschreiben sei.[257]

Diese allgegenwärtige Musik wirkt sich auf den ganzen Menschen aus. Die Musikindustrie vermag nach Flender/ Rauhe das Prinzip der Ersatzbefriedigung so zu perfektionieren, dass bei immer größeren Bevölkerungsschichten eine totale psychische Abhängigkeit von der Musikkonserve erreicht wird[258]. Kulturkritiker wie Rüdiger Liedtke warnen vor einer Vertreibung der Stille[259] und der Dramatiker Thomas Bernhard meint, dass die heutigen Menschen an einem krankhaften Musikkonsumatismus[260] leiden, weil sie sonst nichts mehr haben.

„Unter diesen Umständen ist es ein Gebot seelsorgerlicher Verantwortung" so Heymel, „über einen Umgang mit Musik nachzudenken, der der Seele wohl tut."[261]

---

[256] Klausmeier, F. (1978). *Die Lust, sich musikalisch auszudrücken*. Reinbek S. 12.

[257] Adorno, Th. W. (1975). *Einleitung in die Musiksoziologie*. Frankfurt S. 31; vgl. 28ff.

[258] Flender R./ Rauhe H. (1989). *Popmusik, Geschichte, Funktion, Wirkung und Ästhetik*. Darmstadt S. 67f.

[259] Liedke, R. (1985). *Die Vertreibung der Stille*. München, Neuausgabe 1996.

[260] Bernhard, T. (1988). *Alte Meister (Komödie)*. Frankfurt S. 278ff.

[261] Heymel a.a.O. S. 19.

Heymel betont, dass eine solche Musik, seelsorgerlich verantwortlich gebraucht, die Seele eines Menschen dazu bewegen kann, ihre Spannungen und Widersprüche vor Gott zu bringen. Aus christlicher Perspektive ist Musik demnach weit mehr als nur eine Möglichkeit der Entspannung oder Beruhigung, sondern ein

„Ausdrucksmittel individuellen, personhaften, freien und geschichtlichen Menschseins".[262]

Heymel geht bei seinen weiteren Überlegungen[263] der Frage nach, wie es dazu kommt, dass Musik sowohl aufbauende wie zerstörende Wirkungen hat. Wenn, wie weiter oben beschrieben, Musikpsychologen zum einen von stimulierender und zum andern von entspannender Musik[264] sprechen, so wird mit diesen Wirkungen nicht die Musik an sich bezeichnet, sondern die Reaktionen der Menschen darauf.

Zu irreversiblen Schädigungen kann es durch rhythmusbetonte Musik in hoher Lautstärke kommen. Gefährlich wirkt dabei, so Heymel[265] schon eine

„länger andauernde Beschallung mit einer Lautstärke von mehr als 65 dB in Verbindung mit primitiven rhythmischen Mustern und dissonanten Klängen".

Untersuchungen in USA und Deutschland haben gezeigt, dass eine solche Musik zur dauerhaften Beeinträchtigung der Aktivität des menschlichen Gehirns führt. Die stundenlange Berieselung bewirkt einen Zustand, in dem

„Entspannung und Verblödung [...] nahe beieinander liegen."[266]

Seelsorgerliche Berater müssen um solche destruktive Wirkungen der Musik wissen, um dann umso mehr die konstruktiven zu sehen und einzusetzen. Nach Heymel liegt die besondere Qualität der Musik aus christlicher Sicht in deren Möglichkeiten, ein Kommunikationsmedium zwischen Mensch und dem als Person erfahrbaren Gott zu werden. Weil die Möglichkeiten der durch Jesus Christus eröffneten kommunikativen Freiheit jedoch stets pervertiert werden können, bleibt die Musik aller-

---

[262] Bubmann, P. (1988). *Urklang der Zukunft. New Age und Musik.* Stuttgart S. 242.

[263] Heymel a.a.O. S. 21f.

[264] Vgl. Decker-Voigt H.H. (1992). *Aus der Seele gespielt.* München S. 74f.

[265] Heymel a.a.O. S. 23.

[266] So der Tübinger Hirnforscher Niels Bierbaumer, zitiert ebd.

dings auch dann, wenn sie von Christen wahrgenommen wird, eine ambivalente Wirklichkeit.

„Sie kann in den Bereich des Göttlichen erhoben (Vergötzung) oder durch standardisierte Musikindustrie und Massenkonsum verbraucht werden. Auch kann man sie dazu benutzen, Menschen zu unterdrücken und zu manipulieren".[267]

Heymel fügt aber ausdrücklich hinzu, dass die Kirchenmusik in allen Varianten und unterschiedlicher Qualität auf den Menschen nicht minder ambivalent wirkt. Unter einer großen Vielfalt, von der Gregorianik, über Bachkantaten, Taizé, Gospelmusik, Sacropop usw. kann jeder etwas für sich finden, da es unterschiedliche Arten gibt, wie uns Kirchenmusik vermittelt wird[268].

Nach Decker-Voigt wirkt die Kirchenmusik allerdings

„hauptsächlich durch die Botschaft, die wir in sie hineinlegen"[269].

Wer sie einmal vor religiösem Hintergrund kennengelernt hat, wird sie unabhängig von der eigenen Einstellung zum christlichen Glauben immer als Kirchenmusik wiedererkennen. Es gibt deshalb auch keine Kirchenmusik an sich, sondern nur Musik, die wir kirchlich besetzen:

„es gibt [...] wunderbare, wunderschöne Musik, die Menschen aus ihrer religiösen Ehrfurcht und Hoffnung heraus geschrieben haben. Es gibt Menschern, die sie aufführen und solche, die sie hören; und sie allesamt erinnern sich beim erneuten Anhören von Kirchenmusik wieder an den Raum der Kirche – und die damit zusammenhängenden Gefühle. Damit besetzen wir die Musik dann ‚kirchlich' - und nicht umgekehrt."[270]

Nach Decker-Voigt unterscheidet sich Kirchenmusik darin von jeder anderen Musik,

„dass sie uns helfen kann, ethische Werte, nämlich jene des Christentums, zu verinnerlichen".

Er sieht in dieser Wirkung einen Kraftspender insbesondere in Zeiten depressiver Verstimmungen und schreibt über sich selbst:

„...der Autor dieser Zeilen zehrt oft und gern davon."[271]

---

[267] Ebd. S. 27.

[268] Ebd. S. 27f.

[269] Decker-Voigt a.a.O. S. 185.

[270] Ebd. S. 186.

[271] Ebd.

Heymel bemerkt allerdings dazu (ebd.), dass es in seelsorgerlicher Hinsicht bedenklich ist, wenn sich Kirchenmusiker nicht darum kümmern, welche Wirkungen die Musik auf ihre Zuhörer hat, und elitär bestimmte Zugänge zur Kirchenmusik auch bei denen voraussetzen, die nicht vom kirchlichen Milieu geprägt sind. Er meint, dass gerade in der pluralistischen Gesellschaft die Kirche die Aufgabe hat, Menschen, die aus unterschiedlichen sozialen Lebenswelten kommen, durch sorgsam ausgewählte Musik persönliche Zugangswege zum Evangelium zu eröffnen.

2.5.1 Tröstende Musik

Heymel zeigt die folgenden Kriterien für die tröstenden Wirkungen der Musik[272].

Musik kann trösten, wenn

- sie die Ausdruckskraft der menschlichen Stimme hat (Vokalmusik) oder der Stimme im Ausdruck nahe kommt (Instrumentalmusik);
- sie für die Zuhörer/innen Freude und Leid widerspiegelt und verschiedenen Stimmungen des Lebens Ausdruck geben kann;
- sie durch Wort, Ton und Bewegung dem Leidenden Freude verkündigt und seine Trauer in Freude verwandelt.

Dabei ist das Trösten ein dialogischer Vorgang[273], zu dem gehört, dass der zu Tröstende in seinem Leid zu Worte kommt und dass die tröstenden Worte den Charakter der Antwort auf die Klage haben. In der hebräischen Sprache des AT bedeutet das Wort „trösten", von der Wurzel „nhm" abgeleitet, wörtlich übersetzt *„einem Menschen zum Aufatmen helfen*".

Tröstende Musik hilft also dem Menschen, wieder Atem zu schöpfen, und bewirkt ein gelassenes Ein- und Ausatmen. Sie verhilft auf diese Weise dem Leidenden oder Trauernden, sich summend oder singend zu artikulieren.

---

[272] Vgl. Heymel a. a. O. S. 74f.

[273] Bereits Luther hebt das dialogische Moment hervor, wenn er Seelsorge als „wechselseitige Unterredung und Tröstung der Brüder […] definiert" (Schmalkaldische Artikel III, 4, in: BSLK 449).

Heymel nennt fünf Bedingungen[274], die erfüllt sein müssen, damit ein Musiker zum Tröster für den leidenden Menschen werden kann:

a) Der Musiker versteht Seelsorge von innen her als einer, der sich auch um seine eigene Seele sorgt und im Glauben Ruhe für seine Seele gefunden hat.[275]

b) Ehe er singt oder spielt, hat er zu seinem Zuhörer eine persönliche Beziehung hergestellt und ihm die Gelegenheit gegeben, sich auszusprechen.

c) Er musiziert wie ein Freund dem Leidenden zugewandt, mit dem Ziel, das Herz dieses Menschen in Freude zu Gott zu erheben, d.h. in einer Weise, die es ermöglicht, den leidvollen Seelenzustand zu transzendieren.

d) Er achtet immer auf das Befinden oder die Stimmung des Leidenden und wählt diejenige Musik aus, die seiner Situation, seiner Würde als Person und seiner sozialen Stellung angemessen ist.

e) Er bewegt den Zuhörer dazu, selbst in Wort, Ton und Bewegung einzustimmen, d.h. der Musik mit seiner ihm eigenen Lebendigkeit Ausdruck zu geben."

Eine solche Art von Musik kann den leidenden Menschen ermutigen, aufgrund des Glaubens Widersprüche zu lösen[276].

„Musikalische Seelsorge kommt da zum Ziel, wo sie den leidenden Menschen befähigt, Trostarbeit für sich selbst zu leisten und durch das Mittel der Musik für seine eigene Seele zu sorgen"[277].

---

[274] Vgl. Heymel a.a.O. S. 76f.

[275] Ebd.: „Für die musikalische Seelsorge gilt der Grundsatz aller Seelsorge: Zu trösten vermag nur, wer auf Trost selbst angewiesen ist (vgl. Volker Weymann, Trost? Orientierungsversuch zur Seelsorge, Zürich 1989. S. 98). Man kann nicht Seelsorge üben an anderen, ohne für seine eigene Seele zu sorgen – das hat die Seelsorgelehre der Dialektischen Theologie (Thurneysen) von Kierkegaard her zu Recht wieder in Erinnerung gebracht (vgl. Christian Möller (Hrsg.), Geschichte der Seelsorge in Einzelporträts, Bd.3, Göttingen S. 11)."

[276] Ebd. S. 77: „Sören Kierkegaard spricht von der ‚Gesundheit des Glaubens, die Widersprüche löst' (Die Krankheit zum Tode, hrsg. von Hermann Diem und Walter Rest, München 1976, S. 63)."

[277] Ebd. S. 78.

2.5.2 Welche Lieder, Musik und Medien sind zum Trost geeignet?

Heymel stellt[278] ein breites Spektrum vor, das je nach der Persönlichkeit des Leidenden in der Beratung zur Verfügung stehen sollte:

2.5.2.1 Der Psalmengesang

Bei der Psalmodie geht es um das Lautwerden des biblischen Wortes. Schon seit altkirchlicher Zeit meditierten die Mönche gemeinsam den Psalter, indem sie die lateinischen Schriftverse auf bestimmten Psalmtönen „sangen" und damit rezitierend die biblischen Psalmworte zum Klingen brachten. Luther kannte dies aus dem Augustinerkloster und sah als Theologe darin immer die Einheit von Wort und Stimme. Das Wort muss durch die Stimme lebendig werden und kann als *„erklingendes Wort, das gehört wird, ... auf die Seele wirken"*[279].

Heymel schreibt weiter, dass ein so gesungenes Wort *„die Seele von angesammeltem Unrat reinigen kann. Die heiligen Worte der Psalmen klingen im Inneren des Singenden nach und lösen, was sich an belastenden Gefühlen und Gedanken angesammelt hat. Wer Psalmen singt, hört auf, sorgenvolle negative Selbstgespräche zu führen, die die seelische Gesundheit beeinträchtigen."*

Schon Kirchenvater Basilius stellte fest, dass das Psalmensingen von Traurigkeit befreie und die Seele erheitere.[280] Der Psalmengesang bringt die Seele in Ordnung, macht sie lebendig und gesund und gibt die Ausdauer *„und die Kraft, sich dem Leben zu stellen."*[281]

Ambrosius und andere Kirchenväter lehren, dass die Psalmodie aus tiefer Ruhe heraus kommen muss, um bei der Seele Ruhe zu bewirken. Dabei ist unabdingbar die *„personale Vermittlung durch das Vorsingen, das Hören und das Nachsingen"* – nur so stellt sich eine spirituelle Erfahrung ein.[282]

---

[278] Vgl. ebd. S. 79ff.

[279] Ebd. S. 79.

[280] Vgl. Anselm Grün (1989). *Chorgebet und Kontemplation*. Münsterschwarzach S. 48.

[281] Ebd. S. 49.

[282] Heymel a.a.O. S. 80.

2.5.2.2 Klezmer-Musik: Ein Singen ohne Worte

Das jiddische Wort „Klezmer“ (Musiker) leitet sich von den hebräischen Wortstämmen „kli“ und „zemer“ ab, was übersetzt „Instrument des Liedes“ bedeutet.[283] Damit ist „Klezmer“ als Musiker auch ein Instrument, um das Lied mit seinen Gedanken, Empfindungen und Bildern zum Klingen zu bringen.

So heißt es in der Kabbala, der jüdischen Mystik: „Die wahre Melodie lässt sich ganz ohne Stimme singen. Sie singt drinnen im Herzen.“ Dazu erklärt Jizchak Lejb Perez (1852-1915) in seiner Erzählung „Kabbalisten“:

> *„Und das ist das Geheimnis der Worte König Davids: ‚Alle meine Knochen sollen es sagen‘. Im Mark der Knochen muss es singen, dort muss die Melodie wohnen, das höchste Lob Gottes, gepriesen sei er! Das ist nicht die Melodie von Fleisch und Blut, keine ersonnene Melodie! Das ist schon ein Teil der Melodie, mit welcher Gott die Welt erschuf, der Seele, die er in sie goss.“*[284]

Am Anfang war das Lied. Darin kommt eine Grundüberzeugung jüdischer Mystik zum Ausdruck: Der Hymnus ist *„die ursprüngliche Sprache der Kreatur zu Gott.“*[285] Dem korrespondiert die Auffassung, dass Gott selbst Gesang ist und sich im Gesang offenbart.[286] Die ganze Kreatur preist singend ihren Schöpfer, denn alles ist durch sein gesungenes Wort erschaffen. Was in der Klezmer-Musik laut wird, ist eine Musik der Seele, wie Gott sie jedem Menschen eingegeben hat.[287]

Klezmer-Musik spiegelt fast alle Facetten und Stimmungen des Lebens wider: fröhlich sein, swingend, tänzerisch, erzählend, traurig, beruhigend. Selbst in Ghettos und den Vernichtungslagern war das Lied der Klezmorim noch das verbindende Element. Klezmer als letzte Quelle der Kraft und der Hoffnung auf ein Dasein jenseits von Hass und Kampf. Selbst wenn der Klezmer in schwierigen Zeiten und schweren

---

283 Ebd.

284 Ebd. S. 81.

285 Gershom Scholem (1957). *Die jüdische Mystik*. Zürich S. 67.

286 Vgl. Grözinger, K. (1982). *Musik und Gesang in der Theologie der frühen jüdischen Literatur*. Tübingen S. 289 ff.

287 Vgl. Heymel a.a.O. S. 81.

Herzens spielt, *„verbindet er seine innere Melodie mit der Kraft des Lichts, das seiner Seele Erhabenheit verleiht."*[288]

War Klezmer-Musik in Osteuropa ursprünglich vor allem mit Freude und Tanz bei Hochzeiten und anderen Festen verbunden, so mussten die Klezmorim in der NS-Zeit in den Lagerorchestern der Konzentrationslager mitwirken. Auf Geheiß der SS mussten sie die Ankunft neuer Transporte, den Gang zur Gaskammer, öffentliche Bestrafungen und Hinrichtungen musikalisch untermalen. Juden wurden gezwungen, zu den Melodien der Klezmorim zu tanzen. In den Ghettos und Lagern entstehen bittere Klagelieder ebenso wie kämpferische Lieder des Widerstands, die zum Kampf aufrufen und die Hoffnung auf eine bessere Zukunft beschwören. Dass die Juden selbst in der Schoah nicht aufhörten, Lieder zu singen, bezeugt die tiefe und grenzenlose Humanität, die in ihrer Musik zum Ausdruck kommt.[289]

2.5.2.3 Europäische klassische Musik: Seelsorge für musikalisch Gebildete

Von Heymel[290] wird zu diesem Thema eine subjektive Auswahl vorgestellt, die er selbst als heilend und tröstend erlebt hat. Er weist dabei auch auf die Möglichkeiten rein instrumentaler Musik hin. Sie kann die Seele ist auch ohne Worte als „Klangrede" ansprechen. Instrumentalmusik hat seelsorgerliche Bedeutung, denn sie kann dem Menschen helfen, für innere seelische Vorgänge und Stimmungen mit entsprechenden Gebärden, Haltungen und Bewegungen einen körpersprachlichen Ausdruck zu finden, der nicht an das gesprochene Wort gebunden ist.

Heymel stellt Werke aus dem 17. bis 20. Jahrhundert vor und zitiert im Sinne der Musiktherapie die Aussage Merritts, *„dass klassische Musik den größten therapeutischen Effekt und das größte Potential für die Steigerung der Selbsterkenntnis und der Persönlichkeitsentwicklung besitzt."*[291] „Von der Wahrnehmung klassischer Musik ausgehend ist es möglich, *„ein seelsorgerliches Gespräch mit Menschen zu führen, die auf diese differenzierte Tonsprache ansprechbar sind"*[292]. Wenn ein

---

[288] Ora Bat Chaim, israelische Dichterin und Komponistin, zitiert ebd.

[289] Vgl. ebd. S. 81f.

[290] Vgl. ebd. S. 82ff.

[291] Merritt, S. (1998). *Die heilende Kraft der klassischen Musik.* München S. 103.

[292] Heymel a.a.O. S. 83.

Mensch einem bestimmten Werk begegnet, in dem der Komponist seinen Lebenskonflikt verarbeitet hat oder der Interpret diese Musik eindrücklich darstellt, kann ihn dies so tief berühren, dass er sich öffnet, über seinen Konflikt zu sprechen.

Nachfolgend ein Auszug aus Heymels Auswahl[293]:

Johann Sebastian Bach (1685-1750): Goldberg-Variationen und ihre Wirkung auf Schlafstörungen (s. Kapitel 1.3.2).

Wolfgang Amadeus Mozart (1756-1791): Klarinettenkonzert A-Dur (KV 622). Das Werk entstand wenige Wochen vor seinem Tod. Heymel beschreibt den zweiten Satz als *„ein wunderbares Trostmittel für die gequälte Seele: ein wortloses Friedenslied."*

Johannes Brahms (1833-1897): Rhapsodie für Alt, Männerchor und Orchester op.53. Heymel beschreibt Brahms als „zu den großen musikalischen Tröstern gehörend." Diese Rhapsodie spricht einen Menschen in Trauer, Einsamkeit und Schwermut an. Im ersten Teil in c-Moll (Altstimme allein) fühlt sich der Einsame verstanden, indem er eine „Klage, den Schmerz einer Seele abseits von allem Leben zum Ausdruck bringt." Nach der Begleitung der Altstimme durch einen Männerchor kann die „bekümmerte Seele Trost finden im Zusammenklang der tragenden Stimmen, die sich in einer neuen, helleren Tonart bewegen. Die Worte „Ist auf deinem Psalter..." zeigen deutlich, dass die Frau im Chor mit den Männern um Tröstung für den Einsamen bittet: Der „Vater der Liebe" soll sein Herz erquicken."

Johannes Brahms: Ein deutsches Requiem op.45. Den sieben Sätzen des Werkes sind durchgängig biblische Texte zugrunde gelegt. Heymel beschreibt die Wirkung:

„Brahms wendet sich hier an den trauernden, sein Leid tragenden Menschen. Sein Anliegen ist, den Leidenden zu trösten und zu ermutigen, das Leid ohne Selbstmitleid auf sich zu nehmen. Ein Hinweis auf die Erlösung fehlt, auch vom Tag des Gerichts ist nirgendwo die Rede. Am Anfang und am Ende stehen Seligpreisungen: ‚Selig sind, die da Leid tragen' und ‚Selig sind die Toten'. Die Seele eines leidenden Menschen kann durch eine Musik von solcher monumentalen Größe erhoben und gestärkt werden. Dabei wird das Leid im Horizont von Tod und Ewigkeit als zeitlich und vergänglich wahrgenommen. Mächtige Orgelpunkte

293 Vgl. ebd. S. 83ff.

verweisen auf den festen Grund, der bleibt und in den die Seele sich gründen kann."

Vor dem Einsatz der unterschiedlichen Werke sollte allerdings die musikalische Sozialisation des Menschen und seine aktuelle Lebenssituation geprüft werden, denn diese entscheiden, wie Musik gehört wird, denn *„man kann nicht erwarten, dass eine Person, die schweres Leid zu ertragen hat, in klassischer Musik Hilfe und Tröstung findet, wenn niemand je die Liebe zu solcher Musik in ihr geweckt und ihr gezeigt hat, wie man sie verstehen kann"*[294].

Im Rahmen der Seelsorgearbeit der BTS (Biblisch-therapeutische Seelsorge) wurde eine Studienarbeit erstellt, die sich insbesondere mit der Seelsorge durch Bach-Kantaten beschäftigt[295]. Bärbel Untergasser-Reischl begründet die Wirkung der Bach'schen Kantaten mit einem Wort von Wenzel[296]:

„Wir glauben an die Macht der Kirchenkompositionen Bachs, Herzen, die sich ihrer Gewalt erschließen, durch Verkündigung, Bekenntnis und Gebet zu überwinden. Nicht also um Musik geht es nur, sondern geeint um Botschaft und Anbetung. Kann eine so arme Zeit wie die unsrige es sich leisten, den Reichtum zu verachten, der ewige Kräfte weckt?"

Untergasser-Reischl meint, dass man diesen Schatz, der uns aus dem 17. Jahrhundert erhalten geblieben ist, nicht brach liegen lassen; sondern ihn immer wieder neu auch für die seelsorgerliche Arbeit entdecken und benützen soll. Selbst dann, wenn Menschen nicht in der klassischen bzw. barocken Musik zuhause sind, kann diese Musik und insbesondere auch der Text ganz persönlich zum Herzen sprechen. Ein Wort Gottes kann - durch die Vertonung Bachs - Menschen sogar so neu und tief im Herzen „treffen", dass es zu einem Paradigmenwechsel in ihrem Leben kommt. Eine solche Änderung hängt allerdings nicht allein von der guten Musik oder dem gesungenen Wort ab, sondern kann nur dort passieren, wo dem Heiligen Geist dafür Raum gegeben wird. Eine Bachkantate kann also auf ihre ganz spezifische Weise zum spirituellen Wachstum der hierfür offenen Person beitragen.

Untergasser-Reischl stellt in ihrer Arbeit heraus, dass nicht allein die beruhigende Wirkung, sondern auch die klare Struktur in Bachs Kompo-

---

[294] Ebd. S. 88.

[295] Untergasser-Reischl, B. (2007). *Das Kantatenwerk von J.S. Bach als Ressource für Seelsorge, Beratung und Therapie*. Abschlussarbeit BTS. Zu beziehen bei www.bts-ips.de

[296] Zit. bei Smend, F. (1966). *J. S. Bach Kirchenkantaten*. Berlin.

sitionen zu beachten ist. Sie kann Ordnung in unordentliche Gedanken und Gefühle bringen, also den ganzen Menschen („nefesh“[297] im Sinne von 1. Mose 2,7) ansprechen. Die Musik hat Auswirkungen auf

- den Körper (Soma): Beruhigung des vegetativen Nervensystems
- die Seele (Psyche): Die klare Struktur von Bachs Musik hilft, auch Gedanken und Gefühle zu ordnen. Durch Selbstdistanzierung kann eine neue Sicht der momentanen Lebenssituation angeregt werden.
- den Geist (Pneuma): Ist der Mensch dafür offen, können bei diesem Hören Unordnungen seines Weges und auch seiner Gottesbeziehung aufgedeckt werden.

In diesem Zusammenhang schreibt M. Dieterich[298]:

„Gläubige Menschen haben die gleichen somatischen bzw. psychisch bedingten Störungen wie nichtgläubige. Der tief gegründete Glaube kann jedoch eine wichtige Ressource für den Gesundungsprozess sein. Der christliche Glaube ist auch mehr als das, was Viktor Frankl in seiner Logotherapie mit der veränderten ‚Sinngebung‘ beschreibt, weil er seine Hoffnung nicht nur innerweltlich akzentuiert, sondern die Wirkungskraft Gottes als konstituierend sieht.“

Beispielhaft wird[299] nachfolgend die Bachkantate BWV 172: „Erschallet ihr Lieder“ beschrieben und damit gezeigt, wie gut sich diese für die „musikalische Seelsorge“ eignet.

Eingangschor:

„Erschallet ihr Lieder, erklinget ihr Saiten!

O seligste Zeiten!

Gott will sich die Seelen zu Tempeln bereiten.“

Gleich zu Beginn ist in der Textdeklamation ein Imperativ: Lasst die Lieder erschallen, lasst die Saiten klingen, *„denn es besteht kein Zweifel mehr, Gottes Vorhaben steht fest. Er will sich in uns niederlassen und will uns für diese Begegnung bereiten“.*[300]

---

[297] Vgl. Dieterich M. (2001). *Einführung in die Allgemeine Psychotherapie und Seelsorge*. Wuppertal.

[298] Dieterich, M. (2006). *Seelsorge kompakt.* Wuppertal S. 174.

[299] Vgl. Untergasser-Reischl a.a.O.

[300] Ebd.

In diesem Zusammenhang zitiert Untergasser-Reischl den Text einer Predigtsammlung von August Pfeiffer (Beginn einer Pfingstpredigt), die wohl Bach beim Nachsinnen inspiriert haben könnte:

„Meine Geliebten! Vor acht Tagen hält Jesus seine Auffahrt; heute hält der Heilige Geist seine Niederfahrt. Allein eben heute, meine Lieben, will der Dreieinige Gott, Vater, Sohn und Heiliger Geist zu uns in Gnaden kommen und sein Pfingstzelt mitten in unseren Herzen aufschlagen und Wohnung bei uns machen, also dass wir an unsere Brust schlagen und sagen können: Wie heilig, wie herrlich ist die Stätte ... eine Residenz und Palast der Heiligen Dreieinigkeit."

Die Vertonung „seligste Zeiten" zeigt im Superlativ, dass es keine Steigerung mehr gibt. Das Höchste passiert jetzt, wenn Gott selbst in unserem Herzen Wohnung nehmen will. Zehn Mal lässt Bach diese Aussage wiederholen: *„Gott will sich die Seelen zu Tempeln bereiten."*

Untergasser-Reischl meint dazu, dass Gott das wirklich tun will –

„ich brauche ihm nur meine Seele, mein Herz hinhalten und ihn walten lassen. Diese aktive Hingabe beinhaltet tiefes Vertrauen."

Die ganze Kantate hat den Schwerpunkt der vertrauensvollen Ganzhingabe und seinen Höhepunkt in dem intimen Dialog, einem Liebesduett zwischen Seele und Geist: *„Du hast mir das Herz genommen"*, das bei jedem Hörer seine eigene Wirkung auslöst.

Der Schlusschoral ist Ausdruck der Anbetung und Selbstversicherung, dass wir eingeladen sind und in seinen Armen geborgen sein dürfen:

„Von Gott kömmt mir ein Freudenschein,
wenn du mit deinen Äugelein mich freundlich tust anblicken.
O Herr Jesu, mein trautes Gut,
dein Wort, dein Geist, dein Leib und Blut mich innerlich erquicken:
Nimm mich freundlich in Dein Arme, dass ich warme werd von Gnaden;
Auf dein Wort komm ich geladen!"

2.5.2.4 Spirituals und Gospels: Singen als befreiende Glaubenshilfe

Über die Geschichte der Spirituals und Gospels wurde im Kapitel 2.3.7 berichtet.

Die Wirkung der *Sacred Music* ist körperbetont rhythmisch und hat eingängige, harmonisch melodische Strukturen. In ihren Textaussagen ist sie zentral biblisch, so dass sie sich besonders für die Verkündigung unter jungen Menschen eignet. Die Spontaneität dieser Musik gibt oft neue Impulse in unsere oft als langweilig empfundenen, emotions- und bewegungsarmen Gottesdienste. Heymel meint[301], dass dadurch

„das Spektrum der traditionellen mitteleuropäischen Kirchenmusik um eine Form populärer geistlicher Musik erweitert wird, die wesentlich von der Lebenssituation, Kultur und Frömmigkeit schwarzer Christen in den USA geprägt worden ist."

Der Theologe und Kirchenmusiker Bubmann stellt fest, dass in einer unter Verkopfung und Rationalisierung leidenden Welt die Musik - vor allem die körper- und rhythmusbezogene Pop- und Rockmusik - neben dem Sport die wichtigste Quelle der Wieder-Verkörperung ist. S. E. wäre deshalb ein wichtiger therapeutischer Beitrag der Kirchenmusik, wenn sie heute dem resomatischen Aspekt der Musik mehr Beachtung schenken und sich auch auf rhythmisch-populäre Musikvarianten einlassen würde[302]. Nach Heymel[303] zeigen die geistlichen Lieder der Schwarzen, wie Menschen, die sich in ihrem Körper wohl fühlen, durch das Evangelium zur Selbsthingabe bewegt werden. Indem diese Lieder ungeteilte Hingabe lehren, die aus einem von der Wahrheit überzeugten Herzen kommt, werden sie für „verkopfte" Weiße zu einem Stück befreiender Glaubenshilfe: Sie befreien dazu, sich selbst loszulassen, was ein wichtiger Faktor in der Seelsorge ist.

2.5.2.5 Wie ein Mensch durch Gesang verwandelt wird

Joseph Roth beschreibt in seinem Hiob-Roman[304] die mit dem alttestamentlichen Hiob vergleichbare Geschichte des gottesfürchtigen Juden Mendel Singer aus Galizien. Das gesungene Lied verwandelt den vom Schicksal geschlagenen Mann und Roth zeigt mit Mendels Geschichte, wie sowohl der Vater als auch sein behinderter und zurückgelassener Sohn durch „Menuchims Lied" zu neuem Leben erweckt wurden.

Ein solcher Zugang mit Musik zum leidenden Menschen kann allerdings nur dann im richtigen Sinne tröstlich sein, wenn diese ihn auf den

[301] Heymel a.a.O. S. 93.

[302] Vgl. Bubmann P. (1997). *Von Mystik bis Ekstase, Herausforderungen und Perspektiven für die Musik in der Kirche*. München S. 113.

[303] Vgl. Heymel a.a.O. S. 93.

[304] Vgl. Roth, J. (1982). *Hiob. Roman eines einfachen Mannes.* Köln.

„verlässlichen Grund hinweist, der es seiner Seele in bedrängenden Lebenssituationen ermöglicht, Widerstand zu leisten und quälende Widersprüche zu lösen."

Der Leidende braucht diesen festen Grund und findet ihn nicht in sich selbst, auch nicht durch eine vertiefte Selbsterfahrung, denn gerade

„trauernde und schwermütige Menschen werden immer tiefer in dunkle Abgründe hinabgezogen, solange sie auf sich selbst und ihre eigenen Gefühle angesprochen werden. Eine Musik, die lediglich vertieft, was sie in sich selbst erfahren, bietet der gequälten Seele keinen tragfähigen Lebensgrund, sondern lässt sie ins Bodenlose versinken. Wirklichen Trost kann hier nur eine Musik vermitteln, die den Zuhörer dazu bewegt, über sich selbst hinauszugehen, seine eigenen Gefühle und Erlebnisse zu transzendieren."[305].

Diese Möglichkeit zu eröffnen, ist für Luther Inbegriff evangelischer Seelsorge:

„Trösten im reformatorischen Sinn heißt..., einem Menschen neuen Boden außerhalb seiner selbst zu geben, den Boden von Gottes Wort, der fest genug ist, damit ein Mensch nicht im Strudel seiner Gedanken untergeht, sondern hier zu der Klarheit und zu den trotzigen Widerstandskräften kommt, die er braucht, um mit sich selbst und seinen Gefühlen neu umgehen zu können."[306]

2.5.3 Quälende Musik

Ist es möglich, dass Musik auch quälend sein kann, dass Musik schmerzt? Die Mystikerin Hildegard von Bingen (1098-1179) schrieb ein geistliches Singspiel „Ordo Virtutum", in dem sie den Kampf zwischen Gut und Böse darstellt. Der Mensch streitet mit Gotteskräften (*Virtutes)* gegen den Teufel *(Diabolus*), dem nur Worte, keine Musik zur Verfügung stehen. Als Feind aller Harmonie stört er die göttliche Schöpfung, in der sich nach Hildegards Verständnis die Stimmen aller Kreaturen zum Lob Gottes vereinen. So sagt sie, dass des Menschen Seele *„der*

[305] Heymel a.a.O. S. 100.

[306] Möller, C. (1995). *Martin Luther.* In: Ders., *Geschichte der Seelsorge in Einzelporträts* Bd. 2. Göttingen S. 38.

himmlischen Harmonie entstammt" und *„selbst etwas von dieser Musik in sich hat"*[307]. Heymel ergänzt:

> *„Der Teufel dagegen hat keine Melodie, weil sein Wesen darin besteht, den Menschen zu Fall zu bringen und den Einklang der Seele mit der himmlischen Harmonie zu zerstören. Seine Worte sind nur ein Getöse (strepitus): er allein brüllt und schreit"* [308].

Dante Alighieri (1265-1321)[309] beschreibt in seiner „Göttlichen Komödie" die Hölle als eine „Klanglandschaft", in der Menschen auf unterschiedliche Weise durch Lärm gequält werden. Das hier gezeigte Böse besteht darin, einem Menschen im Elend ungerührt Schmerz zu bereiten. Einen derartigen Missbrauch der Musik gab es in der NS-Zeit. *„Unter teuflischem Einfluss wird die Musik selber verkehrt, zum Ausdrucksmittel des absolut Bösen"*[310], wie es in der Schoah deutlich wurde: ungerührt wurde alles Menschliche ausgelöscht.

Auf diese Weise wurde in Konzentrationslagern des Dritten Reiches Musik zum Zweck der Unterhaltung genutzt, während gleichzeitig Menschen manipuliert, misshandelt und umgebracht wurden. Weshalb hat diese Manipulation durch Musik im Dienst totalitärer Herrschaft bei einem Großteil der Bevölkerung so erfolgreich gewirkt? Heymel[311] nennt als Ursache an erster Stelle den tiefgreifenden Einfluss technischer Errungenschaften. Leo Baeck (1873-1956), einer der großen jüdischen Denker erkennt, dass der Mensch, der nur Maschinelles um sich sieht, in seiner Seele maschinenhaft wird. Er muss sich dem von Maschinen vorgeschriebenen Tempo anpassen[312]. Diese Erkenntnis Baecks zeigt sich in ihrer ganzen Destruktivität im NS-Staat: Die Vergötzung der Technik, mit deren Hilfe der totalitäre Staat die Menschen gleichschalten will.

---

[307] Hildegard von Bingen: *Briefwechsel.* Nach den ältesten Handschriften übersetzt und nach den Quellen erläutert von Adelgundis Führkötter OSB. Salzburg (2. Aufl.1990), S. 240.

[308] Heymel a.a.O. S. 104.

[309] Vgl. Dante, Alighieri: *Die Göttliche Komödie*. Übersetzt von Hermann Gmelin. Stuttgart (1977).

[310] Heymel a.a.O. S. 105.

[311] Vgl. ebd.

[312] Vgl. Baeck, Leo (1933). *Geist und Blut.* In: Ders., *Wege im Judentum, Aufsätze und Reden,* Werke Bd. 3. Gütersloh S. 70-81, bes. S. 72ff.

Waren es zur Zeit des Dritten Reiches Rundfunk und Film, die die Musik in den Dienst einer das Individuum verachtenden Propaganda stellten, so sind es heute die Massenmedien Fernsehen u.a., in denen nicht selten eine zynische Haltung gedeiht, die Fulbert Steffensky als die „Lust, das Leben zu schänden" beschrieben hat.[313] Solche Musik beleidigt die Seele, und das untrügliche Kennzeichen ist, dass sie die Abstumpfung der Sinne bewirkt. Eine Musik, die die Sinne des Menschen betäubt, macht also dumm. *„Im Dienst des Bösen pervertiert ist jede Art von Musik, die Menschen unempfindlich [...] macht [...], die wie ein Betäubungsmittel wirkt"*[314] und zum Bösen verführt.

Heymel sieht einen engen Zusammenhang zwischen dem Nicht-hören-können und dem Nicht-verstehen-können. Im Englischen und Niederländischen sind die gebräuchlichen Worte für Taubheit „deaf" oder „doof", im Deutschen bezeichnet „doof" aber geistige Beschränktheit und Dummheit. Wer ohrenbetäubenden Lärm regelmäßig und auf Dauer zu hören bekommt *„dessen Gehör wird davon so schwer geschädigt, dass er auf den Klang der menschlichen Stimme [...] nicht mehr angemessen antworten kann"*.[315]

Es ist aber nicht nur die zu laute Musik, sondern auch die unmerklich alle Lebensbereiche durchdringende Hintergrundmusik, die den Menschen in Kaufhaus, Restaurant, Büro, Arztpraxen usw. manipuliert. Es wird nebenbei und nicht wirklich gehört. Heymel schreibt fast beschwörend:

„Wo immer Musik die Sinne betäubt, [...] den einzelnen unfähig macht, die Welt individuell wahrzunehmen, haben wir es mit einer Störung, einer Verkehrung der Musik zu tun, die das Humane deformiert"[316] und damit pervertiert und gottlos ist.

> *„Der eine Gott, den die Bibel bezeugt, ist ein leidenschaftlicher Gott, der den Menschen mit ganzem Herzen und ganzer Seele für sich beanspruchen möchte (Dtn 6,5). Leidenschaft für die Armen und Elenden macht sein Wesen aus. Wird Musik dazu gebraucht, das Leben zu quälen, dann haben die, die das tun, sich mit Herz und Seele von Gott ab-*

---

[313] Vgl. Steffensky, Fulbert. *Zynismus. Die Lust, das Leben zu schänden*. Manuskript eines Vortrags v. 8.9.1995 im Hörfunkprogramm HR 2.

[314] Heymel a.a.O. S. 106.

[315] Ebd. S. 107. Vgl. Thews, Klaus. *Wunderwerk Ohr. Das gequälte Organ.* In: STERN Nr. 25 vom 16.6.1994, S. 68-80.

[316] Heymel a.a.O. S. 108.

gewandt. Sie sind keine Musiker mehr, die durch ihre Musik die Lebendigkeit ihrer Person in der Begegnung mit anderen ausdrücken, sondern ... ihre Musik wird beherrscht von der Sünde. Sie erweckt nicht zum Leben, sondern sie führt zum Tode: zur Zerstörung der menschlichen Beziehungsfähigkeit. Handlanger des Satans sind diejenigen, die beziehungslos Musik ‚machen', ohne die menschliche Würde ihrer Zuhörer zu achten."[317]

Nun könnte man meinen, dass nur die weltliche Musik pervertieren kann – aber auch die Kirchenmusik kann betroffen sein, wenn man sie unempfindlich gegenüber dem Schmerzensschrei der leidenden Kreatur ausübt. Genau das meint Bonhoeffers oft zitiertes Wort:

„*Nur wer für die Juden schreit, darf auch gregorianisch singen*"[318].

Heymel stellt fest, dass „*eine Gemeinde, die in ihren Gottesdiensten ungerührt singt, während im Gemeinwesen Menschen unterdrückt und entrechtet werden*" [319], von der Prophetie des Amos getroffen werden kann:

„*Tu weg von mir das Geplärr deiner Lieder; denn ich mag dein Harfenspiel nicht hören" (Am 5,23).*

Für Heymel ist die geistliche Musik durch das Kreuz Christi verpflichtet, die Menschen zu sensibilisieren, mutig zu machen in eigenständigem Denken und Fühlen und damit im Gesang die Not der Menschheit vor Gott zu bringen. Darum hat Musik aus christlicher Perspektive

„*das Bedürfnis, Leiden beredt zu machen und Wunden nicht zu verschweigen. Sie übersetzt Schmerz in Klang und darf sich das Recht zum Schreien nicht nehmen lassen. Musik soll nicht schmücken, sondern wahr sein" (Arnold Schönberg).*[320]

Ähnlich bestimmt der Komponist und Musiktheoretiker Dieter Schnebel die Aufgabe geistlicher Musik:

„*Was Adorno einmal von aller Kunst verlangte: sie solle durch die Erfahrungen von Auschwitz und Maidanek hindurchgegangen sein, ist für geistliche Musik erstes Kriterium. Das Diktum Bonhoeffers, die Kirche dürfe nur dann gregorianisch singen, wenn sie zugleich für die*

---

[317] Ebd.

[318] Vgl. Bethge, E. (1970). *Dietrich Bonhoeffer, Eine Biographie*. München S. 685.

[319] Heymel a.a.O. S. 109.

[320] Rößler, M. (1983). *Kirchenmusik*. In: Peter C. Bloth u.a. (Hrsg.). Handbuch der Praktischen Theologie, Bd. 3. Gütersloh S. 223.

Juden und Kommunisten schreie, formuliert ein ästhetisches Gesetz der musica sacra. Sie geriete dann erst zu solcher, wenn sie sich auf die Seite der Opfer schlüge.“[321]

2.5.4 Grundzüge musikalischer Seelsorge

Weil Musik eine Macht ist, die Kräfte entfesselt, die zum Guten oder zum Bösen gebraucht werden können, kann man mit Musik auch Menschen manipulieren; allerdings werden auch diejenigen, die sie ausüben manipuliert. Musik und Musiker sind korrumpierbar, sei es durch die Macht des Staates oder durch handfeste Erwerbsinteressen einer überwiegend auf Unterhaltung ausgerichteten Musikindustrie.[322]

Die Größe der Musik zeigt sich in einer bestimmten Wahrnehmung, die das Verhältnis des Menschen zu sich selbst und der Welt betrifft. Die Person des gekreuzigten und auferstandenen Jesus Christus erschließt dem Glaubenden eine Sicht der Wirklichkeit, in der alle Dinge – die Musik einbegriffen – als von Christus neu geschaffen wahrgenommen werden.

„Musik wird jetzt so verstanden, dass Christus selbst in ihr Gestalt annimmt und wirkt. Sie ist als eine Kunst wahrzunehmen, in der der Auferstandene zwar unsichtbar, aber hörbar gegenwärtig wird“[323].

Hierzu formuliert Heymel folgenden Grundsatz: *„Der leidende Mensch (homo patiens) ist das entscheidende Kriterium einer menschenfreundlichen Musik“*[324]. Das bedeutet, dass

- die Qualität der Musik angemessen sein muss,
- der ursprüngliche Ort dieser Musik, ihre Herkunft, ihr „Sitz im Leben“ bekannt sein muss,
- verbunden mit der Frage „Wem dient diese Musik?“ der Musiker seine Grundhaltung immer zuvor überprüfen sollte,

---

[321] Schnebel, D. (1967). *Geistliche Musik heute* . In Ders: *Anschläge – Ausschläge. Texte zur Neuen Musik.* München – Wien S. 251f.

[322] Vgl. Prieberg, F.K. (1991). *Musik und Macht*. Frankfurt/Main.

[323] Heymel a.a.O. S. 111.

[324] Ebd. S. 112.

- der Mensch, der sie wahrnimmt, vom Musiker/Seelsorger zuvor diagnostiziert werden sollte.

In einem Brief an den Komponisten Ludwig Senfl schreibt Martin Luther zur Musik am 1. Oktober 1530 von der Feste Coburg nach München:

„Es besteht kein Zweifel, dass viele Samen guter Tugenden in jenen Seelen sind, die sich der Musik verschreiben. Die aber von ihr nicht berührt werden, sind, wie ich glaube, Baumstämmen und Steinen sehr ähnlich. Wir wissen nämlich, dass die Musik den Teufeln ebenfalls verhasst und unleidlich ist. Und ich glaube durchaus und schäme mich nicht, es zu behaupten, dass nach der Theologie keine Kunst der Musik gleichkommen könnte, weil allein sie neben der Theologie das gewährt, was an anderer Stelle nur die Theologie schafft, nämlich Ruhe und Freude der Seele. Dadurch wird klar bewiesen, dass der Teufel als Anstifter trauriger Sorgen und unruhiger Verwirrungen zur Stimme der Musik beinahe ähnlich flieht wie zum Wort der Theologie. Daher ist es gekommen, dass die Propheten keine Kunst so gebraucht haben wie die Musik, dass sie ihre Theologie nicht in Geometrie, in Arithmetik, in Astronomie, sondern in Musik dargelegt haben, so dass sie die Wahrheit in Psalmen und Gesängen sagten.“[325]

Zu dem Satz „Christus fugat diabolum“ (Christus vertreibt den Teufel) kann bei Luther also auch der andere Satz stehen: „Musica fugat diabolum“.

Heymel meint dazu[326], dass diejenige Musik menschenfreundlich genannt werden kann, *„in der der leidende, kranke, sterbende Mensch die ‚Stimme des Trostes‘ vernimmt, die aus der Erfahrung des Leidens kommt und ihn ... dazu bewegt, in der Tiefe des Leidens Freude zu finden. [...] Es ist eine Musik, die der Wahrheit von Gott eine Stimme gibt: dass auf dem Thron Gottes der wahre Leidende sitzt: Sein Christus, der Löwe, der zugleich das Lamm ist (Offb 5). Der allein ist würdig, das siebenfach versiegelte Buch der Geschichte zu öffnen und das Rätsel menschlichen Leidens zu entschlüsseln. Eine Musik, die Türen der Seele öffnet, macht den leidenden Menschen innerlich beweglich“*, die Wahrheit von Gott zu vernehmen.

---

[325] Luther, Martin (1983). *Briefe. Eine Auswahl.* Hrsg. von Günther Wartenberg. Leipzig S. 182.

[326] Heymel a.a.O. S. 121.

Sophie Scholl notiert in einer Aufzeichnung aus dem Jahr 1942:

„Musik macht das Herz weich; sie ordnet seine Verworrenheit, löst seine Verkrampftheit und schafft so eine Voraussetzung für das Wirken des Heiligen Geistes in der Seele, der vorher an ihren hart verschlossenen Pforten vergeblich geklopft hat. Ja, ganz still und ohne Gewalt macht die Musik die Türen der Seele auf"[327].

2.5.5 Klage in der musikalischen Seelsorge

Die Klage im Alten Testament setzt eine Vertrauensbeziehung zwischen Mensch und Gott voraus.[328] Dabei ringt der Klagende mit Gott um seine Beziehung, die durch die Not im Augenblick belastet ist, er bestreitet jedoch nicht die Existenz Gottes. Heymel spricht von der „psalmistischen Klage", die das erschütterte Vertrauen zu Gott wiedergewinnen möchte. Hiob erhebt seine Klage *„von dem ihm bekannten Gott her gegen den von ihm nicht verstandenen."*[329] Er lehnt sich im Namen Gottes gegen Gott auf und rechtet mit ihm, weil er an die Rechtsgesinnung Gottes glaubt. Seine Warum-Fragen sind direkt an Gott gerichtet, sein Leidensproblem kann nicht argumentativ gelöst werden, obgleich Hiobs Freunde ihn mit Argumenten zu trösten versuchen und dabei die Kausalität der Schuld zum Thema machen.

Seelsorgerlich haben die Klagen im Hiobbuch zwei Bedeutungen[330]:

- Zunächst können die Klagen dem leidenden Menschen helfen, eine eigene Sprache des Leidens zu finden und auszubilden. In altprotestantischer Erbauungs-Literatur wurde Hiob zum Vorbild für „Wohlredenheit"[331], weil er so beredsam zu klagen verstand.
- Durch Klagen kann der leidende Mensch zu einer Begegnung mit Gott gelangen. Daher braucht es *„in der Seelsorge Menschen, die*

---

[327] Scholl, Hans/Sophie (1984). *Briefe und Aufzeichnungen*. Frankfurt/Main S. 203.

[328] Vgl. Heymel a.a.O. S. 126.

[329] Barth, K. (1979). *Kirchliche Dogmatik* IV/3, Zürich 3. Aufl. S. 468.

[330] Vgl. Mickel, S.116ff. und Weymann, V, Hiob in: Christian Möller (Hrsg.) Geschichte der Seelsorge in Einzelporträts Bd. 1, Göttingen (1994), S. 50ff.

[331] Vgl. Rist, J. (1976). *Himmlische Lieder* (1641/42). Nachdruck Hildesheim, Dedicatio 2. Teil.

der Klage Raum geben und, statt sie abfangen oder beschwichtigen zu müssen, sie mit dem anderen auf Gott hinauslaufen lassen.“[332]

Vielen Christen ist das jedoch fremd. Ihnen erscheint unangemessen, Gott anzuklagen, und merkwürdig, dass Hiob klagt und dennoch an Gott festhält: Hiob lehnt um Gottes willen jede rationale Erklärung seines Leids ab, da die Antwort ja nur von Gott selbst gegeben werden kann.

„Die Welt ist voll von Schmerzensschreien gequälter Kreaturen, [...] doch aus dem Gottesdienst und der Gebetspraxis der mitteleuropäischen Kirchen ist die Klage fast völlig verschwunden. Sie ist im Christentum zu einer ‚vergessene(n) Gebetsform‘ geworden.“[333]

Heymel fragt, woher wohl diese Scheu kommt und vermutet, dass es die Verlegenheit moderner europäischer Christen sein könnte, die diese abhält, Gott ihr Leid zu klagen[334]. Ganz anders ist es im Judentum, wo es im Gottesdienst üblich ist, die Klagepsalmen und das Kaddisch zu singen. Beten heißt, dass man an diesen Tagen auch klagen kann.[335]

In der christlichen Hiobverehrung in Mitteleuropa gibt es einen Frömmigkeitsstil, der (gemäß dem Wort „Der Herr hat es gegeben, der Herr hat es genommen, der Name des Herrn sei gelobt“ Hiob 1,21) dem Gläubigen predigt, sich uneingeschränkt in seine Leiden zu fügen, weil Gott als die höchste Autorität es angeblich so will und weil er seine liebsten Kinder schlägt. Hiob *„wird als Vorbild frommer Geduld und Unterwerfung beschrieben“* [336], ohne auf sein Klagen und Rebellieren einzugehen.

Oder hat sich bei uns der kausale Gedanke der Freunde Hiobs einer Schuld am eigenen Leid so durchgesetzt, dass es sich nach bürgerlichen Moralvorstellungen nicht schickt, vor den Mitmenschen sein Leid zu klagen, ja, dass es geradezu verschwiegen wird nach dem Prinzip: „In der Freude nicht jubeln, im Leid nicht klagen, das Unvermeidliche in Würde tragen“? Bei einer allmählichen Verdrängung der Klage könnte auch die Vorstellung leitend sein, dass Gott letztlich jeden Widerspruch

---

[332] Weymann a.a.O. S.52.

[333] Vgl. Fuchs, O. (1987). *Klage. Eine vergessene Gebetsform.* In: Becker, H.J./Einig B./Ullrich P.O. (Hgg.). *Im Angesicht des Todes. Ein interdisziplinäres Kompendium* (Pietas liturgica 3). St. Ottilien S. 939-1024.

[334] Vgl. Heymel a.a.O. S. 130.

[335] Vgl. Trepp, L. (1992). *Der jüdische Gottesdienst. Gestalt und Entwicklung.* Stuttgart-Berlin-Köln S. 97-100.

[336] Heymel a.a.O. S. 131.

ausschließe. Darin zeigt sich aber der Einfluss eines griechischen Gottesbildes,[337] denn nur zu einem Gott, der nichts empfindet, kann man ein konflikt- und krisenloses Verhältnis haben; es macht dann auch keinen Sinn, zu einem apathischen Gott zu klagen.

Heymel stellt dazu fest:

> *„Nach dem Urteil der alttestamentlichen Prophetie ist ein solcher apathischer Gott allerdings ein toter Götze (Jes 44,9ff)“*[338].

Hingegen erlaubt es eine biblische Theologie, der Klage Ausdruck zu geben, wie man das z.B. an den Liedern von Paul Gerhardt (1607-1676) sehen kann. In seinen Kreuz- und Trostliedern zieht er *„Leser und Sänger in seelsorgerliche Gespräche“* [339] hinein und bietet ihnen eine *„Sprachhilfe im Leiden“*, die auch der Klage Raum gibt.

Über die moderne Schwierigkeit zu klagen, hat Kierkegaard schon vor über 150 Jahren nachgedacht und formuliert, dass sich der Trauernde nicht wage, eine Klage vor Gott zu erheben und man die verzweifelte Sprache der Leidenschaft den Dichtern überlasse.[340] Er ruft deshalb Hiob direkt zu Hilfe, um selber klagen zu können:

> *„Deiner bedarf ich, eines Mannes, der laut zu klagen versteht, dass es im Himmel widerhallt, wo Gott sich mit dem Teufel beratschlagt, Pläne gegen einen Menschen auszuhecken. Klage doch, der Herr fürchtet sich nicht, er weiß sich zu verteidigen; oder wie sollte er sich verteidigen können, wenn niemand sich zu klagen getraut, wie es sich für einen Menschen geziemt.“*[341]

Das Beten aus der Tiefe haben die alten protestantischen Seelsorger noch geübt und der betrübten Seele geraten. So meint Heinrich Müller (1631-1675), es sei *„zum allerbesten im Creutz, dass wir viel Heulens und Jammerns machen, beyde Hände, Glauben und Gebet in den Himmel strecken, biß Gott unseres Schreiens müde wird und hilft.“*[342] Und

---

[337] Vgl. Eibach, U. (1984). *Die Sprache leidender Menschen und der Wandel des Gottesbildes*. Theologische Zeitschrift Bd. 40, S. 61.

[338] Heymel a.a.O. S. 132f.

[339] Hier und nachfolgend: Bunners, C. (1993). *Paul Gerhardt. Weg – Werk – Wirkung*. Berlin S. 229.

[340] Vgl. Kierkegaard, S. (1976). *Die Wiederholung*. In: Ders: Die Krankheit zum Tode und anderes. Hrsg. Diem, H. und Rest, W. München S. 408.

[341] Ebd. S. 409.

[342] Müller, H. (1734). *Himmlischer Liebes-Kuss*. Stettin S. 658.

wenn der Einwand kommt, unter dem Druck des Kreuzes nicht beten zu können, antwortet Müller:

„Ey, kannst du nicht beten, so seuffze. Gott, der im Herzen wohnt, ist den Seuffzern so nahe als den Worten, und glaube nur, daß kein einiges (= einziges) Seuffzerlein verlohren wird. Gott legts bey, als einen theuren Schatz, und fassets in sein Gedächtniß als eine Perle in Gold, dort wird's wie ein Edelgestein leuchten. Kannst du nicht seuffzen, so weine. Gott zehlet auch die Thränen der Betrübten, und sammlet sie auf, wie man Gold, Silber und Kleinodien aufsammlet. Mangelts dir auch an Weinen, und fühlest doch eine Angst im Hertzen darüber, dass du weder beten noch weinen kannst, so wisse, dass eben die Angst ein kräfftiges Gebet ist."[343]

Heymel zitiert weiterhin[344] Johann Arndt (1555-1621), der überzeugt ist, *„daß der Seelen Traurigkeit von Gott herkommt"* und welcher empfiehlt, um diese Traurigkeit so lange zu leiden, bis Gott sie hinwegnimmt. Dabei müsse man nicht hören auf das Urteil der Welt, die Rede des Teufels oder des eigenen Herzens, sondern auf das, was die Exempel der Heiligen sagen, denen Gott geholfen hat.[345]

Diese alten Seelsorger haben noch verstanden, dass Hiob sowohl im Klagen als auch im Loben als Zeuge für einen Gott steht, dem das Leben seiner Kreatur nicht gleichgültig ist. Solches Loben und leidenschaftliches Klagen kann im Grunde nur ein Mensch, der wie Gott *„ein erotisches Verhältnis zum Leben hat und dem es nicht gleichgültig ist, was mit dem Leben geschieht."*[346]

2.5.6 Wie kann Musik leidenden Menschen seelsorgerlich angeboten werden?

Heymels Buch trägt den Untertitel „Musikalische Seelsorge". Seelsorge ist in der Regel ein dialogisches Geschehen zwischen Mensch und Mensch. *„Dabei kann es gerade für leidende Menschen hilfreich sein, auch die Musik in die Begegnung einzubeziehen"*[347]. Insbesondere kann

---

[343] Ebd. S. 658f.

[344] Vgl. Heymel a.a.O. S. 139.

[345] Vgl. Arndt, J. (o.J.). *Sechs Bücher vom wahren Christentum*. Basel, II,52, S. 13-15.

[346] Steffensky, F. (1998). *Das Leben in die Sprache retten – Beten*. In: Ders., *Das Haus, das die Träume verwaltet*. Würzburg S. 47.

[347] Heymel a.a.O. S. 140.

sie tröstend wirken, indem *„sie den leidenden Menschen aufatmen lässt"*. Dafür können viele Möglichkeiten genutzt werden:

a) Musikalische Seelsorge bei einem Krankenbesuch: Mit dem Kranken oder für ihn ein geistliches Lied singen – evtl. mit einem leisen Instrument.

b) Musik an Orten mit spezifischen Leiden (z.B. Alten- und Pflegeheime, Einrichtung für körperlich oder geistig Behinderte, Krankenhäuser etc.): Wie tröstend können von Posaunenchören gespielte Choräle an einem Sonntagmorgen sein, wenn sie durch die geschlossenen Fenster nach innen dringen. Manche Kirchenchöre singen regelmäßig in Seniorenheimen. Ein anderes Beispiel ist die von Yehudi Menuhin in London gegründete gemeinnützige Organisation „Live Music Now" (LMN), in der junge Musikerinnen und Musiker kostenlos für Kranke und Behinderte spielen[348]. Dabei wählen sie ihre Musik je nach der Gruppe aus, für die sie musizieren.

c) Musik in den Gottesdiensten: Sie sollte so ausgewählt werden, dass besonders Menschen im Leid angesprochen und getröstet werden. Der evangelische Theologe Paul-Gerhard Nohl betont: Besonders bei einer Trauerfeier darf aus seelsorgerlichen Gründen nicht auf Musik verzichtet werden.

„Ich bin sicher, dass man hier vielleicht unbewusst etwas von der besonderen Macht spürt und ahnt, die Musik über die Seele hat, sei es, dass man hofft, die Trösterin Musik möge aus der Erstarrung ins Weinen hinein erlösen, oder dass man ihr zutraut, die Lebenden mit den Toten bzw. die Zeit mit der Ewigkeit zu verbinden [349]

Christian Möller weist darauf hin, dass das *„Verstummen der Kirche an den Särgen und Gräbern"* den christlichen Glauben in seinem Zentrum trifft. Gerade der Glaube an die Auferstehung der Toten drängt zum Singen, weil *„gegenüber den Kräften und Mächten, die die Menschen angesichts des Todes immer mehr*

---

[348] Vgl. Frandsen, B. (1996). *Melodien gegen die Lieblosigkeit. Live Music Now spielt für Kranke und Behinderte*. Frankfurter Rundschau vom 22.6.1996.

[349] Nohl, P.G. (1996). *Lateinische Kirchenmusiktexte*. Geschichte-Übersetzung-Kommentar. Kassel, S. 81.

verstummen lassen, ... das Singen geistlicher Lieder ,trotzige Widerstandskraft'"[350] freisetzt.

d) Musik bei der seelsorglichen Sterbebegleitung: Für Theophil Spoerri, Seelsorger am Kantonsspital Basel ist es eine bewegende Erfahrung, durch das Singen geistlicher Lieder mit Sterbenden zu kommunizieren, mit denen die Verständigung durch gesprochene Worte nicht mehr möglich scheint.[351]

e) Musik bei der Seelsorge mit alten Menschen: Musik eignet sich dazu, Erinnerungen an die Vergangenheit wachzurufen, da viele solcher Lieder für die Zuhörer im Kontext zu ihrer Lebensgeschichte stehen. Besonders wirksam können bestimmte Anlässe sein, wie z. B. das Adventssingen mit einer Gruppe von Kindern und Jugendlichen, die in Häuser bzw. Wohnungen von alten oder kranken Menschen gehen. Dieser Brauch ist in manchen Gegenden schon alt und die Besuchten erinnern sich dann vielleicht daran, dass sie selbst auch schon in einer solchen Gruppe mitgesungen haben.

Heymel fasst zusammen[352], dass, wer seelsorgerlich mit Musik umgeht, immer wissen sollte, dass diese dem einzelnen Menschen das Wort des Evangeliums mitteilt und seine Glaubensbeziehung zu Gott vertieft. Um sich selbst und andere mit geistlichen Liedern trösten zu können, muss allerdings der seelsorgerliche Umgang mit Liedern gelernt sein. Dabei gilt es, ein Gespür dafür zu entwickeln, wann es in einer Begegnung mit Leidenden angebracht ist, ein Lied zu singen, das jeweils angemessene Lied zu finden und eine Sensibilität zu entwickeln, wie das Singen auf das Befinden des Gegenübers wirkt.

2.5.7 Von der Prophetie eines neuen Himmels und einer neuen Erde in der musikalischen Seelsorge

Ein wichtiger Aspekt der musikalischen Seelsorge ist die eschatologische Hoffnung der Bibel. Für Hiob war es eine zentrale Aussage seines Glaubens, nach dem Tode den lebendigen Gott zu sehen:

---

[350] Möller, C. (1996). *Singen angesichts des Todes. Vom Verstummen der Kirche an den Särgen und Gräbern.* Liturg. Blätter der Evangelischen Kirche der Pfalz (1996) S. 21 und 41.

[351] Vgl. Spoerri, T. (1994). *Geschichten vom Übergang.* Basel-Berlin.

[352] Vgl. Heymel a.a.O. S. 144.

„Ich weiß, dass mein Erlöser lebt, und dass ich am jüngsten Tage auferstehen werde von der Erde; und dass ich erneut bekleidet werde mit meiner Haut, und dass ich in meinem Fleisch Gott schauen werde. Ihn selbst werde ich schauen, und meine Augen werden ihn betrachten, und nicht einen anderen"(Hi 19, 25-27).[353]

Die Geschichte Gottes mit einem jeden Menschen gibt dem Leidenden die Möglichkeit, statt das Faktische schweigend hinzunehmen, wie Hiob zu widersprechen und dem Tod zu widerstehen: „Ich weiß, dass mein Erlöser lebt!"

Die neue Welt Gottes wird dem Prophet Jesaja offenbart:

„[...] siehe, ich will einen neuen Himmel und eine neue Erde schaffen, dass man der vorigen nicht mehr gedenken wird noch sie zu Herzen nehmen; sondern sie werden sich ewiglich freuen und fröhlich sein über dem, was ich schaffe. Denn siehe, ich will Jerusalem schaffen zur Wonne und ihr Volk zur Freude, und ich will fröhlich sein über Jerusalem und mich freuen über mein Volk; und soll nicht mehr darin gehört werden die Stimme des Weinens noch die Stimme des Klagens." (Jes 65,17ff)

Der Seher Johannes hört die „große Stimme", die zu ihm spricht:

„... und Gott wird abwischen alle Tränen von ihren Augen, und der Tod wird nicht mehr sein, noch Leid noch Geschrei noch Schmerz wird mehr sein; denn das Erste ist vergangen." (Offb 21,4)

Heymel folgert aus diesen Texten[354], dass die biblische Prophetie dem Leidenden eine Heilszeit für die Zukunft vor Augen stellt, ohne dabei die gegenwärtige Wirklichkeit zu übersehen. Dadurch wird der Leidende fähig, den Mächten der Zerstörung zu widerstehen, weil das jetzige Leben das Vorletzte ist und diese Mächte nicht über seine Zukunft entscheiden können.

Was aber hat die Hoffnung auf eine neue Welt, in der Gott selbst bei den Menschen wohnen wird, mit Musik zu tun hat, beantwortet Heymel[355] damit, dass die christliche Hoffnung selbst „Zukunftsmusik" ist. Die meisten Aussagen über den Sinn der Musik kommen vor in Kirchenlie-

---

[353] Übersetzung nach dem Vulgatatext, zitiert nach: Rouillard, P. (1983). *Die Gestalt des Ijob in der Liturgie. Empörung, Resignation oder Schweigen*? Concilium 19 (1983), S. 675.

[354] Vgl. Heymel a.a.O. S. 156.

[355] Vgl. ebd. S. 157f.

dern im Zusammenhang mit Tod und Ewigkeit. Hierzu gehören z.B. das Lied „Wachet auf, ruft uns die Stimme“ (EG 147, 3) von Philipp Nicolai und „Jerusalem, du hochgebaute Stadt“ (EG 150, 6-7) von Johann Matthäus Meyfart über die Freude des himmlischen Lobgesangs, der begleitet *„mit Instrumenten schön“*, in der Ewigkeit unaufhörlich erklingt. Paul Gerhardt denkt selbst bei seinem Sommerlied „Geh aus mein Herz, und suche Freud“ (EG 503, 9-10) an die Schönheit der zukünftigen Welt und dichtet: *„...was will doch wohl nach dieser Welt dort in dem reichen Himmelszelt und güldnen Schlosse werden: Welch hohe Lust, welch heller Schein wird wohl in Christi Garten sein! Wie muss es da wohl klingen....“* Auch viele Negrospirituals besingen die Zukunftshoffnung, wie z.B. die Songs „We shall overcome“ oder „O when the Saints go marching in“.

Heymel schreibt dazu[356], dass die neue Welt, der die Glaubenden entgegen gehen, eine Welt ohne Misstöne ist, eine Welt der vollkommenen Harmonie und Konsonanz und führt dazu Johann Arndt an, der auf eine alte Orgelinschrift zurückgreift: Musica praeludium vitae aeternae – Die Musik ist ein Vorspiel des ewigen Lebens.

Hinter solchen Aussagen steht die Erfahrung, dass, so Heymel, die Musik die vorzufindende Wirklichkeit überschreiten kann. Sie transzendiert das, was in der Zeit ist, und zeigt das Ewige an. Für den Komponisten Olivier Messiaen ist alle Musik geistliche Musik, weil sie uns in Beziehung zu einer anderen Wirklichkeit bringt. Wenn uns Klänge und Farben auf Gott verweisen, der jenseits unserer Worte, Gedanken und Begriffe ist, dann *„helfen sie uns, besser zu leben, besser unseren Tod, besser unsere Auferstehung von den Toten und das neue Leben, das uns erwartet, vorzubereiten. Sie sind ein hervorragender Durchgang [...] ein hervorragendes Vorspiel [...] zum Unsagbaren und Unsichtbaren.“*[357]

Allerdings müssen musikalische Transzendenzerfahrungen auch kritisch hinterfragt werden: Wohin führt die Musik, wenn sie über die Welt hinausführt, in der sich der leidende Mensch gerade befindet? Wo befindet er sich dann, wenn er sich musikalisch aus der schwer erträglichen Gegenwart in eine andere Wirklichkeit entführen lässt? Heymel kommt zu dem Schluss, dass die Seelsorge ohne das Prophetische der Bibel

---

[356] Vgl. ebd. S. 158.

[357] Zit. nach Röhring, K. (1992). *„Passage“ und „Prélude“ zum Unsagbaren.* Gottesdienst und Kirchenmusik 1992, Heft 5, S. 120.

Gefahr läuft, Musik einseitig als Medium der Weltflucht zu gebrauchen[358] (vgl. New Age). Im Zentrum der prophetisch verheißenen neuen Welt Gottes aber steht die ganzheitliche Begegnung mit Gott, bei der die beschädigte Kreatur geheilt, die Verwundungen und Kränkungen an Leib und Seele verwandelt werden (vgl. Offb 21,4). Das Leid gehört zur Lebensgeschichte der Person, darum wird es nicht belanglos, aber in der erneuerten Leiblichkeit hat es sein Gewicht verloren.

Die biblische Auferstehungs-Hoffnung lenkt den Blick auf *„eine neue Welt des biblischen Gottes, in der neue, heilsame Beziehungen über alle Grenzen hinweg möglich sind, für die das neue Jerusalem, die heilige Stadt als Chiffre steht (Offb 21,2). Sie ist das Gegenstück zu jenem „Universum individueller Selbstverschlossenheit, in dem viele Menschen der spätmodernen Gesellschaft müde, weltfremd und leidenschaftslos dahinleben"*[359]. Das bedeutet, dass die Hoffnung der Auferstehung Menschen befähigen kann, sich schon heute so zu verhalten, *„wie es der zukünftigen Welt entspricht: Hellwach, ansprechbar und der Welt zugewandt, weil leibhaftig mit Gott verbunden und von Seiner Leidenschaft für das Leben bewegt."*[360]

Die besondere Qualität der musikalisch-prophetischen Seelsorge zeigt sich also darin, dem Bedürftigen durch Musik und Lieder zu verhelfen, auf die Verheißungen Gottes für das Leben in seiner neuen Welt zu hören. Heymel umschreibt diese Qualität:

- „Es ist eine Musik, die Menschen befähigt, die Widersprüche ihres Lebens auszuhalten und zu gestalten.
- Sie öffnet das Ohr für eine transzendente Wirklichkeit, in der leibhaftige Gottesbegegnung und personale Beziehungen möglich werden.
- Sie eröffnet von jener Wirklichkeit her Perspektiven, das von Leiden, Schmerz und Tod gezeichnete Leben in einem weiteren Horizont unabgegoltener Möglichkeiten wahrzunehmen.

358 Vgl. Heymel a.a.O. S. 161.

359 Polednitschek, T. (1998). *Mutterseelenallein.* Deutsches Allgemeines Sonntagsblatt, Nr. 22 v. 29.5.1998, S. 20.

360 Heymel a.a.O. S. 162.

- So ermutigt sie zum Widerstand gegen alle lebenzerstörenden Mächte und führt immer tiefer in die Begegnung mit dem Heiligen hinein, das keine Macht der Welt zerstören kann."[361]

2.6 Erschließung von religiösen Liedern, ihren Inhalten, ihrem Wesens u. ihrer Funktion

Lieder können als Hilfe dienen, etwas auszudrücken und zu verarbeiten, das in der allgemeinen Kommunikation oft schwer formulierbar ist. Durch die Verbindung von Musik und poetischer Sprache wird das Lied zu einer von der Alltagssprache abgehobenen Ausdruckshilfe für das nur schwer Sagbare, z.B. für Liebe, Hass, Freude, Schmerz, Gemeinschaft, Protest, Klage, für tiefe Fragen nach Sinn und Lebensglück, für die Sehnsucht nach Transzendenz sowie für Fragen und Erfahrungen, die sich auf Gott beziehen.[362]

Lieder konditionieren auch emotionale Erlebnisse und verhelfen uns so zu Erfahrungen, die wir ohne die Lieder nicht gemacht hätten. Paul Gerhardts „Geh aus mein Herz und suche Freud" (EG 503) wird auf diese Weise zum ganzheitlichen Ausdruck der Freude an der Natur und der Dankbarkeit gegenüber dem Schöpfer. Dieses Lied kann aber auch durch seine malerischen Verse dazu beitragen, dass die Natur überhaupt erst als schön und beglückend wahrgenommen wird und somit zum entscheidenden Auslöser eines freudigen Erlebnisses werden.

Nach Bubmann und Landgraf [363] hat sich in der europäischen Musikgeschichte eine Musik entwickelt, deren Sinn primär nicht ist, der Unterhaltung zu dienen, sondern die sich entweder als geistliche Musik mit religiösen Intentionen oder als zweckfreie autonome Kunstmusik versteht. Mit beiden Varianten können religiöse Erfahrungen verbunden werden. Zum einen ist das Kantatenwerk Johann Sebastian Bachs explizit religiöse Musik, zum andern können auch rein instrumentale Musikstücke religiöse Erlebnisse stimulieren, z.B. Anton Bruckners Symphonien, Bachs „Air" aus der 3. Orchestersuite D-Dur usw. ...

---

[361] Ebd. S. 164.

[362] Vgl. Bubmann, P., Landgraf, M. (2006). *Musik in Schule und Gemeinde.* Stuttgart S. 364.

[363] Vgl. ebd. S. 335.

Wie kann traditionelle und neue Musik Menschen erreichen, denen sie kulturell fremd ist? Es kommt darauf an, wie einladend und geschickt sie vermittelt wird. Wenn religiöse Texte vertont werden, bleiben die Worte nicht dieselben. Die Musik vertieft das Verstehen, weil der Text in neue Zusammenhänge gestellt wird. *„Die Musik beginnt einen Interpretationsteppich zu knüpfen, den die Hörenden weiterentwickeln. So entsteht ein musikalischer ‚Midrasch'"*[364] (Midrasch = eine die Bibel auslegende jüdische Interpretation), der den Text auf vielfältige Weise erschließt.

Durch die Vertonung werden religiöse Texte aktuell. Gelesene oder gesprochene Texte lassen sich leichter zur Seite schieben als musikalisch „ertönende" Texte, denn letztere treffen den Hörenden ganzheitlich im Denken, Fühlen und Glauben.

2.6.1 Lobpreis

Mit dem wachrüttelnden Titel „Lobpreis (-Müdigkeit?)" fragt Guido Baltes, ob die Lobpreismusik in der Krise ist und vergleicht sie mit einer Welle, *„die unsere Länder großflächig überflutet hat, uns dabei zuweilen überrascht und erfrischt, vielleicht auch manches über den Haufen geworfen hat."* [365] Er berichtet von vielen Gesprächen mit Lobpreis-Fans, aber auch Lobpreis-Skeptikern, und meint, dass derzeitig eine Lobpreis-Müdigkeit festzustellen ist.

Wie kam es zu der „Lobpreiswelle"? Baltes spricht von Menschen, für die der Lobpreis vor allem mit der Attraktion eines neuen Musikstils verbunden war, dem Übergang von der Folk- und Chormusik zur Rock- und Popmusik. Es war endlich ein willkommener Wandel für die jüngere Generation. Schlagzeug und E-Gitarre kamen von ihren verschämten Plätzen weit außerhalb in die Kirchen und Gemeindehäuser und wurden neben Orgel und Klavier platziert - manchmal sogar an deren Stelle.

Die damalige Attraktion des Seltenen und Neuen ist aber mittlerweile zur Gewohnheit geworden. Fuhr man vor Jahren noch weite Entfernungen, um neue Lieder zu lernen und eine richtige Band im Gottesdienst

---

[364] Ebd.

[365] Baltes G. (2008). *Lobpreis (-Müdigkeit?)*. Aufatmen Nr. 3/2008 S. 17. http://www.worshipworld.de/Guido_Baltes_-_Lobpreismuedigkeit. Vgl. auch Baltes, G. (2009). *Höher. Tiefer. Weiter. Praktische Wege aus der Lobpreis-Müdigkeit.* Aufatmen Nr. 2/2009 S. 28-33 http://www.worshipworld.de/Guido_Baltes_-_Hoeher_Tiefer_Weiter

zu erleben, so ist heute ein Lied zur Gitarre mit Schlagzeug nichts mehr, was *„musikalisch vom Hocker reißt. Im Gegenteil, für Jugendliche, die musikalisch sensibel sind, atmet der Musikstil der meisten Lobpreisbands schon den Hauch der Vergangenheit“*[366]. Es ist die Musik, die ihre Eltern mögen. „Lobpreis“ ist musikalisch nicht mehr attraktiv. Und zeitgemäße musikalische Formen wie HipHop, Rap, Grunge, Crossover usw. sind nicht wirklich mit Gemeinde-Lobpreis kompatibel. Fieberhaft arbeiten Songwriter an immer neuen Liedern und es ist eine *„atemlose, aber doch frustrierende Suche nach dem immer neuen musikalischen Lobpreis-Kick [...] Wir werden bei diesem Suchen die Ermüdung nicht vermeiden können“*.[367]

Was brauchen wir für unseren Lobpreis?

Baltes meint, dass der Ablauf vieler heutiger Lobpreisgottesdienste mehr vorhersagbar geworden ist als eine katholische Messe. Er fragt, ob es neue Worte sind, die wir brauchen, und ob Lobpreis und Anbetung in ihrer heutigen Form wirklich in der Lage sind, Menschen einen Zugang zu Gott zu eröffnen. Baltes veranschaulicht die heutige Situation des Abklingens der Lobpreis-Welle, die unsere Singkultur überflutete, mit einem Bild:

> *„Wenn wir als Kinder am Strand gespielt haben, dann waren die großen Wellen zwar aufregend und es hat Spaß gemacht, in ihnen zu baden. Aber wenn wir wirklich ‚arbeiten‘ wollten, dann haben wir uns die Stellen gesucht, wo die Wellen sich gerade verzogen hatten. Hier war der Boden feucht und nicht so verkrustet wie weiter landeinwärts. Hier konnte man wirklich in die Tiefe graben. Die wahren Künstler des Burgenbaus fanden deshalb genau diejenige Linie nah am Wasser, die zwar hin und wieder von Wellen überspült wurde, aber in der Zwischenzeit die richtige Konsistenz hatte, um tief zu buddeln und hochzubauen.“*[368]

Baltes sieht in der heutigen Situation eine Chance, dass wir uns nach der bisher eher oberflächlichen Übernahme äußerer Formen der Lobpreisbewegung darauf besinnen, worum es bei ihr wirklich geht. Die Väter und Mütter der modernen Lobpreis-Bewegung wollten weder neue musikalische Horizonte eröffnen noch mit neuen Textideen aufwarten. Es ging ihnen vielmehr um eine tiefe Erneuerung der Gottesdienstkultur, um Raum für eine intensive Gottesbegegnung, um eine neue geistliche

---

[366] Ebd.

[367] Ebd.

[368] Ebd.

Tiefe und die Beteiligung des Einzelnen am gottesdienstlichen Geschehen. Dass dabei auch neue Musik und neue Gottesdienstformen entstanden, war eigentlich eher ein Nebenprodukt. Dementsprechend fragt Baltes[369]:

- Sind wir schon an dem Punkt angekommen, an dem wir solche tiefenerneuerte Anbetung in unseren Gottesdiensten erleben?
- Hat unser Gesang an Tiefe gewonnen, haben unsere neuen Lieder die Herzen unserer Gemeinden verändert?
- Sind unsere Gottesdienste zu Orten intensiver, authentischer und ganzheitlicher Gottesbegegnung geworden?
- Haben die Ehrfurcht vor der Gegenwart des lebendigen Gottes und das Staunen über seine Größe und Nähe in unseren Kirchen Einzug gehalten?
- Haben wir es gelernt, emotionale Barrieren zu überwinden in unserer Beziehung zu Gott?
- Sind unsere Versammlungen geprägt von der Begeisterung und dem Feuer der großen Erweckungszeiten?

Vielleicht singen wir ja die neuen Lobpreislieder *„mit derselben stoischen Gleichmütigkeit, mit der wir oft auch schon das Liedgut unserer Großeltern übernommen haben“* [370] - ohne unsere Einstellung zu ändern. Dann allerdings könnten auch neue Musikstile nicht wirklich helfen, in unseren Gottesdiensten geistlich etwas zu verändern. Im Sinne von Baltes‘ Bild sollten wir dann nicht zu schnell nach der nächsten Welle Ausschau halten, sondern erst einmal innehalten und anfangen, in die Tiefe zu graben – da, wo die Welle sich zurückzieht und der Boden gut vorbereitet ist. Denn hier besteht die Chance, von den Nebensächlichkeiten zur Hauptsache zu finden.

Ulrich Eggers[371] bedauert die Einseitigkeit, mit der heute oft nur noch die neuen Lieder gesungen werden oder sogar nur die jeweils allerneuesten. Mit der Frage, wo denn unsere Kinder und Enkelkinder den Schatz der alten geistlichen Lieder kennen und lieben lernen können, plädiert er für eine bunte Mischung von alten und neuen Liedern im Gottesdienst.

---

[369] Vgl. ebd.

[370] Ebd.

[371] Vgl. hier und nachfolgend: Eggers U. (2008). Aufatmen Nr. 3/2008 S. 23.

Da der Glaube etwas Lebendiges ist, sollte sich dies auch an der Liedauswahl zeigen.

Eggers meint, es sei an der Zeit, Gelegenheiten zu finden und anzubieten, dass Alt und Jung neue und alte Lieder singen und lieben lernen, weil diese Lieder im Alltag, in Krisen und Krankheit Halt und Kraft geben. Junge und Alte sollten sie gemeinsam lernen und singen und zwar ohne Polemik und Abwertung. Hierzu plädiert er für *„einen Schutzraum, wo beides seinen Platz hat und damit Vernunft und Augenmaß für ein versöhntes Miteinander"*[372].

Eggers berichtet beispielhaft von einer Gemeinde in den USA, wo man zu diesem Zweck „Extra-Liedergottesdienste" anbietet: Einmal im Monat gibt es einen „Hymn-Singing-Abend", in dem alte Glaubenslieder und Hymnen gelernt und gesungen werden. Der Abend wird als „Worship-Gottesdienst" kreativ und unterschiedlich gestaltet, mit Bibeltexten oder unterschiedlichen Begleittexten (z.B. mit Entstehungsgeschichten der Lieder oder Informationen zu den Liederdichtern). Erstaunliches ist die Folge: Viele kommen und singen mit – darunter längst nicht nur Leute aus der älteren Generation. Dieser Liedergottesdienst mit den alten „Schätzen" ist zu einer der beliebtesten Veranstaltungen geworden.

Um zu mehr Informationen über die „alten Lieder" zu kommen, berichtet Eggers von einer Leserbefragung in der Zeitschrift „LebensLauf", bei der nach den geistlichen Lieblingsliedern[373] gefragt wurde.

Nachfolgend die zwanzig wichtigsten Lieder aus diesen Rückmeldungen:

1. Befiehl du deine Wege
2. Großer Gott, wir loben dich
3. Lobe den Herren, den mächtigen König der Ehren
4. Stern, auf den ich schaue
5. Geh aus mein Herz, und suche Freud
6. So nimm den meine Hände
7. Weiß ich den Weg auch nicht, du weiß ihn wohl

---

[372] Ebd.

[373] Es wird bei diesen Ergebnissen allerdings nicht hinreichend klar, aus welcher Denomination die Befragten kommen und welches Alter sie haben. Vgl. deshalb hierzu Kapitel 3 dieser Arbeit.

8. Du meine Seele singe
9. Nun danket alle Gott
10. Ich steh an deiner Krippen hier
11. Welch ein Freund ist unser Jesus
12. Gott ist gegenwärtig
13. Ich singe dir mit Herz und Mund
14. Ein feste Burg ist unser Gott
15. Ich bin durch die Welt gegangen
16. Sollt ich meinem Gott nicht singen
17. Jesu geh voran
18. Schönster Herr Jesus
19. Jesus ist kommen, Grund ewiger Freude
20. Mir ist Erbarmung widerfahren.

2.6.2 Über die Theologie von Lobliedern unterschiedlichen Stils

Die Frage, welcher Musikstil für den wahren Gottesdienst angemessen ist, stellte sich auch der schweizerische Pfarrer Nussbaumer, als er die beiden unterschiedlichen Stilrichtungen des reformierten Gesangbuches und der Lobpreis- und Anbetungslieder charismatischer Herkunft gegeneinander hielt. Seine erste etwas plakative Antwort war:

> *„Die Reformierten Loblieder richten sich an den Kopf, die charismatischen an den Bauch. Beides gehört zum Menschen".* [374]

In einem Gespräch mit dem befreundeten Pastor Edwin Donnabauer aus einer Pfingstgemeinde ergab sich, dass die frühe Musik der Pfingstbewegung ihren geistlichen Wurzeln entsprechend von den englischen Erweckungsliedern und den Liedern der Heiligungsbewegung des 18. Jahrhunderts geprägt wurde. Aber auch Zinzendorf und Gerhardt haben die pfingstliche Musik beeinflusst, ebenso amerikanische Spirituals und Gospels und die populären Musikstile bis in die Gegenwart.

Bis in die Mitte des 20. Jahrhunderts wurden sowohl in den evangelikalen Gemeinden als auch in den Gottesdiensten der Pfingstkirchen Erwe-

[374] Nussbaumer, A. (o.J.). *Die Theologie von Lobliedern unterschiedlichen Stils.* http://www.confessio-wue.de/fileadmin/confessio-wue/data/pdf/Lobpreis_1_.pdf

ckungslieder und schlichte, sehr einfache Chorusse gesungen[375], die in der Regel aus einer einzigen Strophe bestanden und damit sehr flexibel eingesetzt werden konnten. Thematisch ging es dabei häufig um die Freude in Christus und besonders die Vorfreude auf sein Wiederkommen. Danach wurde die Musik teilweise professioneller, beeinflusst von den Gospels und der weltlichen Popmusik. Zu der heute festzustellenden „Hymn-Explosion" äußert sich Donnabauer kritisch:

> *„Heute muss festgestellt werden, dass die altbewährten, jahrzehntelang in Gebrauch gewesenen Erweckungs- und Heiligungslieder mehr und mehr an Bedeutung verlieren. Eine Flut neuer Songs, Lobpreis- und Anbetungslieder dringt in unser Land ein. Die Themen sind teilweise kämpferisch."*[376]

Donnabauer stellt bedauernd fest, dass sich ein Musikstil entwickelt, der wenig Wert auf schöne Melodien legt. Wenn er eine andere Pfingstgemeinde besucht, könne er die Lieder dort oft nicht mitsingen, weil eine kleine Gruppe dieser Gemeinde einen Kongress besucht und von dort neue Lieder mitgebracht hat. D.h. die neuen Lieder sind für die Pfingstbewegung nicht mehr identitätsstiftend.

Die Lobpreiswelle hat nach Donnabauer fast jede Chorarbeit zum Erliegen gebracht. Das Lobpreisteam wird elektronisch verstärkt und bringt oft zu viele neue Lieder. Die Gemeinde singt kaum mehr mit. Der Lobpreis verkommt zum Vortrag und zur Berieselung. Zudem seien die Texte der Lobpreislieder einseitig: zwar wird die innige Liebe zu Gott betont, zu kurz kommen aber die Themen Heiligung, Aufruf zur Mission, Kirchenjahr, Kreuz und Leid und Vorläufigkeit unseres Tuns.

Laut Donnabauer äußerte sich Graham Kendrick, der „Vater der modernen Lobpreismusik", in Idea Spektrum Nr. 5/2005 in eine ähnliche Richtung. Er macht sich Sorgen über die aktuelle Entwicklung auf diesem Gebiet. Beim Lobpreis handele es sich oft um „Happy Worship", während Themen wie Buße und Heiligung ziemlich verloren gegangen seien. Kendrick empfindet es als unecht und unehrlich, wenn nur über die Gefühle der anbetenden Menschen gesungen werde. Viele wollten aus dem wirklichen Leben fliehen und sich keine Gedanken machen über

---

[375] Vgl. hierzu die Ergebnisse unserer Befragung im Kapitel 3, die auch in musikalischer Hinsicht eine große Ähnlichkeit zwischen den Pfingstgemeinden und den evangelikal-pietistischen Gruppierungen ergab, während die Zusammenhänge der Pfingstgemeinden mit der traditionellen Landeskirche weitaus geringer sind.

[376] Ebd.

Probleme wie Sünde und Schuld. So entstünden „einfarbige“ Anbetungszeiten.

Nussbaumer berichtet über einen Besuch in einer benachbarten Gemeinde und bewertet deren Anbetungslieder subjektiv folgendermaßen:

„Musikalisch-formal: Da ein Teil der Gemeinde immer einen halben Schlag hinter der Band her singt, entsteht ein ‚verschmierter‘ Gesang, der zudem in den Ohren eines Klassik gewohnten Zeitgenossen beinahe schmerzhaft unrein klingt. Die Melodien sind einfach, um nicht zu sagen armselig.

In Bezug auf die Musikgeschichte: Eine Frage, die mich traurig stimmt, beschleicht mich: Ist das alles, was von der ganzen reichen christlichen Musiktradition übrig bleibt? Palestrina, Bach, Paul Gerhardt, Gerhard Tersteegen, Nikolaus Ludwig Graf von Zinzendorf, all die Heiligungs- und Erweckungslieder usw. Was für eine Verarmung!

Die hier gesungenen Lieder haben nicht bloß die gesamtchristliche Musiktradition vergessen, sondern auch die eigene, charismatisch-pfingstliche. Es kommen nur Stücke vor, die in den letzten wenigen Jahren entstanden sind.

Inhaltlich: Die ganze Musik klebt sowohl musikalisch als auch inhaltlich am Hier und Jetzt. Die Liedthemen verharren im gegenwärtigen Triumph des Geistes, an der gegenwärtigen Herrlichkeit Gottes. In den Liedern dieses Gottesdienstes kommen Themen wie Sünde und Not nur als überwundene, nicht aber als gegenwärtig real existierende Phänomene vor.“[377]

Zusammengefasst meint Nussbaumer, dass die Lieder die Herrlichkeit, Macht und Ehre Gottes betonen, was dann im Grunde auf die Prädestinationslehre in der Theologie Calvins hinauslaufe, die die Ehre Gottes ganz ins Zentrum rückt und daher dem Menschen den freien Willen abspricht, zumindest was die Erlangung des Heils anbetrifft.

Nussbaumer vergleicht nun[378] die Lieder des Reformierten Gesangbuches mit dem charismatischen Liedgut und kommt zu dem Schluss, dass das reformierte Gesangbuch eine Sammlung von Liedern mit einem repräsentativen Querschnitt seit der Reformation aus den nachfolgenden Jahrhunderten ist. Dabei weisen die Lieder eine große Glaubenstiefe auf, die s. E. leider von vielen Predigten nicht eingeholt wird. In letzter Zeit

---

[377] Ebd.

[378] Ebd.

werden innerhalb der großen Landeskirchen jedoch auch Anleihen bei den modernen Musikstilen unter anderem aus den charismatischen Gemeinden gemacht, was seine guten, aber auch problematischen Seiten hat.

Das charismatische Liedgut hat zwar eine nur hundertjährige Geschichte, umfasst aber inzwischen eine Fülle von Themen. Das Problem ist jedoch, dass innerhalb der charismatischen Bewegung teilweise in einer Tendenz zur Geschichtsvergessenheit sogar die alten Lieder der eigenen Tradition nicht mehr gesungen werden.

Nussbaumer zählt auf, was in den von ihm besuchten Gemeinden gesungen wurde:

„Von Schmerzen heilte er mich. Ich weiß, er hat mich befreit. –

Sein Blut bedeckt meine Schuld. –

Ja, ich weiß, ja ich weiß, er nahm meine Schuld von mir. –

Du nimmst die Last von mir. –

Ich stehe auf mit dir, ich laufe dir entgegen. Herr, ich sehe: Dein Reich kommt.

Halleluja, der Herr regiert, der Allmächtige regiert. Er hat seine Macht erwiesen, er hat mächtig triumphiert. Er ist Sieger über Finsternis und Tod. Er hat die Ketten zerbrochen und die Gefangenen befreit. Durch seine Gnade sind wir erlöst. –

Wo immer ich bin, ich preis ihn. Seine Liebe umgibt mich wie das Meer.“

Nachfolgend einige Punkte der Bewertung des gegenwärtigen charismatischen Liedgutes durch Nussbaumer mit einem Nebeneinander von „Lob und Tadel“:

- Es ist völlig in Ordnung und wichtig, Gott als liebevollen Vater anzubeten. Die bleibende Unverfügbarkeit Gottes wird aber nicht immer gewahrt. Jesus wird zum Kumpel, der alle Probleme löst und stets unmittelbar und direkt ins Leben eingreift und für alle Kleinigkeiten sorgt.

- Lobpreis und Anbetung erscheinen als jederzeit verfügbare, garantiert wirksame Waffen im Kampf mit den Widrigkeiten des Lebens:

  „Der Himmel wird sich über deinem Leben öffnen, und die heilige Salbung Seines Geistes wird auf dir ruhen. Die Schwierigkeiten in

deinem Leben werden sich lösen. Mächte der Krankheit werden weichen müssen und die Fesseln, die Satan deinem Leben anlegen will, werden zerbrochen werden. Durch Loben und Danken wirst du das Land einnehmen.“

- Die Charismatiker entdeckten den Wert einer ganzheitlichen Anbetung. In Anlehnung an die hebräische Kultur, die keine Trennung zwischen Leib und Seele kennt, soll auch der Betende mit seiner Gestik zum Ausdruck bringen dürfen, was ihn innerlich bewegt. Ganzheitliches Gotteslob hat eine therapeutische Dimension (vgl. Gebetsseelsorge, bei der der Seelsorge-Empfänger an der Hand Jesu durch seine Biographie geht und Jesus zusammen mit dem Seelsorger bittet, die Verletzungen zu heilen.)

- Die spontane Art von Lobpreis hat eine missionarische Nebenwirkung. Sie stellt einen Kontrapunkt zum modernen Tabu dar, über religiöse Dinge zu reden. Die emotionale, körperbetonte Art der Anbetung, verbunden mit „lässiger“ Musik, zieht vor allem junge Menschen an.

- Generell besteht die Gefahr, den Verstand und damit die Theologie zu unterschätzen. In Römer 12,2 ist vom „vernunftgemäßen Gottesdienst“ die Rede. Eine große Gefahr der protestantischen Gottesdienste ist deren Ethisierung, eine große Gefahr der charismatischen Gottesdienste ist deren Abtrennung vom Alltag. Abgehobenes Geisteswirken im Gottesdienst bleibt möglicherweise ohne Konsequenzen für den Alltag und die Persönlichkeitsentwicklung. Es kann nicht sein, dass „geistliche Kriegsführung“ das sozialethische Handeln erübrigt.

- Das charismatische Liedgut hat ein theozentrisches Gefälle. Anbeten ohne Erbeten: Gott soll um seiner selbst willen angebetet und in seiner ewigen Schönheit gepriesen werden. Die Unerschöpflichkeit der göttlichen Vollkommenheit kann von keiner menschlichen Aussage eingeholt werden. Darin berührt sich die Charismatik mit der Orthodoxie. Das Gotteslob von uns Menschen ist Teilnahme am Gotteslob im Himmel. Der Lobpreis ist eine Vorweg-Erfahrung des Seins vor Gott im Jenseits.

- Diese Theozentrik hat aber auch eine Kehrseite: Die Heilstaten Gottes in der Schöpfung und der Geschichte treten gegenüber seinem Dasein zurück. Beispiel: *„Herr im Glanz deiner Majestät,* *auf den Stufen vor deinem Thron stehen wir in deinem Licht und singen dir Lieder."*

- Traditionell reformatorische Gottesdienste sind stark christologisch ausgerichtet und weisen ein pneumatologisches Defizit aus. Auf der anderen Seite stehen charismatische Gottesdienste in der Gefahr, das Wirken des Heiligen Geistes zu wenig trinitarisch zu verankern, zu wenig in den Rahmen des durch Jesus Christus geoffenbarten dreieinigen Gottes zu stellen, was nicht der neutestamentlichen Überzeugung entspricht.

- Die Theozentrik der charismatischen Lieder hat die menschlichen Probleme aus den Liedern verdrängt – es fehlt die Klage, so dass leicht eine Scheinwirklichkeit entsteht. Eine heile Welt wird vorgetäuscht, in der man sich über die konkreten Probleme „hinwegjubiliert." Aus der Sehnsucht nach der Nähe zu Gott kann sich eine Sucht entwickeln, das Hochgefühl der erwähnten Schweinwirklichkeit zu erleben. Die Theozentrik leistet einem unguten Triumphalismus Vorschub. Zinzendorf betonte: „Bei unserem ‚Halleluja' ist das ‚Jesus, erbarme dich' immer nahe dabei.

- Theologisch gesprochen wird dadurch Die Spannung zwischen dem „Schon" und dem „Noch nicht" aufgehoben. Der eschatologische Vorbehalt fällt dahin. Paulus schrieb: *„Nicht dass ich es schon erreicht hätte oder dass ich schon vollendet wäre. Aber ich strebe danach, es zu ergreifen, weil auch ich von Christus Jesus ergriffen worden bin"* (Phil 3,12). Weil die Kräfte des Geistes Gottes n in Anspruch genommen werden, bekommt der charismatische Gottesdienst einen siegesgewissen Grundzug. Es soll Freude herrschen wie bei den ersten Christen. Demgegenüber treten Schuld und Versagen des Menschen zurück.

Die hier aufgelistete Kritik zeigt, dass Nussbaumer mit seinem Für und Wider ringt, und es wird spürbar, wie auch er um das gefährdete Liedgut besorgt ist. Dabei zitiert er Lothar Kosse, der in einem Referat (2004) folgende Gedanken äußerte:

„Wir müssen nicht selber etwas kreieren. Alle Sounds und alle Musik sind bei Gott schon vorhanden. Alles wird schon im Himmel gespielt. Gott will Lieder freisetzen. Es soll Lieder geben, die im guten Sinn Volkslieder werden. Wir wollen diese Lieder hervorrufen. Wir schreiben die Lieder nicht selber, sie sind schon da. Das hat mehr mit Archäologie zu tun. Wir machen den Schutt beiseite und sagen ‚Aha!', graben weiter

und entdecken ein ganzes Mosaik. So entsteht ein besonders schönes Lied, wenn wir hartnäckig genug sind.“

Nussbaumer findet diese Ansicht sympathisch, weil sie sich an die Aussage Paulus‘ anlehnt: *„Seine Geschöpfe sind wir, in Christus Jesus dazu geschaffen, in unserem Leben die guten Werke zu tun, die Gott uns im Voraus bereitet hat.“* (Eph 2,20) Er hält jedoch die Tatsache für problematisch, *„dass (vermeintlich) so gefundene Lieder vom Geschöpflichen abgekoppelt und damit der Kritik entzogen sind.“*

Zusammengefasst sieht Nussbaumer drei Gefährdungen und zieht folgendes Fazit (vgl. ebd.):

1. *Geschichtsvergessenheit, Verkennung des Geisteswirkens auch in festen Formen*

Wenn der Geist Gottes immer nur spontan wirken soll, dann wird er merkwürdig ortlos und lässt sich nirgendwo mit Gewissheit finden. Die Glaubenserfahrungen unserer Vorfahren werden nicht „angezapft“. Eine mangelnde Verwurzelung macht beeinflussbar für Modeströmungen und so werden auch die alten Lieder bzw. alte Glaubenseinsichten gegen das Allerneueste ausgetauscht.

Das Klagen hat in den charismatischen Gottesdiensten keinen Platz und wer es dennoch tut, steht in der charismatischen Theologie des Sieges und der Glorie unter dem Generalverdacht, nicht richtig zu glauben. Leid, Sünde, Krankheit und das Schwere im Leben, kommen in den charismatischen Gottesdiensten nur als zu überwindendes oder bereits überwundenes Phänomen vor. Diese Geschichtsvergessenheit lässt sich ausweiten zu einer ganz allgemeinen „Zeitstromvergessenheit“, bei der auch auf die Zukunft hin der Zeitstrom vergessen wird.

2. *Drohende Monotonie – Vergessen des Kirchenjahres*

Die Fokussierung auf die Gegenwart, das Herauslösen des Heiligen Geistes aus der Trinität, die erwähnte Geschichtsvergessenheit hat zur Folge, dass in vielen charismatischen Gottesdiensten das Kirchenjahr vergessen wird. Wenn vergessen wird, dass Gott in Jesus Mensch wurde, dann geht die Erdung des Glaubens und damit die Zuwendung des Glaubenden zur Welt und ihren Nöten, ihrer Kultur und Politik verloren.

3. *Der Gottesdienst und der Alltag driften auseinander*

Um diesen Gefahren auszuweichen, zählt Nussbaumer fünf Elemente auf, die es wert zu sein scheinen, in den Gottesdienst integriert zu werden. Man sollte:

a) den Gottesdienst für das spontane Wirken des Heiligen Geistes öffnen und dies nicht länger auf Predigt und Sakrament beschränken. Dazu sind in den traditionellen Gottesdienstordnungen Freiräume für spontanes Geisteswirken zu schaffen;

b) die Begabungen aller Gottesdienstteilnehmer entdecken;

c) im Rahmen einer ganzheitlich verstandenen Gottesdienstkultur das Wirken des Geistes im Gottesdienst nicht mehr primär auf den Verstand und den Willen der Gottesdienstteilnehmer ausgerichtet sein lassen, sondern auch deren Emotionen und Körperlichkeit einschließen;

d) den Hauptgottesdienst durch zusätzliche Veranstaltungen mit Exerzitiencharakter ergänzen, damit durch die Dynamik des Geistes den ernsthaften Nachfolgern Jesu eine fortschreitende Gotteserkenntnis ermöglicht wird. (Joh 16,13);

e) durch die bereits bestehenden charismatisch geprägten Gottesdienstformen im Rahmen der lutherischen, reformierten, anglikanischen und katholischen Kirche zeigen, dass sich traditionelle und freiere liturgische Formen durchaus gegenseitig befruchten können. Einerseits führt das zu einem zunehmenden geistlichen Verständnis der geprägten liturgischen Formen: Die Predigt wird lebendiger und die Sakramente tiefer verstanden und öfter in Anspruch genommen. Andererseits wird der charismatische Gottesdienst von seiner Fixierung auf das spontane Geisteswirken befreit.

2.6.3 Die Wirkungen der Musik ganzheitlich gesehen

Die Bemühungen der Theologen und Musiker um die gegenseitige Befruchtung von traditionellen und freieren liturgischen Formen sind deutlich ersichtlich, doch wird es wohl immer Meinungsverschiedenheiten in Fragen der Stilrichtungen geben, die sich auch in Generationsproblemen niederschlagen. In diesen Diskussionen sollte m.E. der Fokus auf zwei Fragen gerichtet sein:

- Wie kann Musik Gott und seinem kommenden Reich wirklich dienen?
- Wie und mit welcher Musik können Menschen jeglichen Alters näher zu Gott geführt werden und damit eine wesentliche Hilfe für ihr Leben finden?

Es sollte dabei immer der ganze Mensch bedacht werden, als eine „lebendige Seele“ im Sinne von 1.Mose 2,7. So sucht und wünscht sich ein Gottesdienstbesucher die ganzheitliche Begegnung und Stärkung für alle Bereiche seiner Person, die ihn sowohl durch das Wort der Predigt als auch durch die Musik mit ihren geistlichen Texten anspricht[379].

2.6.4 Psychischer Aspekt:

Der Besucher kann durch die verschieden thematisierten Lieder (Trost, Ermutigung, Hoffnung, Vergebung, Hingabe in Gottes Hand) eine emotionale Entlastung erfahren. Die Harmonie und Schönheit von Musik tut ihm wohl und er fühlt sich abgeholt aus seiner Alltagswelt. Durch den Ortswechsel und damit die Distanz zu seiner ihn umgebenden Sorge kann er freier werden und sich für neue Einstellungen öffnen.

Die hohe Qualität dargebotener Musik beeindruckt und unterstützt seine freie Entscheidung, auf Gott zu vertrauen und offen zu sein - ein wichtiger Aspekt auch für einen Gast, der zum ersten Mal da ist. Durch das Hören auf das Wort Gottes - auch im Lied -, kann ein Mensch seine gegenwärtige und zukünftige Situation klarer erkennen und damit eine neue Sichtweise mit damit verbundenen zuvor ungeahnten Lebensperspektiven bekommen.

2.6.5 Somatischer Aspekt:

Der Gottesdienstteilnehmer kann beruhigt und entspannt sein, er hat seine Arbeit unterbrochen und ist dadurch frei. Diese Entlastung ermöglicht ihm, sich durch meditative Anbetungslieder auf das geistliche Geschehen einzustellen und konzentriert dem Ablauf zu folgen. Auch die Freude im Glauben kann sich bis hin zu körperlicher Aktivität auswirken und dem Wunsch, aus seiner Beglückung heraus einmal wie David und Mirjam zu tanzen.

2.6.6 Pneumatischer Aspekt:

Das Haus Gottes ist immer ein Zufluchtsort. Als angefochtener Christ im „Hause des Herrn“ (Ps 27,4) zu sein, bedeutet Einkehr und Einsicht,

---

[379] Auf das Konzept der Ganzheitlichkeit wird im Kapitel 4 ausführlich eingegangen.

wie es im Psalm 73 zum Ausdruck kommt: *„...bis dass ich ging in das Heiligtum Gottes und merkte auf ihr Ende.“* Aus der Liebe zur *„Stätte seines Hauses“* (Ps 26,5), in dem Musik gemacht wird, die von *„Harfen und Psalter von zehn Saiten mit einem neuen Lied gesungen wird“* (Ps 33,2), entspringt Hoffnung, die für den Gläubigen eine regelmäßige Nahrungsquelle auf seinem Wege ist.

2.7 Fazit

Es erscheint als Binsenweisheit und muss doch am Ende der Literaturstudien nochmals zusammenfassend gesagt werden: Singen ganz allgemein tut den Menschen gut und fördert ihre Gesundheit im ganzheitlichen Sinn. Deshalb ist es auch unverantwortlich, wenn in Elternhäusern, Kindergärten und Schulen immer weniger gesungen wird, und es sollte alles Mögliche unternommen werden, um einem weiteren Trend der Passivität entgegenzuwirken. Denn es besteht ein deutlicher Unterschied zwischen dem aktiven Singen und dem passiven Hören von Musik. Ersteres ist ganzheitlich gesehen weitaus effektiver.

Das Singen hat aber noch einen weitreichenderen und globaleren Effekt. Weil es sich auch auf die Gesundheit eines ganzen Staates auswirkt (Lebenszufriedenheit, Vermeiden von Kriminalität und Gewalt an Schulen, Einsparung von öffentlichen Geldern u.v.m.), muss über eine allgemeine Förderung und Motivation des Singens länderweit nachgedacht werden.

Musik ist ein Geschenk Gottes an die Menschen und wird, wenn die Menschen es sich nicht selbst zerstören, durch alle Zeiten bestehen bleiben. Singen ist eine Ressource, die dem Menschen zu keinem Zeitpunkt seines Lebens genommen werden kann. Ob jung oder alt, fröhlich oder traurig, einsam oder in Gesellschaft: Singen ist immer möglich. Darum: Singet dem Herrn ein neues Lied, denn er tut Wunder (Psalm 98)!

Kirchengeschichtlich gesehen kann aus den vorangegangenen Untersuchungen folgendes Fazit gezogen werden:

In der Reformation wurden die Gesänge *„aus den Schätzen der vorherigen Jahrhunderte gewählt“*[380], indem Martin Luther altes Liedgut für die neue Kirche revidierte. Er dichtete lateinische Hymnen, Psalmen, liturgische Gesänge und biblische Stücke zu Liedern für den deutschen

[380] Schweitzer A. (1967). *Joh. Sebastian Bach.* Wiesbaden S. 6.

Gottesdienst um. Die Gemeinde konnte auf diesem Grund weiter bauen, weil Luther nicht zuließ, dass man den „alten Wald abholzte“, sondern darauf achtete, dass das neue Lied im Schatten des alten emporwachsen müsse“. Dieses geschichtsbezogene Denken verhinderte ein Verwildern des Liedgutes und auch generationenüberschreitende Konflikte.

Durch den Verfall des deutschen Reiches und den Verlust des Nationalgefühls in der Barbarei des dreißigjährigen Krieges fand eine Umbesinnung statt:

„Von allen geistigen Gütern blieb nur die Religion übrig. In ihren Schoß flüchtete sich die Dichtung. So schuf Deutschland in seiner schwersten Not eine religiöse Poesie, der nichts in der Welt gleichkommt“[381].

Musik und Kunst dienten zu jener Zeit ausnahmslos Gott, dem Schöpfer. Durch die Erfahrung eines kollektiven Defizits kann der Blick wieder klar für die wesentlichen Belange werden und das Erkannte sich in geistlicher Dichtung und Musik niederschlagen. Dies wirkt der verlockenden Gefahr von Kommerzialisierung und Eigenruhm entgegen.

Nach der Zeit Johann Sebastian Bachs verdrängten die Einflüsse der italienischen weltlichen Musik und auch der anderen Künste mehr und mehr die sakrale Kunst und öffneten die Tore der Theater und Konzertsäle. Dieser Wandel geschah auch in Forschung, Wissenschaft und Philosophie. Die Zeit war reif für die Aufklärung und den Rationalismus. Damit wurde der Kurs im sogenannten „christlichen Abendland“ in Richtung Gottesferne und den Verlust von Traditionen und Werten gelenkt.

Mit den Ergebnissen der vorliegenden Arbeit soll auch der Frage nachgegangen werden, ob sich heute die Musik und die ganze Kunst in einem ähnlichen *Wandlungsprozess* befindet.

Zu allen Zeiten können Lieder „tot gesungen“ werden, wenn die Singenden und Musizierenden nur noch routiniert und ohne intrinsische Motivation die Lieder absingen. Diese stoische Gleichmütigkeit hat nichts mit dem Musikstil zu tun, entscheidend ist, ob der singende Mensch in einer lebendigen Gottesbeziehung steht und ihn die Worte und Töne gleichsam im Innersten berühren.

Harald Schroeter-Wittke bemerkt in seinem kleinen Dekalog über Musik und Religion:

---

[381] Ebd.

„Liebe zu Gott und Liebe zu den Menschen sind in beiden [Musik und Religion] ununterscheidbar, vom Hohelied der Liebe aus der Bibel – bis hin zu zeitgenössischer Popmusik. Beide haben es mit der Rhythmisierung und Strukturierung von Zeit zu tun, die sie aber so gestalten, dass sie die Zeit dabei vertreiben. Beide bringen Menschen in Bewegung. Beide sind nicht zu enträtseln, weil sie ein Geheimnis haben [...] Wer Musik und Religion verstehen will, muss sie ausüben und sich aufs Spiel setzen. Beide sind Darstellungsflächen für unsere Gefühle, beide laden ein zur Projektion. Doch beide tragen auch das Potential des Unerhörten in sich, welches uns irritiert und zu neuen Ufern aufbrechen lässt, ja umkehren lässt. Beide sind Grenzlandschaften der Umordnung.“ [382]

Schroeter-Wittke sieht im Musikhören (und Musikmachen), dass der Körper Musik wird und die Musik wird Körper. Sie geht unter die Haut, die unser wichtigstes Organ dieser „akustischen Massage“ ist und bringt sie zum Mitschwingen. Sie lässt die Haut zu einer Membrane werden und damit wird der Mensch zu einer Person, durch die etwas hindurch klingt: Per-Sonare. Der Mensch wird so theologisch als Instrument beschreibbar:

„Ein Instrument wird geblasen. Der geblasene, angewehte und so zum Instrument gewordene Mensch ist Mittelpunkt aller Vorstellungen von Inspiration. Ein Instrument wird aber auch geschlagen. So ist es der geschlagene, gebeutelte, erschütterte, erzitternde Mensch, der zum Instrument wurde, diesmal Saiten-, nicht Blasinstrument. Organologisch treten sich Inspiration und Perkussion völlig gleichberechtigt zur Seite [...] Mit diesem In-Perkussion-Sein des Menschen als Durchzitterung und Schweben hat sich Descartes' Versuch, klanglos zu denken, erledigt.“

Wenn „Musikalische Seelsorge“ (Kapitel 2.5) als ganzheitlicher Zugang zum Menschen gesehen wird, bedeutet dies, insbesondere im westlichen Abendland, die Aufgabe, eine Lücke auszufüllen, denn die Schwerpunkte von Psychotherapie und therapeutischer Seelsorge lagen bislang im tiefenpsychologischen oder allenfalls im kognitiven Bereich.

Mein Fazit für die Praxis in der Seelsorge: Die Chancen der Musik im Allgemeinen und die des Singens im Besonderen sollten im Sinne der Allgemeinen Psychotherapie und Seelsorge genutzt und in die Ausbildung von Seelsorgern integriert werden. Musik und Singen sind Res-

---

[382] Vgl. Harald Schroeter-Wittke. *Der Geist Gottes swingte über den Wassern* (Unerhörte Bestimmungen zwischen Musik und Religion). Tà katoptrizòmena 52.

sourcen, die nicht länger unbeachtet bleiben, sondern sowohl in der Einzelberatung als auch in der Gruppe hilfreich eingesetzt werden sollten.

Da Gott die Musik zu seiner Ehre und zur Freude der Menschen gemacht hat, sollte man

1. *qualitativ das Beste bringen.*

   Fleiß und Anstrengung werden oft zu wenig von den Sängern und Musikern gefordert und leider häufig schon Vorsätze oder kleine Erfolge unmäßig belohnt. Die Sänger und Musiker sollten auch Programme ohne Noten beherrschen können, so wie dies in vielen Kirchen Amerikas an der Tagesordnung ist. Wirklich hilfreich wäre auch, allgemein kritischer gegenüber Solisten, Chören und Musikbands zu sein und nicht gleich jeden ambitionierten oder motivierten Musiker ohne Übung und Schulung auftreten zu lassen.

2. *die Motivation der Musizierenden hinterfragen.*

   „Vorne" stehen zu wollen hat oft wenig mit Musik und umso mehr mit den unterschiedlichen Strebungen (in diesem Falle insbesondere mit dem Bedürfnis nach Ehre) der Menschen zu tun. Dies muss erkannt werden. Jeder Mensch, der für Gott und für andere Menschen im Rampenlicht steht, sollte sich darum sowohl einer Prüfung der Qualität als auch seiner Motivation für den Gottesdienst unterziehen.

2.7.1 Das Lied Moses – ein Sprechgesang als Fazit am Endes seines Lebens

Wem gehört die Ehre? Als Mose am Ende seines Lebens Bilanz zieht, kann er nur tief bewegt „sein Lied" als Testament unter die Menschen bringen (5 Mo 32):

„Merkt auf, ihr Himmel!
[...] meine Lehre triefe wie der Regen
und meine Rede fließe wie Tau,
wie der Regen auf das Gras und wie die Tropfen auf das Kraut.
Denn ich will den Namen des Herrn preisen.
Gebt unserem Gott allein die Ehre!
Er ist ein Fels. Seine Werke sind unsträflich;
Denn alles, was er tut, das ist recht.

Treu ist Gott und kein Böses an ihm;

Gerecht und fromm ist er […]

Nehmt zu Herzen alle Worte, die ich euch heute bezeuge,

dass ihr euren Kindern befehlt, alle Worte dieses Gesetzes zu halten und zu tun.

Denn es ist nicht ein leeres Wort an euch, sondern es ist euer Leben,

und durch dies Wort werdet ihr lange leben in dem Lande,

in das ihr zieht über den Jordan,

um es einzunehmen.“

Durch Moses gesungene Worte, die ja langsamer sind als die gesprochenen, kann das ganze Volk über das Gesungene nachdenken, das ihnen als Gottes großes Handeln vor Augen gemalt wird und seine Gefühle des Vertrauens in Gott entfalten. Es ist eine Zusammenfassung dessen, was Mose sein ganzes Leben lang mit Gott erlebt und erfahren hat: Eine Anbetung, die schon die Musikklänge der Ewigkeit andeutet.

Vieles wurde über die Wirkung von Musik geschrieben und auch über die Gefahr, dem Gesang mehr Aufmerksamkeit zu schenken als dem im Gesang transportierten Wort (s. Augustinus in Kap. 2.2). Daher soll im Zusammenhang von Seelsorge und Glauben der Gesang nur als ein Instrument dienen, das die Worte nachhaltiger und unvergesslicher an die Zuhörer bringt. So ist die seelsorgerliche Frage an Sänger und Musiker: *„Wem gehört die Ehre?“*, denn Gott sagt in Jesaja 42,8

„Ich, der Herr, das ist mein Name; und will meine Ehre keinem andern geben noch meinen Ruhm den Götzen.“

Gott weiß um die Ehrbedürftigkeit der Menschen – auch der Musiker, aber mit einer ausschließlich auf den Gewinn von Ehre ausgerichteten Motivation wird kein Künstler auf Dauer glücklich. Erfolg ist zwar wichtig, doch wenn die Ehre nicht „geteilt“ wird, entwickelt sie Suchtpotential. Eine gesunde Motivation liegt in der Hierarchisierung.

Musik ist nur eine Magd, eine Schöpfung Gottes, die dem Zuhörer dazu dient, Gottes Worten und seinem Tun noch größere Aufmerksamkeit zu schenken. Wenn begabte Liedermacher aus Freude an ihrem Schaffen und aus der Ehrfurcht vor Gott ein Lied für Gott zu schreiben, und qualifizierte Musiker und Sänger glücklich über ihr Können sind und zugleich in der Abhängigkeit zu Gott arbeiten, wird sich das geistliche Lied in jeder Epoche segensreich für die unterschiedlichen Bedürfnisse und unter einem ganzheitlichen Aspekt auswirken.

Wenn aber geistliche Lieder – egal welchen Stils – der Kommerzialisierung dienen, zu einem Glaubensersatz für Musiker und Sänger werden und nur zur Befriedigung von Emotionen bei den Zuhörern beitragen, haben sie ihren Sinn verfehlt. Hierzu meint Helmut Lamparter:

„Die christliche Botschaft wird nicht dadurch interessant, dass man sie modern verpackt. Es muss einer kommen, der die biblischen Texte zu dem Leben erweckt, von dem sie herkommen und zeugen." [383]

Musik ist auch ein Vorgeschmack der von Gott verheißenen neuen Welt. Sie findet nicht nur in der gegenwärtigen Zeit ihren unverzichtbaren Platz, sondern erst recht in der zukünftigen Schöpfung wird Gott durch Musik Hörerlebnisse und Möglichkeiten schaffen, „die kein Ohr gehört hat" - und wird sie „bereiten denen, die ihn lieben." Paul Gerhardt formuliert dies in einem der Toplieder („Geh aus mein Herz und suche Freud"):

„Welch hohe Lust, welch heller Schein wird wohl in Christi Garten sein! Wie muss es da wohl klingen, da so viel tausend Seraphim mit unverdrossnem Mund und Stimm ihr Halleluja singen."

Aus dieser Perspektive sollten sowohl die Musizierenden als auch die Hörenden immer die Quelle vor Augen haben:

„Von Gott und durch Gott und zu Gott hin sind alle Dinge", so wie es Johann Sebastian Bach praktiziert hat, indem er alle seine Werke Gott widmete: „Soli deo gloria!"

2.7.2 Warum die Umfrage nach einem „Liedkulturerbe"?

Dass Liedern im Gottesdienst eine zentrale Rolle zukommt, wurde durch die vorangegangenen Betrachtungen hinreichend bestätigt. Auch wurde gezeigt, dass es zu allen Zeiten unterschiedliche Lieder gab und wohl auch zukünftig neue geben wird. Durch den rasanten Wandel unserer Medienlandschaft hat sich dennoch einiges im Vergleich zu früher gewandelt. So gibt es z.B. in manchen Gemeinden keine Gesangbücher mehr, weil sie durch Beamerprojektion ersetzt werden. Damit fällt dann die Möglichkeit des Nachstudierens zu Hause weg. Die Lieder – wenn sie nicht ständig gesungen werden – verblassen sehr bald.

Die Zahl der „Liedermacher" wächst ständig und nicht selten stehen sie vor der Aufgabe, jede Woche neue Lieder zu kreieren – doch es gab

---

383 Ziegler H. (1967). *Weicht ihr Trauergeister*. Metzingen: Klappentext.

eben in der Musikgeschichte bisher nur einen Johann Sebastian Bach, der für jeden Sonntag eine Kantate zu komponieren hatte. Die Produktionswelle der derzeitigen Liedermacher birgt eine Gefahr in sich, dass die Lieder allesamt „irgendwie ähnlich“ klingen…

Die Untersuchungen haben gezeigt, dass es vernünftig sein kann, bewährtes Liedgut mit Innovationen zu mischen. Aber welches Liedgut ist denn „bewährt“? Die Auswahl kann schwerlich den jungen Menschen unserer Tage überlassen werden, denn sie kennen die „alten“ Kirchenlieder kaum. So erzählte die Mutter einer 17 jährigen Tochter, dass sie kürzlich einen Kranken auf dem Sterbebett begleitet habe und dieser in den letzten Lebenstagen immer sehnlicher die Lieder von Paul Gerhardt hören wollte. Diese wurden dann auch auf seiner Beerdigung gesungen. Die 17-jährige Tochter hörte die Lieder und fragte ergriffen „Warum kenne ich diese Lieder nicht?“ Diese Frage soll durch die Untersuchung im nächsten Kapitel beantwortet werden.

Ähnlich den von der UNESCO initiierten „Weltkulturerben“ an historischen Stätten, Flusslandschaften oder Regenwäldern soll es darum gehen, den Schatz der Lieder, der vom Aussterben bedroht ist, an die kommende Generation weiter zu vererben. D.h. es sollen in unseren Gottesdiensten selbstverständlich immer wieder neue Lieder gesungen werden – jedoch in einer guten Mischung mit den Schätzen des Liedgutes aus der Vergangenheit.

Um eine repräsentative Auswahl zu finden, wurden über 50jährige Männer und Frauen befragt, welche Lieder sie ihren Kindern „weitervererben“ wollen. Weil es möglicherweise zwischen den unterschiedlichen Kirchen und Denominationen Unterschiede geben könnte, wurden Männer und Frauen aus der traditionellen evangelischen Landeskirche, mit evangelikal-pietistischem Hintergrund und aus der Pfingstkirche befragt. Auch eine kleinere Gruppe aus der katholischen Kirche wurde in die Untersuchung einbezogen.

3 Auf der Suche nach „wichtigen“ Liedern

Bei der Auswahl der Teilnehmer an der Fragebogenaktion wurde Wert darauf gelegt, nur solche Menschen zu befragen, die innerhalb ihrer jeweiligen Denomination zu den regelmäßigen Gottesdienstbesuchern gehören.

3.1 Zusammensetzung der Stichprobe

Als Personenkreis wurden Männer und Frauen im Alter von über 50 Jahren ausgewählt und dabei auf die unterschiedliche Gemeindezugehörigkeit geachtet.

Der nebenstehend abgedruckte Fragebogen wurde bei christlichen Konferenzen und nach Gottesdiensten ausgegeben und die zu Befragenden gebeten, noch weitere Bogen in ihrem kirchlichen Bekanntenkreis zu verteilen.

Die Fragebogenaktion begann Ende Oktober 2008 und war bis Ende Juni 2009 begrenzt.

..redet untereinander in Psalmen und Lobgesängen und geistlichen Liedern, singet und spielet dem Herrn in euren Herzen (Eph. 5.19)

ETS z. Hd. Hilde L. Dieterich
Rippoldsauer Str. 50
72250 Freudenstadt-Kniebis
E-Mail: dieterichh@Aol.com

September 2008

Liebe Teilnehmer an meiner Umfrage,
es gibt ein „Weltkulturerbe", das in der heutigen schnellen Zeit in der Gefahr ist, verloren zu gehen: Das sind die Glaubenslieder, die unsere Kirchen und Gemeinden über viele Jahre begleitet haben.
im Rahmen einer wissenschaftlichen Arbeit möchte ich diese Lieder sammeln und bitte um Ihre Mithilfe. Bitte schreiben Sie „Ihre" zehn Lieder auf, von denen Sie wünschen, dass sie auch zukünftig unsern Kindern und Enkelkindern erhalten bleiben. Bitte senden Sie dann die Auswahl an die oben angegebene Adresse.

Es wäre hilfreich, wenn Sie diesen Fragebogen auch an andere Gemeindeglieder, die über sechzig Jahre alt sind, weitergeben würden. Die Ergebnisse werden im Herbst 2009 veröffentlicht.

Geschlecht: m/w Alter in Jahren: ....

Gemeindezugehörigkeit:..
Würden Sie diese Gemeinde eher einschätzen als traditionelle Landeskirche ( )
evangelikal / pietistische Kirche oder Gemeinde ( ) Pfingstgemeinde ( )

1..

2..

3..

4..

5..

6..

7..

8..

9..

10..

Herzlichen Dank und Gottes Segen wünscht

Hilde L. Dieterich

Abbildung 6: Fragebogen

Jeder Teilnehmer an der Befragungsaktion sollte 10 seiner favorisierten Lieder angeben[384] und die Ergebnisse mit der Post bzw. mit E-Mail zusenden.

Die Resonanz auf die Fragebogenaktion war erstaunlich hoch und obwohl der Abgabeschluss für den Juni 2009 vorgegeben war, kamen auch danach noch viele weitere Fragebogen an. Diese wurden allerdings in die Untersuchung nicht mehr einbezogen. Die Berechnungen wurden mit SPSS 12 durchgeführt.

Nachfolgend werden die Ergebnisse und im Einzelnen dargestellt und diskutiert. Das Gesamtergebnis ist im Anhang (Kapitel 7.1) auszugsweise abgedruckt.[385] Zur Vereinfachung der Darstellung wurde jeder der ca 4.500 eingegangenen Liedvorschläge kodiert (vgl. Anhang 7.2). Die Einzelheiten für die vier unterschiedlichen Denominationen können dem Anhang 7.3 und 7.4 entnommen werden.

3.1.1 Häufigkeit

Fragebogen insgesamt bis Ende Juni 2009: N = 523.

Davon auswertbar: N = 458.

Für relative sichere Untersuchungen wird davon ausgegangen, dass mit einer geschichteten Stichprobe ein repräsentatives Ergebnis für Deutschland bei ca. 1000 Fragebogen liegt (vgl. Diekmann 1999).[386]

Weil es sich bei unserer Befragung statistisch gesprochen um eine extreme Schichtung handelt (Zugehörigkeit zu definierten Kirchengemeinden, Begrenzung des Alters) und dadurch die Anzahl der notwendigen Fragebogen deutlich kleiner wird, darf davon ausgegangen werden, dass die erreichte Anzahl von knapp 500 Fragebogen ein relativ sicheres Ergebnis liefert.

Wie weiter unten bei den Zahlen zur Gemeindezugehörigkeit deutlich wird, ist allerdings die Zahl der Katholiken zu gering, um die Ergebnisse repräsentativ werden zu lassen.

---

[384] Bei der Auswertung wurde deutlich, dass die alleinige Angabe des Titels die genaue Zuordnung bei manchen Liedern recht schwer machte.

[385] Das gesamte Tabellenwerk kann bei der Verfasserin unter www.bts-ips.de angefordert werden.

[386] Vgl. Diekmann, A. (1999). *Empirische Sozialforschung*. Reinbek.

3.1.2 Anzahl der Lieder

Bei der Auswertung wurden die gewählten Lieder kodiert. Die Zuordnungen sind dem Anhang 1 zu entnehmen. Einige der genannten Lieder sind möglicherweise identisch (z.B. Nr.35 und 36). Dennoch konnten sehr viele unterschiedliche Lieder identifiziert werden.

Angegebene Lieder insgesamt: N = 940.

Diese recht große Zahl macht statistisch gesehen deutlich, dass bei einer möglichen Varianz von 4580 unterschiedlichen Liedern doch auch eine große Gemeinsamkeit auftritt. Diese vorläufige Aussage wird weiter unten noch spezifiziert.

3.1.3 Geschlecht der Befragten

Bei einigen der Fragebogen (12,4%) konnte das Geschlecht nicht identifiziert werden. Für die Bogen mit nachweisbarem Geschlecht ergab sich eine Verteilung von 28,4% männlich und 71,6% weiblich.

Mit einem solchen Verhältnis von 3:7 musste gerechnet werden, denn auch ohne empirische Untersuchungen ist bekannt, dass wesentlich mehr Frauen als Männer die Gottesdienste besuchen. Dies schlägt sich dann auch bei den Nennungen der Lieder nieder.

		Häufig-keit	Prozent	Gültige Prozente	Kumulierte Prozente
Gültig	Männlich	1300	24,9	28,4	28,4
	Weiblich	3280	62,7	71,6	100,0
	Gesamt	4580	87,6	100,0	
Fehlende Angabe		650	12,4		
Gesamt		5230	100,0		

Tabelle 2: Häufigkeitsverteilung der genannten Lieder

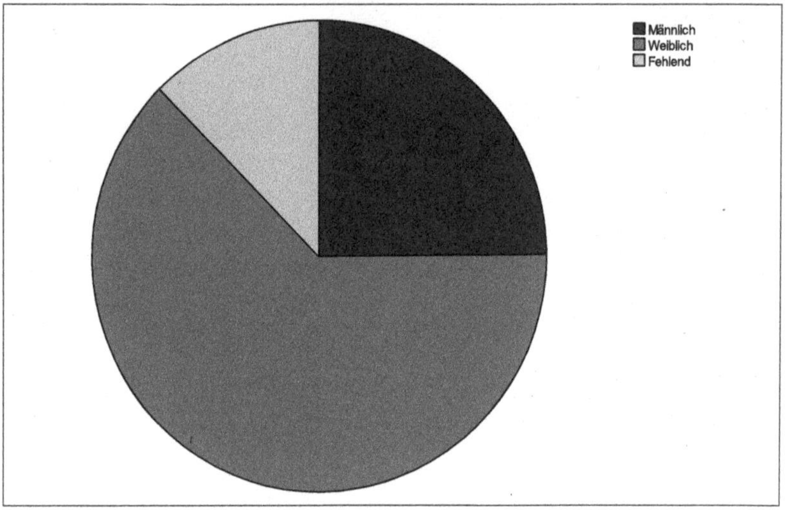

Abbildung 7: Geschlechtsverteilung der Befragten

3.1.4 Gemeindezugehörigkeit

Bezogen auf die Gemeindezugehörigkeit konnten 4800 der angegebenen Lieder identifiziert werden, Bei 430 Liedern war eine Zuordnung nicht möglich.

Die Befragten sollten selbst entscheiden, zu welcher der Gruppierungen sie sich einschätzen wollen. Hier gab es bei einigen Fragebogen Überschneidungsmöglichkeiten, z.B. bei den traditionellen Landeskirchen und den evangelikal pietistischen Kirchen. Hin und wieder wurde auch nur der Name der Kirche angegeben, so dass es einiger Recherchen bedurfte, um eine nachträgliche Zuordnung zu erreichen.

		Häufig-keit	Prozent	Gültige Prozente	Kumul. Prozente
Gültig	katholisch	40	0,8	0,8	0,8
	Pfingstgemeinde	660	12,6	13,8	14,6
	traditionell landeskirchlich	1460	27,9	30,4	45,0
	evangelikal/ pietistisch (Kirche o. Gemeinde)	2640	50,5	55,0	100,0
	Gesamt	4800	91,8	100,0	
Fehlende Angabe		430	8,2		
Gesamt		5230	100,0		

Tabelle 3: Gemeindezugehörigkeit der Befragten

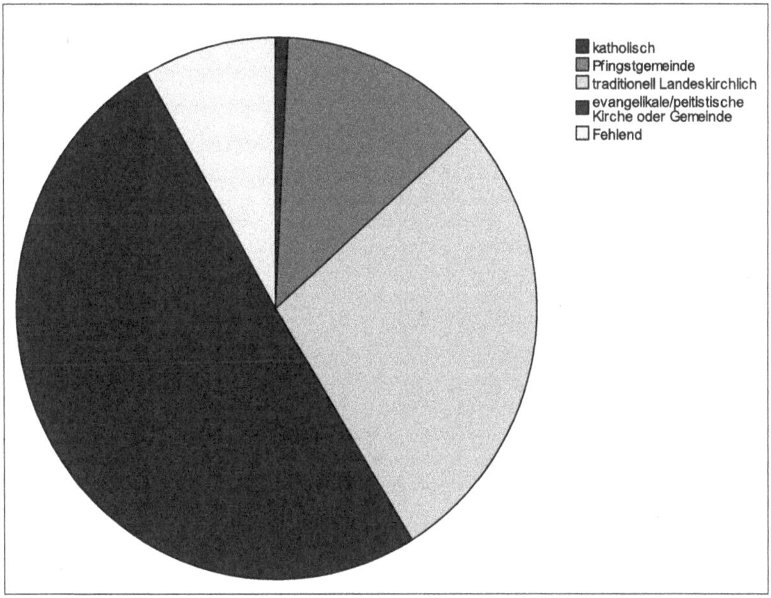

Abbildung 8: Gemeindezugehörigkeit der Befragten

Die Ergebnisse machen deutlich, dass die Zahl der katholischen Befragten nicht hinreichend ist, um zu generalisierbaren Aussagen zu kommen. Hier wird es interessanter sein, zu überprüfen, ob und in welchem Umfang es Gemeinsamkeiten unter den evangelischen Kirchen gibt.

Gemeindezugehörigkeit in ihrem Anteil an der Gesamtbevölkerung:

a) „Pfingstgemeinde“

Hinsichtlich der als „Pfingstgemeinde“ bezeichneten Gemeindezugehörigkeit kann davon ausgegangen werden, dass es in Deutschland ca. 300 000 Mitglieder gibt, die sich auf verschiedene Pfingstkirchen, charismatischen Erneuerungsbewegungen und etwa 300 freie Gemeinden verteilen[387]. Die Zahlen streuen allerdings, weil sie überwiegend auf Schätzungen beruhen und Überschneidungen vorliegen. Schmidgall[388] geht nur von ca.100 000 Mitgliedern aus.

b) „Evangelikal-pietistisch“

Die größte Anzahl der Antworten dieser Gemeindezugehörigkeit kam von Mitgliedern der evangelikalen Kirchen[389] (Landes- und Freikirchen). Ihre Zahl wird auf 3,2% der Gesamtbevölkerung Deutschlands[390] geschätzt (die Gesamtzahl der Protestanten liegt bei 37%). Es gibt bei diesen Zahlen jedoch viele Überschneidungen und Verbindungen mit charismatischen und Pfingstgemeinden. Letztere Gemeinden bilden, durch die sog. „Kasseler Erklä-

---

[387] Das Proprium der Pfingstbewegung liegt neben den allgemeinen biblischen Lehren auf der Erfahrung der Ausgießung des Heiligen Geistes. Sie sieht eine Kirche nur dann in der Nähe der neutestamentlichen Gemeinde, wenn sie dem Wirken des Heiligen Geistes, insbesondere den Geistesgaben wie Heilungen, Prophetie und Zungenrede Raum gibt. Die neutestamentlichen Berichte über Geisteswirkungen sind auch heute Vorbild für das Gemeindeleben. Vgl. http://de.wikipedia.org/wiki/Pfingstbewegung.

[388] Vgl. Schmidgall, P. (2003). *Von Oslo nach Berlin.* Erzhausen S. 191f.

[389] Der Evangelikalismus ist eine theologische Richtung innerhalb des Protestantismus, die sich auf die hohe Autorität oder Irrtumsfreiheit der Bibel als zentrale Grundlage christlichen Glaubens beruft. Evangelikale Christen können verschiedenen protestantischen Konfessionen angehören (z.B. reformiert, lutherisch, baptistisch, methodistisch oder anglikanisch), aber auch in konfessionsübergreifenden oder nicht-konfessionellen Gruppierungen ihre geistliche Heimat haben. In Deutschland gehören evangelikale Christen sowohl den evangelischen Landeskirchen als auch den Freikirchen an. Evangelikale sind der Überzeugung, dass zum Christentum eine klare persönliche Willensentscheidung (Bekehrung) und eine persönliche Beziehung zu Jesus Christus gehören. Vgl.: http://de.wikipedia.org/wiki/Evangelikalismus

[390] Vgl. Schmidgall a.a.O. S. 102.

rung“ von 1996[391] mit den Evangelikalen verbunden, in ihrem Frömmigkeitsstil ziemlich deutlich die in der vorliegenden Untersuchung beschriebene „singende und lobpreisende Gemeinde“ ab.

Es wird interessant sein, die Ergebnisse der Schnittmengen der Lieder dieser doch sehr verwandten Kirchen, aber auch die Besonderheiten zu erkennen und möglicherweise auch Unterschiede zu der traditionellen evangelischen Landeskirche aufzufinden.

c) „Traditionell landeskirchlich“

Die der Gruppe der „traditionellen evangelischen Landeskirche“ zugehörigen Befragten gehören wohl zur sog. „Kernkirche“ und bilden daher den weitaus größeren Teil der evangelischen Kirche mit ihren 37% der Bevölkerung nicht ab, von dem angenommen werden kann, dass diese Menschen mit großer Sicherheit keine oder nur ganz geringe Bezüge zum Kirchenlied haben[392].

Insgesamt gesehen darf davon ausgegangen werden, dass alle Befragten nicht nur eine enge Beziehung zu ihrer Kirche, sondern vor allem zu Jesus Christus als ihrem Heiland und Erretter haben – und genau von solchen Menschen wurde bei der Untersuchung auch eine entsprechende Liedauswahl erwartet.

---

[391] Vgl.: http://de.wikipedia.org/wiki/Kasseler_Erklärung.

[392] Vgl. hierzu Auszüge aus dem Vortrag „Wohin wächst die Kirche“ von Thies Gundlach vor dem Generalkonvent der Oldenburger Landeskirche am 16. Februar 2005: „Der evangelische Normaltyp ist getauft und konfirmiert, er ist Mitglied der Kirche (allerdings mit immer weniger Selbstverständlichkeit), er geht nur selten zur Kirche (lediglich 33 % halten den Kirchengang für wesentlich) und er nimmt an kerngemeindlichen Angeboten nicht teil. Der evangelische Normaltyp kennt wesentliche inhaltliche Bezugspunkte zur Identifikation des Evangelischen nicht (in der „Kirche des Wortes“ halten im Westen nur 22 % der Mitglieder das Lesen der Bibel für ein zum Evangelischsein gehörendes Merkmal; immerhin sind es 40% im Osten) und definiert Evangelischsein als ethische Gewissensautonomie und allgemeine Anständigkeit. Es sind „beachtliche 84 % bzw. 87 %, die angeben, es würde unbedingt zum Evangelischsein gehören, seinem Gewissen zu folgen bzw. sich zu bemühen, ein anständiger Mensch zu sein“ (KMU IV, S. 18). Inhaltlich ist diese Gewissensautonomie nicht näher bestimmt, schon die erfragte Orientierung des Gewissens an den 10 Geboten oder an der Botschaft Jesu überzeugt den Normaltyp wenig.“ In: http://www.ekd.de/vortraege/weitere/050216_gundlach.html

3.1.5 Altersverteilung

Bei den insgesamt 4740 verwertbaren Liedern ergab sich für das Alter der Befragten bei einer Spanne von 50 - 98 Jahren ein Mittelwert von 72 Jahren.

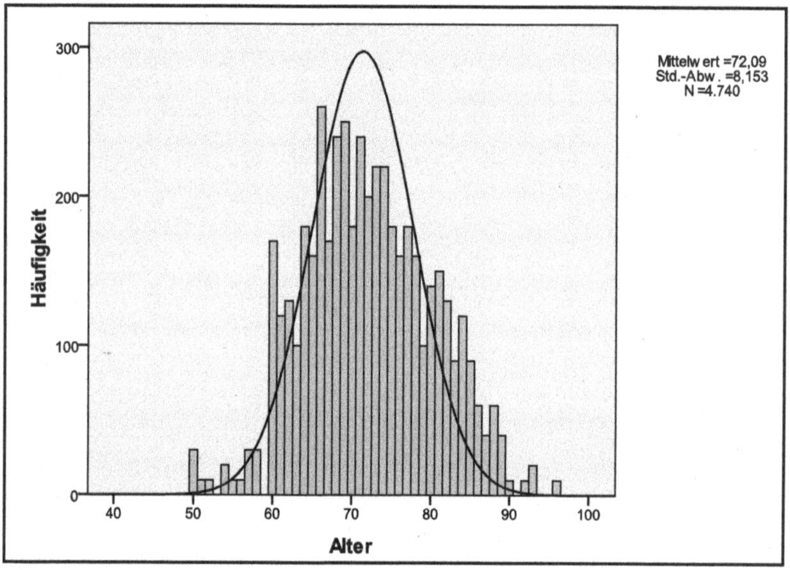

Abbildung 9: Altersverteilung der Befragten

Die Einzelheiten zu den Häufigkeiten in Abhängigkeit vom Lebensalter sind im Anhang 7.2 zusammengefasst. Es zeigt sich eine annähernde Normalverteilung um den Mittelwert von 72 Jahren, was für eine gute altersgemäße Ausgewogenheit der Ergebnisse spricht.

3.2 Ergebnisse der Befragung

Nach Auswertung der im Abschnitt 3.1 beschriebenen Stichprobe konnten die am meisten favorisierten Lieder ermittelt werden.

3.2.1 Ergebnisse für alle befragten Denominationen gemeinsam

Nach Zusammenstellung aller genannten Lieder von allen Denominationen ergab sich die im Anhang 7.1 auszugsweise abgedruckte Liste.

Die zehn am häufigsten genannten Lieder sind:

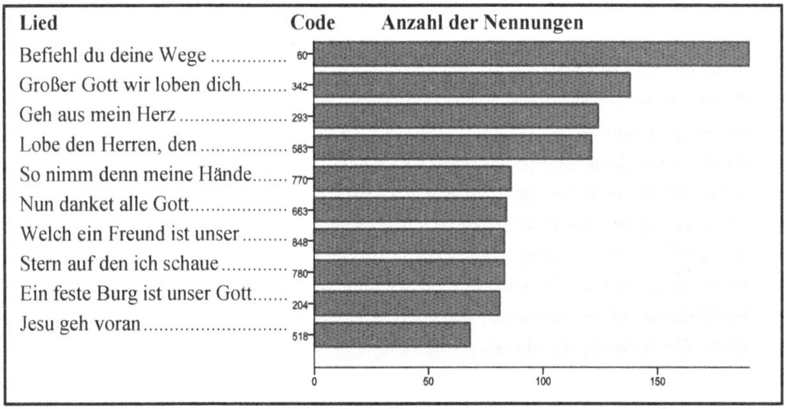

Abbildung 10: Top Ten der genannten Lieder

Die im Anhang 7.1 abgedruckten Einzelheiten zeigen, dass die Nr. 1 in den Fragebogen 190-mal auftaucht und damit 3,6% aller genannten Lieder repräsentiert. Es ist möglich, dass das Sommerlied von Paul Gerhardt (Rang 3) den jahreszeitlichen Bedingungen entspricht, weil die Befragungszeit in der ersten Hälfte des Jahres lag.

Insgesamt gesehen wird deutlich, dass die „Top-Ten" ihren Schwerpunkt in der Anbetung, in Lob und Dank und in der Führung durch den gnädigen Gott haben. Wie beim Alter ab 50 Jahren der Befragten zu erwarten war, tauchen nur die „bewährten" Lieder auf, daher wurden Songs, Spirituals und neuere Anbetungslieder nicht genannt.

Führt man die Liste bis zu den ersten fünfzig Liedern weiter[393], zeigt sich der nachfolgend abgebildete Verlauf, der auch grafisch zeigt, dass es deutliche Abstufungen bei den Spitzengruppen gibt, während ab dem Rang 30 die Werte kontinuierlich abnehmen.[394]

[393] Weil die Nr. 48 - 51 dieselben Ergebnisse ausweisen, wird die nachfolgende Liste bis Nr. 51 ausgedruckt.

[394] Unterschiede in der Rangfolge der Lieder gegenüber der Liste in 7.1 sind softwarebedingt.

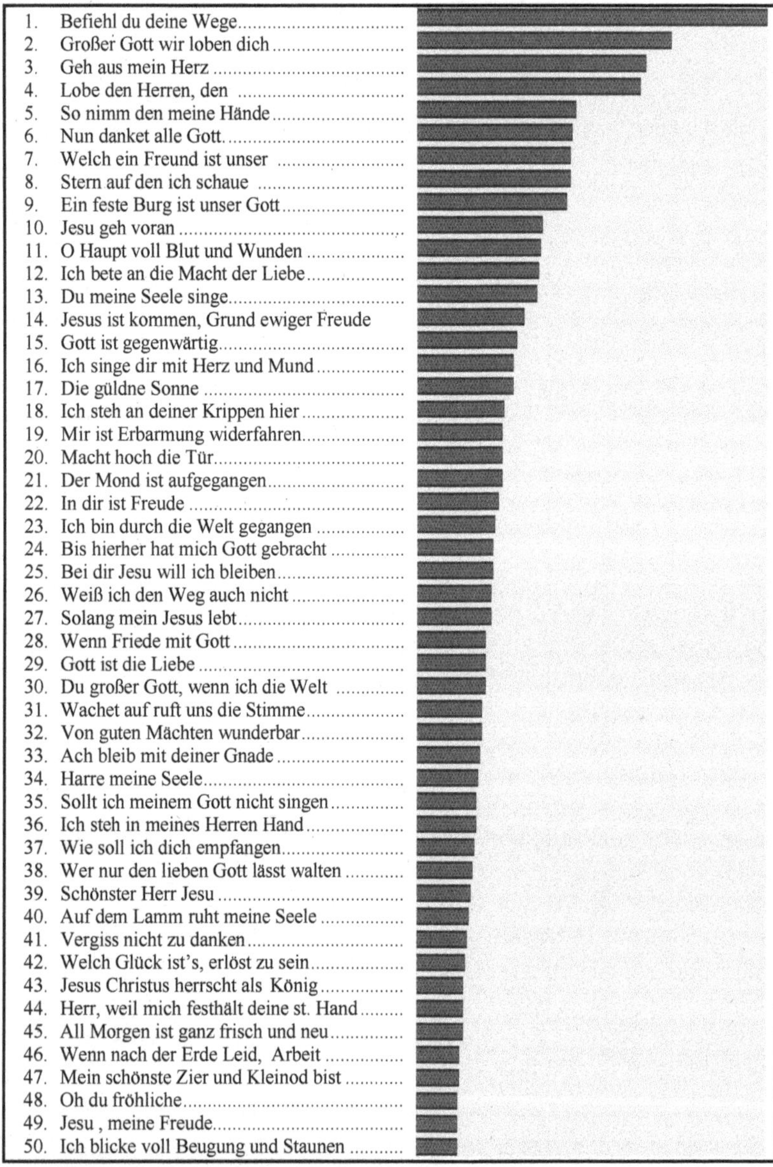

Abbildung 11: Abstufung der Häufigkeit bis Lied 50

Nachfolgend werden die Ergebnisse für die vier kirchlichen Gruppierungen differenziert dargestellt. (Reihenfolge entsprechend der Zahl der Nennungen). Ausgewertet wurden jeweils die 20 erstgenannten Lieder. Die Einzelheiten der Verteilung können der Tabelle im Anhang 7.4 entnommen werden.

3.2.2 Ergebnisse für die Gruppe der evangelikal/pietistischen Gemeindezugehörigkeit

Zur Anzahl der gewählten Lieder: 2626 Lieder waren gültig, 14 fehlten.

Die nachfolgende Abbildung zeigt die grafische Verteilung in einem Histogramm:

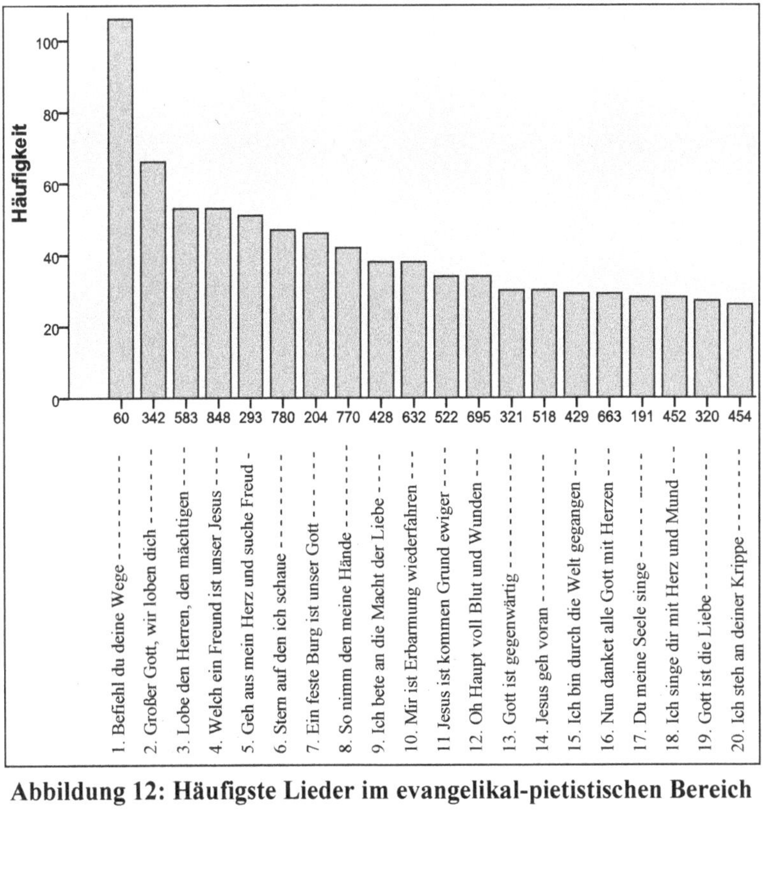

Abbildung 12: Häufigste Lieder im evangelikal-pietistischen Bereich

3.2.3 Ergebnisse für die Gruppe der traditionell landeskirchlichen Gemeindezugehörigkeit

Zur Anzahl der gewählten Lieder: 1445 Lieder waren gültig, 15 fehlten.

Die nachfolgende Abbildung zeigt die grafische Verteilung in einem Histogramm:

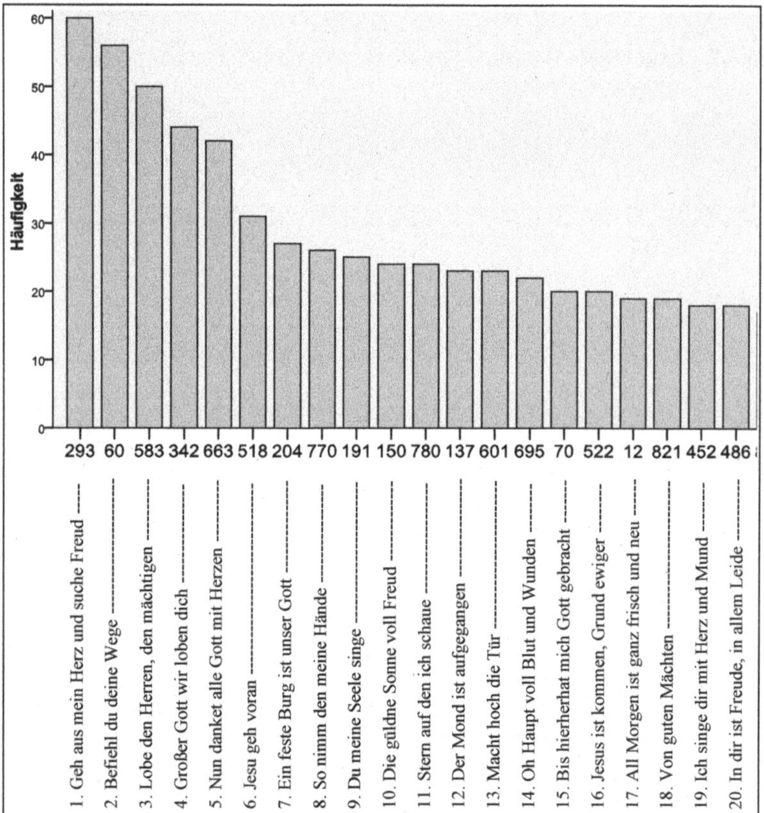

Abbildung 13: Häufigste Lieder im landeskirchlichen Bereich

3.2.4 Ergebnisse für die Gruppe der Pfingstgemeinden

Zur Anzahl der gewählten Lieder: 657 Lieder waren gültig, 3 fehlten.

Die nachfolgende Abbildung zeigt die grafische Verteilung in einem Histogramm:

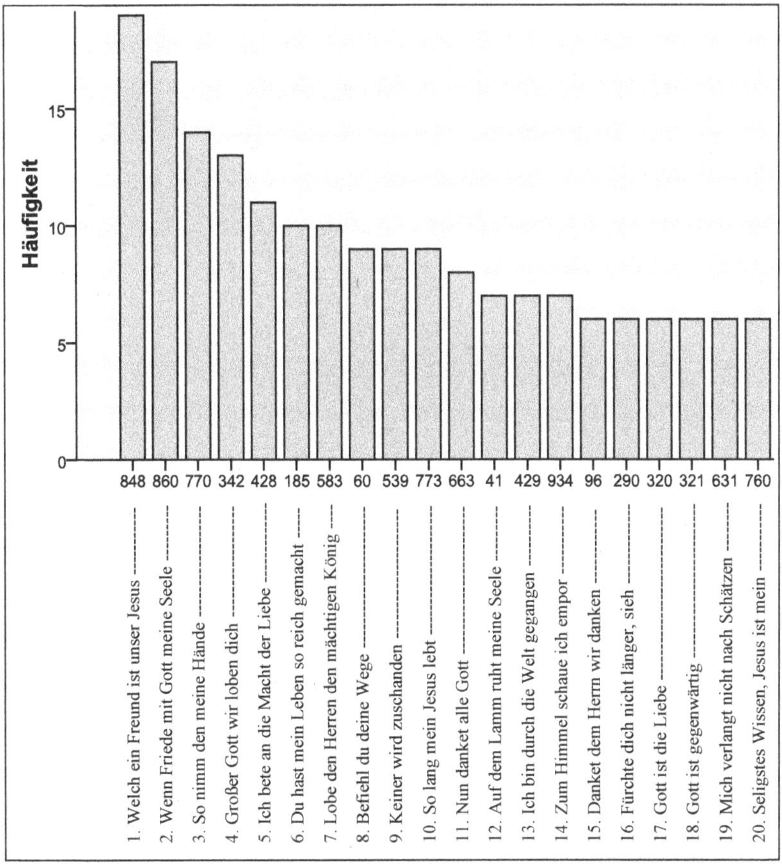

Abbildung 14: Häufigste Lieder im pfingstgemeindlichen Bereich

3.2.5 Ergebnisse für die Gruppe der katholischen Gemeindemitglieder

Zur Anzahl der gewählten Lieder: 40 Lieder waren gültig, 0 fehlten.

Die nachfolgende Abbildung zeigt die grafische Verteilung in einem Histogramm.

Wie schon weiter oben angemerkt, ist die kleine Zahl von n = 40 der Befragten nicht repräsentativ, dennoch sollen die Ergebnisse für die ersten 10 Lieder in der nachfolgenden Abbildung dargestellt werden:

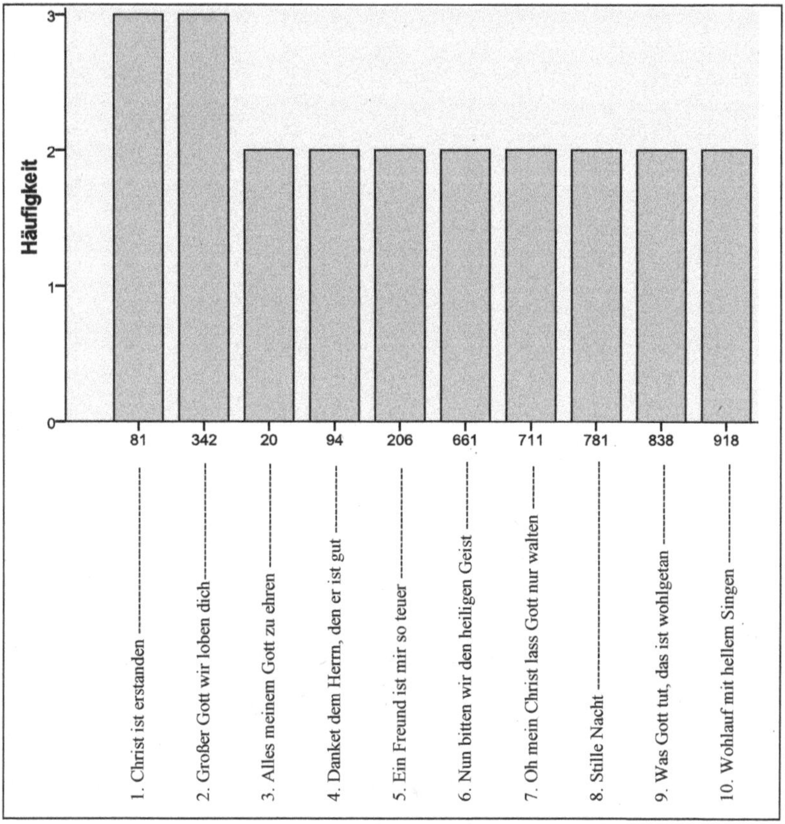

Abbildung 15: Häufigste Lieder im katholischen Bereich

3.2.6 Synopse

Stellt man die am häufigsten genannten Lieder für die unterschiedlichen Gemeinden zusammen, so ergibt sich für die ersten knapp 40 Lieder die nachfolgende Abbildung:

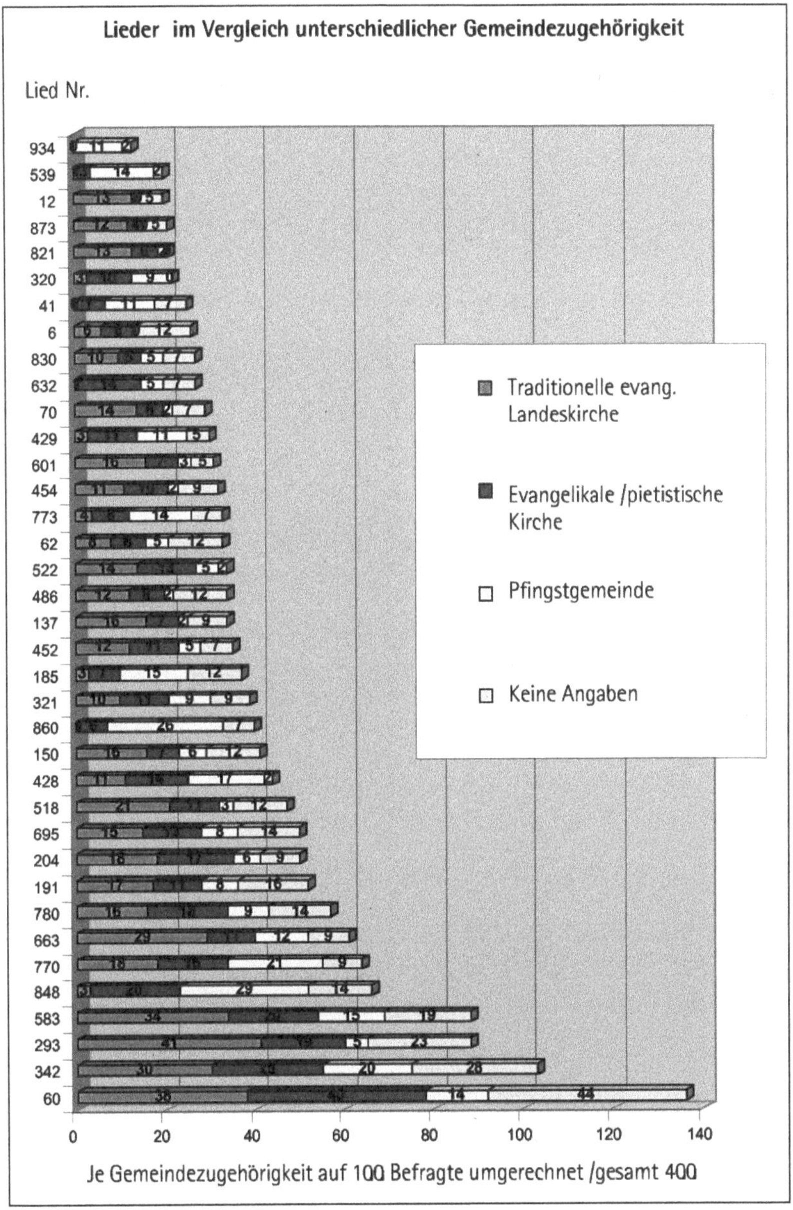

Abbildung 16: Insgesamt am häufigsten genannte Lieder

Bei einer Nebeneinanderstellung der Ergebnisse der 20 wichtigsten Lieder der drei Gemeinden aus dem Bereich der evangelischen Landes- und Freikirchen zeigen sich einige Gemeinsamkeiten, aber auch Besonderheiten bei den verschiedenen Denominationen.

Evangelikal-pietistisch	**Traditionell evangelisch**	**Pfingstgemeinden**
1. Befiehl du deine Wege	1. Geh aus mein Herz und suche Freud	1. Welch ein Freund ist unser Jesus
2. Großer Gott wir loben dich	2. Befiehl du deine Wege	2. Wenn Friede mit Gott meine Seele
3. Lobe den Herren, den mächtigen	3. Lobe den Herren, den mächtigen	3. So nimm den meine Hände
4. Welch ein Freund ist unser Jesus	4. Großer Gott wir loben dich	4. Großer Gott wir loben dich
5. Geh aus mein Herz und suche Freud	5. Nun danket alle Gott mit Herzen	5. Ich bete an die Macht der Liebe
6. Stern auf den ich schaue	6. Jesu geh voran	6. Du hast mein Leben so reich gemacht
7. Ein feste Burg ist unser Gott	7. Ein feste Burg ist unser Gott	7. Lobe den Herren den mächtigen König
8. So nimm den meine Hände	8. So nimm den meine Hände	8. Befiehl du deine Wege
9. Ich bete an die Macht der Liebe	9. Du meine Seele singe	9. Keiner wird zuschanden
10. Mir ist Erbarmung wiederfahren	10. Die güldne Sonne voll Freud	10. Solang mein Jesus lebt
11. Jesus ist kommen Grund ewiger	11. Stern auf den ich schaue	11. Nun danket alle Gott
12. Oh Haupt voll Blut und Wunden	12. Der Mond ist aufgegangen	12. Auf dem Lamm ruht meine Seele
13. Gott ist gegenwärtig	13. Macht hoch die Tür	13. Ich bin durch die Welt gegangen
14. Jesu geh voran	14. Oh Haupt voll Blut und Wunden	14. Zum Himmel schaue ich empor
15. Ich bin durch die Welt gegangen	15. Bis hierher hat mich Gott gebracht	15. Danket dem Herrn, wir danken
16. Nun danket alle Gott mit Herzen	16. Jesus ist kommen, Grund ewiger	16. Fürchte dich nicht länger, sieh
17. Du meine Seele singe	17. All Morgen ist ganz frisch und neu	17. Gott ist die Liebe
18. Ich singe dir mit Herz und Mund	18. Von guten Mächten	18. Gott ist gegenwärtig
19. Gott ist die Liebe	19. Ich singe dir mir Herz und Mund	19. Mich verlangt nicht nach Schätzen
20. Ich steh an deiner Krippe	20. In dir ist Freude, in allem Leide	20. Seligstes Wissen, Jesus ist mein. Stern auf den ich schaue. Weiß ich den Weg auch nicht[395].

Tabelle 4: Die 20 wichtigsten Lieder dreier Gemeinderichtungen

Deutlich wird bei dieser Übersicht, dass das Liedgut der evangelikal-pietistischen Kirchen und Gemeinden sowohl Nähe zu der traditionellen

[395] An 20. Stelle wurden drei Lieder mit der gleichen Zahl der Nennungen gewählt.

evangelischen Landeskirche zeigt als auch in ähnlicher Größenordnung zu der Pfingstgemeinde.

Unter den 20 wichtigsten Liedern kommen in den evangelikal/pietistischen Gemeinden und der traditionellen evangelischen Landeskirche folgende neun Lieder gemeinsam vor:

- Befiehl du deine Wege
- Oh Haupt voll Blut und Wunden
- Großer Gott wir loben dich
- Jesu geh voran
- Lobe den Herren, den mächtigen
- Nun danket alle Gott
- Ein feste Burg ist unser Gott
- Du meine Seele singe
- So nimm denn meine Hände

Bei den 20 wichtigsten Liedern kommen folgende acht in der evangelikal/pietistischen und der Pfingstgemeinde vor:

- Befiehl du deine Wege
- Stern auf den ich schaue
- Großer Gott wir loben dich
- Ich bin durch die Welt gegangen
- Lobe den Herren, den mächtigen
- Nun danket alle Gott
- Welch ein Freund ist unser Jesus
- Gott ist die Liebe

Bei den Pfingstgemeinden und den traditionellen evangelischen Kirchengemeinden gibt es die nachfolgenden Gemeinsamkeiten:

- Großer Gott wir loben dich
- Befiehl du deine Wege
- So nimm den meine Hände
- Nun danket alle Gott

Die drei wichtigsten Lieder, die in allen drei evangelischen Denominationen vorkommen sind:

- Befiehl du deine Wege
- Lobe den Herren, den mächtigen
- Großer Gott wir loben dich

Die Befragten der katholischen Kirche haben nur ein Lied mit denen aus den evangelischen Kirchen und Freikirchen gemeinsam:

- Großer Gott wir loben dich

Fazit:

Wie durch die kirchengeschichtliche Entwicklung bedingt, nehmen die Liedwahlen der evangelikal/pietistischen Denominationen eine Mittelstellung zwischen den Pfingstgemeinden und der traditionellen evangelischen Landeskirche ein. Sie haben eine ungefähr gleiche Schnittmenge nach beiden Seiten, während es nur relativ geringe Überschneidungen zwischen Pfingstgemeinden und den traditionellen Kirchen gibt.

4 Praktischer Einsatz von Liedern in der Gemeindearbeit

Nachdem im ersten Kapitel grundsätzliche Wirkungen von Musik und Gesang auf den Menschen beschrieben worden sind und das zweite Kapitel speziell dem „geistlichen Lied“ gewidmet ist, hat eine empirische Studie mit ca. 550 Fragebogen im dritten Kapitel auch quantitative Ergebnisse gebracht. Wir wissen jetzt also nicht nur, dass die Lieder für die Seelsorge ganz allgemein wichtig sind, sondern auch, welche Lieder wir im Sinne eines „Liedkulturerbes“ unseren Kindern und Jugendlichen weitergeben sollten.

Damit ist der Theorieteil der hier vorliegenden Arbeit abgeschlossen. Die nachfolgenden nicht mehr wissenschaftlich belegbaren Überlegungen wollen versuchen, das Erarbeitete auch für die Praxis der Gemeindeberatung einsetzbar zu machen.

Wenn Grözinger davon ausgeht, dass es nicht um den Menschen geht, der *„einmal geschaffen, sich selbst preisend vor Gott stellt, sondern dass es der Schöpfer ist, der dem Geschöpf den Mund zum Singen öffnet“*[396], dann fußt diese Aussage auf altjüdischen Quellen:

> *„... und schließlich erschuf Gott den Menschen, alles zu beherrschen, und Lobgesang und Singen pflanzte er in ihren Mund und Gesang und Preisen in ihre Kehle.“ (SedR de-bereshit § 14, BatM I, S. 26)*

Beim Sammeln und Schreiben dieser Arbeit stellte ich mir allerdings die Frage, ob das „Geschöpf“ denn heute überhaupt noch den Mund zum Singen öffnet, oder ob die Menschen nur noch die Geräte für sich singen lassen? Diese Frage ließ mich selbst und andere beobachten und betroffen erkennen, dass die Singstimme fast unmerklich immer weniger benutzt wird.

Durch diese Beobachtungen sensibilisiert, sehe ich derzeitig überall ein ganz ähnliches Verhalten: Läufer beim Joggen, Schüler beim Lernen, Studenten bei ihrem Einsatz von praktischer Arbeit: Sie alle haben einen Walkman aufgesetzt. Und ich frage mich: warum wird selbst beim Putzen, Spülen oder sonstiger Alltagsarbeit kaum mehr gesungen? Was ist

---

[396] Grözinger K.E (1982). *Musik und Gesang in der Theologie der frühen jüdischen Literatur*. Tübingen S. 293.

zu tun, damit die Menschen das Singen wieder entdecken? Kann diesem Mangel wirklich noch entgegengewirkt werden?

Es liegt eine Verantwortung auf allen, die um die ganzheitliche Wirkung der Musik und der Lieder wissen, alles zu tun, um nach Wegen zu suchen, dass angefangen bei den Kindern bis hin zu Menschen im hohen Alter die Befreiung der Singstimme erreicht und damit eine ganzheitliche Hilfestellung für die Menschen gefunden wird.

Bei diesen Gedanken erinnerte ich mich an eines unserer früheren Autos. Es hatte zu meinem Bedauern weder ein Radio noch einen CD-Player, durch die meine weiten Fahrten kurzweiliger geworden wären. Die manchmal etwas unangenehme Stille verführte meine Gedanken zum Grübeln. Aber plötzlich hörte ich mich einfach singen. Ich benutzte meinen gespeicherten Liederschatz und rekapitulierte alles auswendig Gelernte. Jetzt hatte ich ungeplant einen großen Gewinn auf den langen Fahrten, die Geräte fehlten zwar, aber ich vermisste sie nicht mehr.

Vielleicht ist bei manchen „Singabstinenzlern" nur eine allgemeine Scheu zu überwinden, um wieder zu singen – man kann es ja zunächst leise, summend oder an einsamen Plätzen probieren.

Daneben bedarf es aber gründlicher Überlegungen, wie erreicht werden kann, dass in Kindergärten, Schulen und Gemeinden wieder mit großer Freude gesungen wird. Auch in der Beratung, Seelsorge und Therapie, möglicherweise durch Hausaufgaben verordnet, sollte regelmäßig ein neues Lied gelernt werden – ist doch bekannt, dass dieses neben andern positiven Wirkungen auch Einfluss auf die oftmals negativen Gedankengänge hat.

Nachfolgend einige Überlegungen, wie entsprechend den vorangegangenen Kapiteln theoriegeleitete Vorschläge zum Wiedereinsatz des Liedes führen könnten.

4.1 Welches Liedgut in welchen Gemeinden und Kirchen?

In vielen Kirchen und Gemeinden wird derzeitig intensiv darüber nachgedacht, welche Musikstile passend für die Gottesdienste sind und es wird ernsthaft um gute Wege gerungen. Robert E. Webber[397] hat über

[397] Vgl. Webber, R. E. (1996). *Blended worship*. Hendrickson Publishers S. 51.

„Worship" in den verschiedenen Kirchen geschrieben und teilt die Lobpreis-Stilrichtungen in vier Kategorien ein:

- Liturgischer Lobpreis
- Traditionell protestantischer Lobpreis
- Kreativer zeitgemäßer Lobpreis
- Charismatischer Lobpreis (traditionell)

In allen Denominationen fand er lebendig gesungene Anbetungslieder und so plädiert er in seiner Konklusion, dass alle Stilrichtungen nicht länger isoliert ihrer Tradition gehorchend, sondern voneinander partizipierend sein sollen, *„weil sich ein kluges Integrieren verschiedener Stilrichtungen mit geistlicher Sensibilität kraftvoll und mit positivem Effekt auf den Gottesdienst auswirken wird."*[398]

Webbers Appell geht dahin, dass die Mauern zwischen den Denominationen fallen müssen. Er sieht heute eine Bewegung zwischen den Menschen der ganzen Welt, andere Traditionen kennen zu lernen und die Erfahrungen miteinander zu teilen. Es ist ja am Ende nur eine Kirche, ein Leib, „eine Herde und ein Hirte" (Joh 10,16), und jede Tradition ist nur ein Teil vom Ganzen. Webber ist überzeugt, dass Gott dieses gegenseitige Leihen der Lieder gebraucht, die Gottesdienste zu bereichern und den wichtigsten Aspekt hervorzuheben, dass Gott selber auch durch die gesungenen Lieder mit uns sprechen möchte.

Die in den vorangegangenen Kapiteln erbrachten Ergebnisse machen deutlich, dass es nicht um eine Frage des unterschiedlichen Musikstils geht, sondern darum, eine *Einseitigkeit im Gemeindegesang zu vermeiden* und den unterschiedlichen Gemeindegliedern sowohl mit ihrem bisher bevorzugten Musikstil entgegenzukommen, als sie auch für andere Stile zu öffnen.

Wir werden wie zu allen Zeiten auch zukünftig mit neuer und ungewohnter Musik zu tun haben, die nicht unbedingt nur eine Frage der Generationen ist. Es gibt dauerhaft schöne Lieder, die alte und junge Menschen begeistert zusammen singen, doch immer wieder zeigt es sich, dass dies nicht ohne einen *aufrichtigen Dialog und gegenseitiger Wertschätzung füreinander* möglich ist. Wenn sich ältere Menschen bei einer für sie ungewohnten, lauten Musik sichtlich von Jugendlichen abgrenzen, ist dies keine konstruktive und wertschätzende Lösung. Jun-

---

[398] Vgl. ebd. (übers. von der Autorin).

ge Menschen werden auf solche ablehnende Haltung reaktant reagieren, weil diese wiederum eine Kontraposition auslöst. Wie gut wäre hier ein *empathisches Aufeinander-zugehen*, das den Dialog und das gegenseitige Akzeptieren sucht.

Andererseits kann es auch vorkommen, dass sich Ältere unglaubwürdig schnell anpassen, indem sie begeistert „jugendliche Musik“ tolerieren und dabei mitmachen mit der Begründung: „man muss ja den Jugendlichen entgegenkommen und sich allem Modernen öffnen.“ Vielleicht steckt dahinter ein leiser Wunsch, dadurch jugendlich zu wirken, was junge Menschen oft leicht durchschauen und eher peinlich berührt. Mit solch künstlicher Anpassung tut man der Gemeinde keinen Dienst, weil sie nicht ehrlich, sondern nur vorgetäuscht ist.

4.1.1 Wie das Singen in der Gemeinde wieder Freude macht

„*Die Unfähigkeit zum Staunen ist die größte Feindin Gottes und der Seele*“ schreibt Selma Lagerlöf und kann uns mit diesem Wort nachdenklich machen, auch Musik und Lieder wieder neu auf uns wirken zu lassen.

Durch eine langsam einschleichende Routine beim Singen der immer gleichen Lieder und bei einem einseitigen Musikstil entsteht eine fast unmerkliche Ermüdung in der Gemeinde - das gilt sowohl für alte als auch neue Lieder. Wer über den Texten und Melodien nicht mehr staunt und sich daran freut, wird fast unbemerkt lustlos und müde.

Wie kann einer solchen Ermüdung entgegengewirkt werden? Die folgenden Fragen und Anregungen mögen eine Hilfestellung sein:

4.1.1.1 Auswahl passender Lieder

Entspricht die Auswahl der Lieder den Wünschen und Glaubensbedürfnissen jüngerer und älterer Gottesdienstbesucher? Da ja Lieder durch ihre Texte den Menschen berühren, muss die *Wahl mit der Thematik des Gottesdienstes abgestimmt* und berücksichtigt werden. Es können auf diese Weise die „Toplieder“ der Auswertung in Kapitel 3 eingebaut werden.

4.1.1.2 Erlernen unbekannter Lieder

Ein neues, aber auch ein altes Lied mit der ganzen Gemeinde zu lernen, kann sehr erfrischend sein, insbesondere wenn es didaktisch geschickt angefangen wird. Damit das Singen Freude macht, braucht die Gemeinde Erfolg, der sich dann einstellt, wenn die Zahl der unbekannten Lieder im angemessenen Maß ausgewählt wird. Zu beachten ist: Manchmal sind unter den Gottesdienstbesuchern Gäste, die sich bei zu vielen neuen Liedern etwas einsam und verloren fühlen. (Bei einigen Landeskirchen ist das Liedgut durch die Liturgie etwas enger vorgegeben).

4.1.1.3 Unterschiedliche Singstile zusammen bringen

Ist es richtig, wenn sich Menschen nach Alter getrennt im Gottesdienst treffen, nur weil die jeweiligen Lieder ihrer Geschmacksrichtung nicht entsprechen? Ich bin sicher, dass das kein guter Weg ist. *Wenn Gemeindemitglieder nur wegen des unterschiedlichen Singstils in verschiedene Gottesdienste gehen, verlassen sie den neutestamentlichen Ansatz der Einmütigkeit*, wie er an vielen Stellen des NT geboten ist, z.B. wenn Pauls in Röm 15.5-7 sagt:

> *„Der Gott aber der Geduld und des Trostes gebe euch, dass ihr einträchtig gesinnt seid untereinander, Christus Jesus gemäß, damit ihr einmütig mit ‚einem' Munde Gott lobt, den Vater unseres Herrn Jesus Christus. Darum nehmt einander an, wie Christus euch angenommen hat zu Gottes Lob."*

Der eigentliche *Synergieeffekt der Gemeinden*, auch was das Liedgut anbelangt, wird immer durch die *Akzeptanz der Andersheit* deutlich (vgl. Röm 12 und 1 Kor 12) – nie durch Binnendifferenzierung.

4.1.1.4 Alter Inhalt in neuer Form

Ein *Arrangement von „ererbten, alten" Liedern mit neuen Chorsätzen* wäre wie ein neues Kleid, das die Aufmerksamkeit der Hörer und auch der Sänger weckt. Erfreulicherweise wurde auch schon einiges von heutigen Künstlern unternommen, diesen alten Schatz zu heben und die bei unseren Untersuchungen gefundenen Lieder in einem zeitgemäßen Tempo und entsprechender Harmonie zu interpretieren.[399] Beim Hören

---

[399] Bsp. einer CD: Produzent Jost, Helmut (2008). *„Alte Schätze neu entdeckt"*. Die schönsten Choräle 1 und Die schönsten Heilslieder 2. Asslar.

alter Schallplatten fällt tatsächlich auf, dass die Lieder vor etwa fünfzig Jahren viel langsamer gesungen wurden und auch die Chorsätze einer anderen Gesetzmäßigkeit unterlagen, als es die heutige Harmonielehre aufzeigt.

4.1.1.5 Förderung der Chorarbeit

In den vorangegangenen Kapiteln wurde über die *gemeinschaftsfördernde Wirkung des Singens im Chor* berichtet und so sollte auch auf diesem Gebiet wieder mehr unternommen werden. Hierzu können Aktivitäten mit unterschiedlichen Gesangsgruppen wie z.B. ein Vokalensemble, Kinderchor, getrennter und gemischter Chor a capella oder mit Musikarrangements usw. auch neue Sänger anlocken und dadurch wieder „neues Leben" in die Liederlandschaft bringen. Es ist traurig und beschämend, dass viele Chöre verschwunden sind, oftmals mit der Bemerkung „das ist ja altmodisch", und den „Bands" Platz gemacht haben. Beide Musikstile haben ihre Berechtigung und ihre individuellen Vorzüge im Gottesdienst. *Chöre sind nicht „alt" und Bands nicht „jung" – es sind unterschiedliche Möglichkeiten, Gott mit Musik und Singen zu ehren und ihm zu begegnen.*

4.1.1.6 Grenzen der Lautstärke

Wie wird in der Gemeinde die Dynamik der Lautstärke beachtet? Gibt es beim Singen und Musizieren eine unterschiedliche Dynamik? *Es ist eine gute Übung, auch auf leise Töne zu hören*, denn Gott spricht oftmals auch leise mit uns und diese Art des Hörens muss man erlernen. Wenn wie im Kapitel 1.3.2 beschrieben, die Gefahr besteht, durch Musik hörgeschädigt zu werden, muss in der Gemeinde über die Dynamik der Musik gesprochen und womöglich manches Mitglied aufgeklärt werden.
Junge Menschen lieben zwar in der Mehrzahl laute Musik und wollen kaum akzeptieren, wie schädigend diese für ihre Ohren ist. Es muss ihnen immer wieder gesagt werden, dass bei Werten > 90 dB ernsthafte Hörschäden entstehen können. Um hierbei zu einem objektiven Ergebnis zu kommen, kann ohne große Mühe eine Schall-Messung mit einem Messgerät erfolgen, das weniger als 20 Euro kostet. Es geht aber nicht nur um die Lautstärke in dB gemessen, sondern darum, dass junge und alte Gottesdienstbesucher aufmerksam zuhören lernen und auch die leisen Töne wahrnehmen, die oftmals im Lärm des Alltags oder in der

Lautstärke des Gottesdienstes untergehen. Eine unterschiedliche Lautstärke innerhalb eines Liedes bei den verschiedenen Musikgruppen wird insgesamt gesehen dazu beitragen, dass der Gottesdienst zu einer *Erhöhung der Sensibilität des Hörens auf Gottes Wort* beiträgt.

4.1.1.7 Abwechslung statt Routine

Abwechslung sowohl im Stil der Lieder als auch in der dargebotenen Dynamik ist in sehr konservativen Kirchen, aber auch in den Pfingstkirchen notwendig, um nicht in die oben beschriebene Routine zu verfallen, in der das Programm abläuft wie das „Amen in der Kirche“. *Routine ist immer der Anfang vom Ende und damit der Tod einer lebendigen Gemeinde.* Der Prophet Amos bringt solch routiniertes Singen auf den Punkt:

„Tu weg von mir das Geplärr deiner Lieder!“ (Am 5,23)

4.1.1.8 Wünsch Dir was!

„Wünsch dir ein Lied“ – ist eine wunderbare Möglichkeit, um froh zu werden. Ob dies in einer geselligen Runde im Alltag ist, im Hauskreis usw. – es kann bei gegenseitigen Besuchen und gemeinsamen Feiern zu einer schönen Regel werden. Man kann auch einen gesamten Gottesdienst oder Abendgottesdienst unter das Motto „Wünsch dir ein Lied“ stellen. Die Lieder werden vorher beim Pastor angemeldet, von ihm strukturiert und eventuell auch kurz die Entstehungsgeschichte des Liedes erzählt. Natürlich wäre dazu hilfreich, ein eigenes Liederbuch oder eine speziell angelegte Liedermappe zu haben, damit man die Lieder dann zuhause nochmals wiederholen kann.

4.1.1.9 Mit Kinder singen und spielen

Die Gemeinden haben einen wichtigen Auftrag in der Kinderarbeit, der aber oft vernachlässigt wird. *Die Begeisterungsfähigkeit der Kinder gerade für Rhythmus und Musik ist sehr groß* und kann genutzt werden, um sie mit der Freude an der Gemeinde und dem Gottesdienst zu konditionieren. Die in unserer Befragung gefundenen Lieder können fast ausnahmslos eingesetzt werden. Es braucht dazu nur einen fähigen Initiator, der die Kinder mit ganz unterschiedlichen Instrumenten zusammenbringt (wie z. B. Streicher, Bläser, Akkordeon, Schlagzeug etc.), mit ihnen kräftig übt und das Ergebnis dann im Gottesdienst vorträgt. Eine derartig zusammengestellte „Mixband“ finden wir manchmal in Gemeinden der Sinti und Roma und sie verhindert mit Sicherheit die Gefahr einer Routine der Musizierenden und Zuhörer (s. 4.4 „Singen mit Kindern und Jugendlichen). Solche Initiativen befruchten sowohl den Leiter wie auch die Kinder, so dass mit ihnen auch kleinere oder größere Chöre gegründet und Lieder bis hin zu Musicals mit choreographischen Einsätzen einstudiert werden können. Eine Aufführung mit Eintrittskarten z.B. für einen Benefizzweck ist ein großes Erlebnis sowohl für die Kinder als auch für die Besucher.

Natürlich ist eine solche Aufgabe neben der Qualitätsbedingung auch mit einem großen Zeit- und Kraftaufwand verbunden und meine Befürchtung ist, dass die Bequemlichkeit vieler Gemeindeglieder und ein Mangel an musikalischer Ausbildung hier eine Hemmschwelle ist. Es ist bedauerlich, wie wenig oder nur einseitig qualifiziert die musikalische Kulturlandschaft in vielen Gemeinden unseres Landes ist, wo wir doch das Beste für unseren großen Gott geben sollten.

4.1.1.10 Musik und Singen in der Familie

Am Abend kommen alle Familienmitglieder jeweils aus „ihrer Welt“, sie sind mehr oder weniger verbraucht und konsumieren an getrennten Orten möglicherweise auch „ihre Musik“. Warum wird nicht *gemeinsam ein Lied gesungen, zumindest vor dem Essen*, immer wieder einmal ein „CD-Konzert“ zusammen angehört und danach darüber ausgetauscht? Es gibt mittlerweile CDs, die nur die Begleitmusik aufgespielt haben und damit zum Mitsingen einladen. Niemand kann sich also herausreden, er könnte nicht Klavier oder Gitarre spielen. Es ist nur eine Frage an die Disziplin und Kreativität, gemeinsam zu musizieren, zu singen bzw. auch einmal eine ungewohnte Musik kennen zu lernen. Es muss nur attraktiv verpackt werden. Dadurch kann es zu einer ganz neuen Begegnung innerhalb der Familie kommen, weil der gewohnte Ablauf und oft aggressive Alltagstrott unterbrochen wird.

4.1.1.11 Wünsche an die „Liedermacher“

Viele der neuen Lobpreislieder reimen sich nicht und sind deshalb memotechnisch schwieriger zu erlernen. Zudem stehen manche nur sonntags an der Wand und noch nicht in den Liederbüchern, so dass sie zuhause nicht nachgesungen werden können. Auch gibt es oftmals noch keine Noten dazu, so dass die Melodie dann möglicherweise nur unscharf im Gedächtnis bleibt. Am Sonntag gesungen – am Montag vergessen: hier muss man über neue Wege nachdenken, sonst wird immer nur das neueste Lied gesungen, aber nicht wirklich gelernt.

4.1.2 Wie alte Lieder wieder bekannt gemacht werden können

Nachdem die wichtigsten Lieder der unterschiedlichen Denominationen feststehen, möchte ich nachfolgend anregen, wie diese Ergebnisse in Kirchen und Gemeinden praktiziert werden können.

In einem kompakten, übersichtlich gedruckten „Goldenen Büchlein" sollen die beliebtesten gewählten Lieder gesammelt und herausgegeben werden. Damit das Mitsingen Freude macht, wird eine CD mit ansprechendem Arrangement als Playback beigelegt.

Mit regelmäßigen Singnachmittagen oder Singabenden in der Gemeinde können abwechselnd alte und neue Lieder vorgestellt werden. Unter einem ansprechenden Motto, z.B. „Neue und alte Lieder- wir wollen sie singen", kann die Einladung und Durchführung mit verschiedenen Medien kreativ gestaltet und zu einem erlebnisreichen Treffen von alt und jung führen. Gemeinsames Singen im ganzheitlichen Sinne lässt mit Sicherheit die Beteiligten die immer wieder genannte Erfahrung machen, dass Musik zusammenführt, verbindet, ermutigt und einfach Freude macht. Es können auch Zwischeneinlagen mit Medien wie Film, Diaschau, Kunst, Berichte über die mögliche Entstehungsgeschichte eines Liedes, entsprechende Bibelverse etc. eingebaut werden. Berichten aus USA zufolge wird dies dort in manchen Gemeinden mit großem Erfolg bei jungen und alten Besuchern - auch als „Wunschkonzert"- praktiziert (vgl. hierzu auch Kapitel 2).

Das Auswendiglernen von Liedern wurde immer wieder in den Schulen diskutiert. Der Gewinn ist so groß und nachweisbar, dass dies wieder attraktiv gemacht werden sollte. Mit einer geschickt durchdachten Didaktik, vielleicht sogar mit dem altbewährten Vorsagen der Lieder von den Kindern und Jugendlichen bei älteren Gemeinde- oder Familienmitgliedern, verbunden mit einem netten Imbiss, kann dies darüber hinaus zu einem für alle gewinnbringenden Kontakt führen.

In einem speziell gegründeten Team, das für Musik und Singen in der Gemeinde verantwortlich ist, kann über oben angeregte und andere Ideen individuell diskutiert werden. Hier wäre auch der Platz für Planungen von Konzerten für Außenstehende, für Singnachmittage oder -abende, für Finanzierungen von Musikinstrumenten und Noten etc.

Da die Familie die „Keimzelle des Staates“ ist, wäre dies auch vor allem der Ort, an dem auch die alten Lieder wieder ihr Zuhause finden. Wenn morgens entsprechend geplant wird, reicht die Zeit immer für ein gemeinsames Lied und damit für einen ganz anderen Start in den Tag. Wer das Losungsbuch der Herrnhuter Brüdergemeinde benutzt, findet darin immer ein „Lied der Woche“. In manchen Familien gibt es eine sehr empfehlenswerte Tradition, die wieder neu entdeckt werden sollte: Bei besonderen Treffen wird ein „Familienlied“ gesungen – immer dasselbe, das von den alten Familienmitgliedern an die jungen weitergegeben wird. Noch können die Kinder es nicht ganz auswendig und verstehen auch manche Worte noch nicht, doch prägt sich dieses gemeinsame Singen tief in ihr Gedächtnis ein.

4.2 Die Auswahl der Lieder im Gottesdienstablauf

In manchen Gemeinden gibt es ein Programm über die geplanten Predigtthemen der nächsten Wochen, das an Außenstehende weitergegeben werden kann. Es ist auch für die Gemeindeglieder eine Anregung, den Text schon vorher zu lesen, um damit schon etwas vorbereitet in den Gottesdienst zu kommen. Außerdem wird für den speziellen Sonntag ein gedrucktes Gottesdienstprogramm mit dem geplanten bzw. liturgischen Ablauf und auch den Texten der Lieder bei der Begrüßung überreicht. Auf diesem Papier ist etwas Platz ausgespart zur Notiz für wichtige Gedanken aus der Predigt, so dass die Lieder und Texte zuhause nochmals wiederholt werden können.

Bei solcher Programmvorgabe stellt sich natürlich nun die Frage an die unterschiedlichen Gemeindestrukturen: Soll der Ablauf des Gottesdienstes eher *spontan* oder mehr *liturgisch* sein? Für manche Gemeinden, die ihren Gottesdienst eher spontan gestalten, mag eine Programmvorgabe einengend sein, jedoch kann auch darin eine Möglichkeit gesehen werden, Interessierte mit einer gewissen Predigtreihenfolge und entsprechend gewählter Musik zu gewinnen. Zu Bachs Zeiten wurde fast jeden Sonntag eine Kantate entsprechend dem Predigttext im Gottesdienst eingebaut. Der Gottesdienst begann schon um 7 Uhr morgens und endete gegen 11 Uhr und die Musik und die Texte der Kantate strukturierten den Ablauf.

Wir wissen ja von der Kirchengeschichte und dem liturgischen Gottesdienst (vgl. Bubmann in Kapitel 2.4.3), dass der traditionelle Ort für Lobpreis in der christlichen Liturgie eigentlich das „Gloria“ ist und dieses erst *nach* dem „Kyrie“ als Antwort kommt. Vor einem solchen Hintergrund habe ich die nachfolgende Aufstellung und Reihenfolge des Gottesdienstablaufes angedacht, auch wenn derzeitig häufig die praktizierte Lobpreiszeit meist den gesamten ersten Teil des Gottesdienstes ab der Begrüßung bis zur Predigt umfasst. Dies soll nicht als Kritik aufgefasst werden, sondern als eine Anregung, den Gottesdienst immer wieder einmal anders zu strukturieren.

Inhaltlich finden wir im Lobpreis unterschiedliche Elemente, die dem Psalm, dem Kyrie oder dem Sündenbekenntnis zugeordnet sind, daher wäre zumindest auf die „richtige“ Reihenfolge zu achten.

4.2.1 Seelsorgerliche Abholung – Eingangslieder

Wenn zu Beginn des Gottesdienstes ausschließlich Anbetungs- und Lobpreislieder gesungen werden, wird der Blick zwar sehr schnell auf die Größe Gottes gelenkt – jedoch nicht zuvor der Schmerz, die Schuld oder die Probleme, die in den Gottesdienst mitgebracht werden, angesprochen.

Für viele Gottesdienstbesucher ist es kaum möglich, wenn sie mit Schmerzen oder ungesühnter Sünde kommen, anzubeten. Wenn sie die Größe Gottes nur mit tränenblinden Augen sehen, besteht die Gefahr, zwar am Anfang des Gottesdienstes eine diffuse Gefühlsaufwallung zu bekommen - die jedoch von der Größe des persönlichen Leids und der Anfechtung schnell wieder überrollt wird. Der so betroffene Gottesdienstbesucher fühlt sich womöglich schuldig und gerät in Zweifel, weil seine Situation überwältigt, aber nicht geistlich bewältigt wurde. Auf diese Weise wird es ihm nicht leicht fallen, sich auf die Predigt zu konzentrieren und offen für das Wort Gottes zu sein.

So gesehen könnte zu Beginn des Gottesdienstes, auch bei den Pfingst- und charismatischen Gemeinden, auf den reichen Schatz der Trost- und Ermutigungslieder zurückgegriffen werden, die den Besucher in seiner Not abholen und ihm dadurch das Ohr öffnen, denn er hofft ja auf Hilfe.

Nachfolgend werden einige Vorschläge aus der Fragebogenaktion (s. Kapitel 3) thematisch geordnet und in der von den Befragten gewählten Reihenfolge aufgeführt. Diese können wie oben beschrieben mit neuen Arrangements und entsprechender Instrumentalbegleitung eine besondere Wirkung auf die Besucher haben und als Bereicherung zwischen die neuen Lieder eingebaut werden:

- Befiehl du deine Wege
- Welch ein Freund ist unser Jesus
- Die güldne Sonne, voll Freud und Wonne
- In dir ist Freude in allem Leide
- Solang mein Jesus lebt
- Gott ist die Liebe, lässt mich erlösen
- Wer nur den lieben Gott lässt walten
- Herr, weil mich festhält deine starke Hand
- Wenn nach der Erde Leid, Arbeit und Pein
- Weiß ich den Weg auch nicht, du weißt ihn wohl

Wenn nach dem Singen solcher Lieder das Gebet und eine Zeit der Stille zum Nachdenken, Bekennen der Sünde und Zuspruch der Vergebung (Kyrie) folgt, kann danach unbeschwert zum Lobe Gottes gesungen werden.

4.2.2 Gloria

Nun können die unterschiedlichsten Musikstile zum Lobpreis eingesetzt werden, der mit einem dankbar gegebenen Opfer abgeschlossen wird:

- Großer Gott, wir loben dich
- Geh aus mein Herz und suche Freud
- Lobe den Herren, den mächtigen König der Ehren
- Du meine Seele singe
- Jesus ist kommen Grund ewiger Freude
- Ich singe dir mit Herz und Mund
- Wenn Friede mit Gott meine Seele durchdringt
- Du großer Gott, wenn ich die Welt betrachte
- Sollt ich meinem Gott nicht singen
- Schönster Herr Jesu

Während dieser Lobpreislieder sind auch die Kinder dabei, die dann mit einem fröhlichen Kinderlied in die Kindergruppen entlassen werden.

4.2.3 Vorbereitung für die Predigt

Durch ein möglicherweise gesprochenes Glaubensbekenntnis der Gemeinde (Credo) oder aber ein Zeugniswort eines Gemeindemitglieds wird die Hoffnung auf die Hilfe Gottes eingeleitet. Wer an den großen Gott, der eben besungen wurde glaubt, kann nun darauf eine Antwort durch „*Lieder der Hingabe und des Bekenntnisses*" geben und die Bereitschaft bekunden, auf das Wort Gottes, das nun folgen wird, zu hören. Neben den neuen Liedern mit dem Thema Hingabe und Bekenntnis können auch folgende Möglichkeiten aus der Topliste (s. Kapitel 3) eingesetzt werden:

- So nimm denn meine Hände
- Stern auf den ich schaue
- Ein feste Burg ist unser Gott
- Jesu geh voran
- Ich bete an die Macht der Liebe
- Mir ist Erbarmung widerfahren
- Gott ist gegenwärtig
- Ich bin durch die Welt gegangen
- Welch Glück ist's erlöst zu sein
- Ich blicke voll Beugung und Staunen

Wenn die Möglichkeit gegeben ist, durch Soli, Chor oder Instrumentalmusik meditativ auf die Predigt vorzubereiten, kann der Aspekt des Hörens und der Hingabe verstärkt werden. Dies ist jedoch mit dem Anspruch auf hohe Qualität verbunden, da bei jeder leisen oder meditativen Musik Fehler sehr deutlich zu hören sind - im Unterschied zu lauter und schneller Musik. Hierzu sollten also nur die besten Sänger und Musiker geholt werden.

4.2.4 Gottes Wort und die Antwort darauf

Wenn die Predigt den Zuhörer innerlich erreicht und ihn zum wirklichen Zuhören geführt hat, kann eine musikalische Antwort gefunden werden. Jetzt sind es die Hymnen oder andere Lobpreislieder, die den Dank an Gott zum Ausdruck bringen und damit eine Antwort auf das Gehörte geben. Diese Lieder werden den Teilnehmer auch nach Hause und in den Alltag der kommenden Woche begleiten. Sie gehen, wie man im Volksmund sagt, „nicht mehr aus dem Kopf". Neben dem neueren Liedgut können von den in unserer Befragung favorisierten Hymnen folgende eingebaut werden:

- Nun danket alle Gott
- Bei dir Jesus will ich bleiben
- Wachet auf, ruft uns die Stimme
- Von guten Mächten wunderbar geborgen
- Ach bleib mit deiner Gnade bei uns Herr Jesu Christ
- Ich steh in meines Herren Hand und will drin stehen bleiben
- Jesus Christus herrscht als König
- Der Herr, mein Hirte führet mich
- Seligstes Wissen, Jesus ist mein
- Bleibend ist deine Treu

4.3 Singen, ein Auftrag in der Welt

4.3.1 Lernchancen für Jugendliche

Wenn wir uns auf die musikalischen Botschaften einer Jugendkultur einlassen, so ist die Meinung von Peter Bubmann[400], dass wir *„dialogische Kommunikationsprozesse in Gang setzen müssen. Doch fordert besonders das theologische Erbe eine kritische Distanz zum Zeitgeist, die es schwer macht, unvoreingenommen neuen Strömungen zu begegnen“*. Es geht im Grunde darum, mit den Jugendlichen eine gemeinsame Sprachebene zu finden, offen zu sein, um mit ihnen über ihre Welt ins Gespräch zu kommen. Wie schon weiter oben beschrieben, dürfen und sollen wir ihnen dabei aber auch Einblicke in die Welt der älteren Generationen geben, um so ein sensibles Vertrautwerden und Aufeinanderzugehen zu fördern. Oftmals wurde diese Begegnung auch von Älteren gemieden, vielleicht mit der scheuen Begründung, wegen des allgemein rasanten Fortschritts bei jungen Menschen nicht mehr mitreden zu können. Mit Empathie und Wertschätzung einem jungen Menschen zu begegnen und dabei die Sprache der Musik und Lieder zu benützen, wird sicherlich auf Dauer gesehen Früchte bringen.

Bubmann meint auf die Frage, wie traditionelle und neue „ernste“ Musik Menschen aus ganz anderen Milieus erreichen kann, dass es darauf ankommt, wie einladend und geschickt sie vermittelt wird.

---

[400] Bubmann P., Landgraf M. (2006). *Musik in Schule und Gemeinde*. Stuttgart S. 320.

Wenn religiöse Texte vertont werden, bleiben die Worte nicht dieselben. Durch Musik wird das Verstehen vertieft, weil der Text in neue Zusammenhänge gestellt wird. Die Musik beginnt einen Interpretationsteppich zu knüpfen, den die Hörenden weiterentwickeln. So entsteht ein musikalischer „Midrasch" (=eine die Bibel auslegende jüdische Interpretation), der den Text auf vielfältige Weise erschließt.

Durch die Vertonung werden religiöse Texte aktuell. Da Texte sich leichter zur Seite schieben lassen als ertönende Musik, treffen sie den Hörenden ganzheitlich. Musik spricht uns direkt an, sie geht in unser Herz und Hirn.

Junge Menschen sind prinzipiell sehr begeisterungsfähig, sie müssen zum Liedersingen nur motiviert und angeleitet werden. In den früheren Peergruppen (Jungschar, Pfadfindergruppen, CVJM, Jugendkreise allgemein, Studentenverbindungen usw.) wurde begeistert gesungen. Glücklicherweise gibt es auch heute noch solche Gruppen - doch die Zahlen schrumpfen und stellen uns die Frage, was zu tun ist, damit wieder mehr Jugendliche in diese Kreise kommen. Heute wird eher nur noch konsumiert, es gibt ja unüberschaubare Möglichkeiten, sich jegliche Art von Musik „reinzuziehen". Aber das Anklagen hilft nicht weiter. Möglicherweise liegt einer der Gründe dieser Passivität dem Singen auch darin, dass nur wenige junge Menschen in Bands bzw. Lobpreisteams engagiert werden können. Die Lieder für die Mitsingenden werden dann in der Regel vom Beamer angezeigt und zuhause oftmals wieder vergessen. Vielleicht müsste man wieder „bunte" Liederbücher für junge Menschen herausgeben, so wie es früher die Mundorgel, das Fahrtenliederbuch, Studentenlieder usw. waren, die Songs für ganz verschiedene Anlässe beinhalteten.

Mit einem fast flehentlichen Appell verschiedener säkularer Initiativen an Eltern, Erzieher und Lehrer, die jungen Menschen zum Singen und Musizieren zu motivieren, stellt sich dabei die Frage, wie dieser Kampf gegen die Angebote der Medien erfolgreich geführt werden kann. Wer nur Musik konsumiert, wird kaum zum Singen geführt!

Eine altersgemäße Aufklärung in Kirche, Gemeinde, Elternhaus, Kindergarten und Schule mit Singwettbewerben und anderen Verstärkern kann, so haben die säkularen Untersuchungen (vgl. Kapitel 1.3.1 und ff.) gezeigt, insbesondere auch auf sozialem Gebiet Vieles bewirken. „Lehre die Jugendlichen, ein Instrument zu spielen und es wird weniger Kriminalität geben", meinte hierzu Yehudi Menuhin, der mit seinem großen

Engagement für junge Menschen einen wichtigen Beitrag dazu geleistet hat.

4.3.2 Singen mit Kindern: „Canto elementar“ ein Modell für Christen?

Ältere Singpaten, sog. „Canto-Omis“ und „Canto-Opis“, können in den Kindergärten und Grundschulen einen wichtigen Bildungs- und Glaubensauftrag erfüllen. Das Modell „canto elementar“[401] wurde schon mit viel Erfolg erprobt und wäre mit seinem Konzept auch mit einer christlichen Anthropologie kompatibel. Dabei könnten die in unserer Befragung gefundenen Glaubenslieder nicht nur im Kindergottesdienst und in Kinderstunden, sondern auch in den Kindergärten und Grundschulen Verwendung finden.

Es ist dabei zu bedenken, ob die Teilnahme direkt an den bereits bekannten Programmen erfolgen oder ob eine etwas abgeänderte Form mit christlichen Inhalten angeboten werden sollte. Der Einsatz wäre im letzteren Fall wohl eher auf christliche Kindergärten beschränkt, vielleicht bestünde aber auch die Möglichkeit, in säkularen Kindergärten durch einen regelmäßigen Singeinsatz Vertrauen zu erwerben und dann mit den Kindern auch christliche Lieder zu erlernen.

Der „Aufruf“ von canto elementar gilt für 60-jährige aufwärts und lautet wie folgt:

Singpaten gesucht:

Falls Sie gerne singen und gemeinsam mit anderen Singpaten im Kindergarten oder in der Grundschule ehrenamtlich mitwirken möchten, dann melden Sie sich auf dem unten anzuklickenden Formular bei uns und lassen Sie sich in unsere Datei aufnehmen. So wissen wir, in welcher Region wie viele zukünftige Singpaten wie Sie darauf warten, dass auch dort die Arbeit beginnt. Dort, wo es viele Anwärter für Singpaten gibt, werden wir versuchen, das Projekt ins Leben zu bringen. Wir werden Sie dann schnellstens informieren. Singpaten brauchen vor allem die Voraussetzung, dass sie von Herzen gerne singen. Singpaten sollten ein Lied sauber und sicher intonieren können. Ob Ihre Stimme von anderen als „schön“ beurteilt wird, ist in unserem Zusammenhang nicht wichtig. Für Singpaten ist das natürliche Singen, so wie es früher noch

---

[401] http://www.ilcantodelmondo.de/canto_elementar.html

in Familien üblich war, entscheidend. Die Singpaten sollten mit den ihnen anvertrauten Kindern eine familiäre Atmosphäre schaffen, in denen zumindest im Kindergarten ohne Leistungsziele aus „Spaß an der Freude" gesungen wird. Dabei ist es natürlich wunderbar, wenn Singpaten Erfahrungen mit dem Singen in einem Chor gemacht haben.

Die Initiative „Singen mit Kindern"[402] sieht ebenfalls die Notwendigkeit, dass in Schulen und Kindergärten wieder viel gesungen wird. So gibt sie einen Kalender heraus, auf dem jeweils ein Lied des Monats gedruckt ist. Die Aufgabe für die Kindergärten und Schulen ist nun, die Kinder dieses Lied so oft singen zu lassen, bis sie es auswendig können.

Das Abhören der Lieder könnte auch z.B. von einer „Canto-Omi" oder einem „Canto-Opi" übernommen und jeweils mit entsprechender Belohnung verstärkt werden - dadurch entstehen zudem ganz neue Begegnungen und Beziehungen zwischen Alt und Jung (s. 4.1.2).

4.3.3 Begegnungen mit Werken der geistlichen Musik[403]

In der europäischen Musikgeschichte hat sich die Musik in zwei Richtungen entwickelt: zu einer primär geistlichen Musik und zu einer zweckfreien autonomen Kunstmusik. Mit beiden Varianten können religiöse Erfahrungen verbunden werden. Das Kantatenwerk Johann Sebastian Bachs zählt explizit zur religiösen Musik, doch können auch rein instrumentale Musikstücke religiöse Erlebnisse stimulieren. Unter dem Aspekt „Musik in der Seelsorge" wurde in Kapitel 2.5 schon ausführlich darüber geschrieben, daraus nochmals ein Zitat Heymels:

„Unter diesen Umständen ist es ein Gebot seelsorgerlicher Verantwortung, über einen Umgang mit Musik nachzudenken, der der Seele wohl tut." [404]

Heymel betont, dass eine solche Musik, seelsorgerlich verantwortlich gebraucht, die Seele eines Menschen dazu bewegen kann, ihre Spannungen und Widersprüche vor Gott zu bringen.

---

[402] Vgl. http://www.singen-mit-kindern.de/stiftung/freunde/index.html

[403] Vgl. Bubmann P., Landgraf M.(2006). *Musik in Schule und Gemeinde,* Stuttgart S. 335.

[404] Heymel, M. (1999). *Trost für Hiob*, München S. 19.

4.4 Musik, ein Teil der Allgemeinen Psychotherapie, Beratung und Seelsorge (ABPS)

Wenn wir nachfolgend von dem holistischen Ansatz der ABPS[405] ausgehen, wird schnell deutlich, dass die Wirksamkeit der Musik und speziell des Singens auf den ganzen Menschen bisher zu wenig erkannt wurde und dass diese Wirkung zukünftig in der seelsorgerlichen Beratung stärker genutzt werden sollte.

Die Anthropologie der ABPS sieht das menschliche Wesen (nefesh) unteilbar, aber mit den unterschiedlichen Aspekten von Soma, Psyche und Pneuma beschrieben. Jeder Aspekt ist gleich wichtig und in seiner möglichen Gefährdung zu beachten. Wenn einer dieser Aspekte in „Unordnung" gerät, bringt das auch die anderen Aspekte in Mitleidenschaft, da sie ja untrennbar miteinander verbunden sind.

Auch wenn die menschliche Seele unteilbar ist, so muss doch vor jedem therapeutischen Einsatz eine differenzierte Diagnose erfolgen, die die unterschiedlichen Aspekte einzeln betrachtet, um danach an der Wiederherstellung der Ordnung zu arbeiten.

Die ABPS kennt in ihrem holistischen Konzept im Sinne von Genesis 2,7 zur Veränderung eines Menschen drei grundsätzliche Möglichkeiten. Michael Dieterich schreibt dazu, dass *„mit dem biblischen Menschenbild einer lebendigen Seele die Möglichkeit einer Änderung bereits im Begriff selbst vorgegeben ist, denn lebendig zu sein bedeutet immer auch, Veränderungen zu erfahren."*[406] So können der Klient und der Seelsorger auf drei Ebenen arbeiten:

- Man kann vor somatischem Hintergrund Änderungen ansprechen, die durch biologische Ursachen bedingt sind.
- Man kann vor psychischem Hintergrund an Änderungen in Form von Lernprozessen arbeiten.
- Man kann vor pneumatischem Hintergrund Änderungen erwarten, die durch Gottes direktes Einwirken entstehen.

---

[405] Vgl. Dieterich, M. (2001). *Einführung in die Allgemeine Psychotherapie und Seelsorge.* Wuppertal: Brockhaus.

[406] Dieterich, M. (2009). Wie sich Menschen ändern – und was wir dazu beitragen können. Witten S. 40.

Diese drei grundsätzlichen Möglichkeiten sind immer miteinander verwoben, da die menschliche Seele nicht teilbar ist. Reifung und Wachstum, Lern- und Sozialisationsprozesse und die Führung, Korrektur und Tröstung durch den Heiligen Geist sind bei Christen untrennbar miteinander verbunden.

In etwas anderer Sprache sagt Anselm Grün hierzu bezogen auf das Singen:

> *„Im Singen kommen wir in Berührung mit den positiven Gefühlen wie Freude, Hoffnung, Sehnsucht, Liebe. Dadurch verlieren die negativen Gefühle ihre Macht über uns. Wir brauchen uns im Singen nicht in Gefühle der Freude und Liebe hineinzusteigern. Wenn wir uns einfach auf das Singen einlassen, dann bewirkt es etwas in uns, dann steigen Freude und Sehnsucht in uns auf. [...] Durch das Psalmensingen klingen in uns Saiten wieder, die sonst stumm bleiben. Es entsteht ein Bewegtsein des Gemütes, ein Ergriffensein von Freude und Liebe."*[407]

Auf kaum einem Gebiet werden alle drei Aspekte des menschlichen Wesens (seiner „Seele") so sehr angesprochen wie bei Musik und insbesondere beim Singen. Weil Soma, Psyche und Pneuma interdependent sind, können Musik und Lieder in allen Bereichen der Beratung optimal eingesetzt werden.

4.4.1 Änderungen im Bereich von Soma:

Um singen zu können, muss tief eingeatmet werden. Auf diese Weise wird Sauerstoff zugeführt, Oxytozin ausgeschüttet und dadurch Stress und Anspannung abgebaut. Die weiteren physiologischen Wirkungen wie Stärkung des Immunsystems, Schmerzverringerung etc. seien hier nur kurz erwähnt und sind nachzulesen in Kapitel 1.3.2.

4.4.2 Änderungen im Bereich von Psyche:

Durch das tägliche Üben erfährt der Klient, dass es ihm durch Singen besser geht. Dieser Verstärker motiviert ihn, weiter zu üben. Der Aspekt des Lernens hat in der seelsorgerlichen Beratung eine besondere Bedeu-

---

[407] Grün, A. (1989). *Chorgebet und Kontemplation*. Münsterschwarzach S. 48 ff.

tung (vgl. das „9-Faktoren-Modell"[408] im ABPS-Konzept), besonders wenn die Aspekte der Musik und des Singens miteinbezogen und somit weiteres Lernpotential ausgeschöpft wird.

4.4.3 Änderungen im Bereich von Pneuma:

Durch die tröstlichen und ermutigenden Texte eines geistlichen Liedes öffnet der Mensch seine Ohren und sein Herz, das Lied begleitet ihn bei seiner täglichen Arbeit, in die er damit den Geist Gottes bewusst oder unbewusst einbezieht und einwirken lässt.

Mit dem ganzheitlichen Ansatz der ABPS können auch folgende spezielle Möglichkeiten adaptiert und zusätzlich mit dem pneumatischen Aspekt eingesetzt werden. Sowohl die rezeptive als auch aktive Musiktherapie wird von Decker-Voigt[409] als „angewandte Psychotherapie mit Musik" definiert. Hierzu gibt es unterschiedlichste Einsatzmöglichkeiten, die in der Psychotherapie überwiegend als eine ergänzende Behandlungskomponente eingesetzt werden. Nachfolgend einige praktische Anwendungsgebiete[410]:

- In der *Krankengymnastik* (Physiotherapie) z.B. bei medizinischen Massagen oder einer Herz-Patienten-Gruppe.
- In der *Beschäftigungstherapie* (Ergotherapie), wenn zusätzlich zur Arbeit durch Gruppenspiele mit Musik kommunikative Ziele verfolgt werden.
- In der *Tanztherapie und konzentrativen Bewegungstherapie* ist die Musik ein funktionelles und kommunikatives Medium, ohne damit die Musiktherapie im Sinne eines selbständigen Behandlungskonzepts einzuschränken.
- In der *klinischen Psychosomatik,* wo ähnlich dem Einsatz in der Psychiatrie wesentlich mehr das Potential der Musiktherapie als eigenständiges Psychotherapieangebot genutzt werden könnte.

---

[408] Vgl. Dieterich, M. (2009). *Wie sich Menschen ändern – und was wir dazu beitragen können.* Witten S. 129, S. 342.

[409] Vgl. Decker-Voigt, H.H. (1991). *Aus der Seele gespielt.* München S. 91.

[410] Vgl. ebd.

- Bei der *sonderpädagogischen Arbeit*, z.B. mit geistig Behinderten, hilft das gemeinsame Singen und Musizieren mit „tradierten Musikelementen wie tägliche Singstunden oder Festgestaltungen das therapeutisch-pädagogische Klima zu verbessern“. Freie Improvisationen, die von einem Musiktherapeuten angeboten und aufgefangen werden, können zu einer spezifischen Musiktherapie als „Psychotherapie für geistig Behinderte“ wirksam werden[411].
- In einigen *Schlafkliniken*, wo gestresste Patienten mit einer Schlafkur behandelt werden, „die auf einer Kombination spezieller Psychopharmaka und speziell wirksamer „Schlafmusik“ beruht.
- Für Logopäden bei den Rhythmus-Therapien für Patienten mit *Sprach- und Sprechstörungen*, wo beachtliche Erfolge bei Stotterern nachgewiesen sind.[412]

4.4.4 Liedverordnung in der Einzelberatung

Je müder und schwächer ein Mensch ist, umso schwerer wird es für ihn, in diesem Zustand auch noch zu singen. Obwohl es ja im therapeutischen Sinne nicht darum geht, schön zu singen, ist doch der Anspruch des Ratsuchenden selbst an seine Stimme und deren Singqualität gerade in schwachen Zeiten oft sehr hoch.

Jedoch ist wichtig zu wissen: auch wenn die Stimme vielleicht gebrochen und kaum mehr Kraft zum Singen vorhanden ist, er häufig sogar dabei weinen muss, wird der schwache Mensch nach dem Singen eine Stärkung erfahren. Man muss ihn also nötigen, von diesem „Elixier“ Gebrauch zu machen. In Kapitel 1 konnte deutlich gemacht werden, welch starke Effekte, ja Wunderwirkungen das gesungene Lied hat.

Nachfolgend zunächst einige Psalmen, die die Notwendigkeit des Singens begründen und den Ratsuchenden dazu ermutigen sollen. Diese Psalmen können auch als Sprechgesang buchstabiert und gebetet werden:

Ps 30,5 Lobsinget dem HERRN, ihr seine Heiligen, und preiset seinen heiligen Namen!

---

[411] Wie es Dietmut Niedecken in ihrem Buch „Namenlos“ fordert und selber praktiziert. Ebd. S. 93.

[412] Vgl. ebd.

Ps 33,2 Danket dem HERRN mit Harfen;
lobsinget ihm zum Psalter von zehn Saiten!

Ps 68,33 Ihr Königreiche auf Erden,
singet Gott, lobsinget dem Herrn!

Ps 96,1 Singet dem HERRN ein neues Lied;
singet dem HERRN, alle Welt!

Ps 96,2 Singet dem HERRN und lobet seinen Namen,
verkündet von Tag zu Tag sein Heil!

Ps 98,1 Singet dem HERRN ein neues Lied, denn er tut Wunder.
Er schafft Heil mit seiner Rechten und mit seinem heiligen Arm.

Ps 98,4 Jauchzet dem HERRN alle Welt, singet, rühmet und lobet!

Ps 149,1 Halleluja! Singet dem HERRN ein neues Lied;
die Gemeinde der Heiligen soll ihn loben.

Mit dem Motto „Jeden Tag ein Lied“ sollten wir die im vorangegangenen Kapitel erhobenen Befragungsergebnisse als Grundlage nehmen und mit dem Ratsuchenden gemeinsam „sein“ Lied auswählen. So könnte eine Hausaufgabe bis zur nächsten Sitzung sein, dieses Lied täglich laut zu singen und auswendig zu lernen. Es soll gesungen werden, unabhängig von der jeweiligen Stimmung, den Gedanken und dem Krankheitsbild. Wichtig ist nur, dass der Ratsuchende jeden Tag „sein Lied“ singt.

Hier widerspreche ich Karl Adamek[413], der ausschließlich für die Freiwilligkeit zum Singen plädiert. Seine Meinung beruht auf einer Fragebogenanalyse von gesunden Menschen. Schwache, traurige, depressive und schwermütige Menschen brauchen eine Führung und bis ein Klient freiwillig ein Lied singen würde, vergeht zu lange wertvolle Zeit. Deshalb darf hier m.E. im Sinne des Wortes „fürsorglich“ gedacht werden, indem man den Menschen einfach manchmal „zu seinem Glück zwingen muss“. Der Klient ist ja müde und möchte natürlich nicht singen, weil es ihn Kraft kostet und er ja auch keinen Grund dazu hat. Weil wir aber wissen und davon überzeugt sein können, wie „gesund“ das Singen ist, gleicht es einer Medizin, die verordnet werden muss, damit der Klient beim täglichen Praktizieren lernt, seine Gedanken hinter das Lied zu stellen.

Wenn der Text tröstlichen, geistlichen Inhalts ist, entsteht oft auch wieder eine zaghafte Glaubensentwicklung und beginnendes Gottvertrauen. Die Freude und neue beglückende Erfahrungen kommen dann hinterher.

---

[413] Vgl. Adamek, K. (1996). *Singen als Lebenshilfe*. Münster S. 111.

Die Hausaufgabe ist also, dass „das“ Lied täglich – auch unter Tränen und Seufzen – gesungen, gesummt und auswendig gelernt wird, was dann auch Wirkungen zeigt.

4.4.5 Klassische Musik und Seelsorge in Gruppen

Für manche Menschen ist die sog. „klassische“ Musik sehr fremd, sie meinen häufig, dass dies eine Musik für Intellektuelle sei, eine für ältere Menschen oder ganz allgemein eine unmoderne Musik.

Wir konnten in den vorangegangenen Kapiteln deutlich machen, dass solche Meinungen falsch sind und letztlich auf Unwissen beruhen. Untergasser-Reischl[414] hat mit ihrer Arbeit gezeigt, dass gerade die Kantaten von Johann Sebastian Bach dem Menschen eine ganz einzigartige Kombination von Musik und Text vermitteln, die es auch seelsorgerlich zu nützen gilt.

So beschreibt sie in ihrer Arbeit eine Möglichkeit, Bachkantaten in einem Setting für kleine Gruppen anzubieten. Hierzu ist keinerlei Vorwissen der Teilnehmer erforderlich – nur die Bereitschaft, für das Hören und Erfahren offen zu sein.

Sie berichtet von einer Gruppe mit fünfzehn Personen, die hauptsächlich dem christlichen Glauben fernstanden, und nur vier von ihnen hatten jemals eine Bachkantate gehört. Die Reaktion dieser Gruppe war erstaunlich.

Die Autorin geht folgendermaßen vor: Zu Beginn bekommt jeder Teilnehmer den Text der Kantate und zuvor eine kurze Einführung mit evtl. Einspielung eines Satzes aus der Kantate. Nach dem Anhören eines Teils ermutigt sie die Gruppe zu einer persönlichen Stellungnahme mit Fragen: „Wie spricht der Text mich an? Was löst die Musik aus? Welche Gefühle und Gedanken tauchen in mir auf? Welche Assoziationen kommen da hoch?“ Um auf diese Reflexion vorbereitet zu sein, muss der Gruppenleiter die entsprechende Kantate vorher bereits einige Male selbst durchgehört und durchlebt haben.

Die Musik bzw. der Text spricht jeden Menschen individuell an, so dass die Wirkung nicht nur von der Offenheit des Hörers abhängt, sondern auch stark von der unterschiedlichen Persönlichkeitsstruktur. Die offene

---

[414] Vgl. Untergasser-Reischl, B. (2007) *Das Kantatenwerk von J.S. Bach als Ressource für Seelsorge, Beratung und Therapie* (Abschlussarbeit für die BTS) S. 35.

Austauschrunde wirkt sich aber bereichernd aus, da alle vom Erleben und den Erfahrungen der andern profitieren. Untergasser-Reischl sieht es fast wie eine Bibel-Austauschrunde, da die Bachkantaten voll von Bibelworten sind, die „durch die Vertonung in teilweise so innige, fast himmlische Musik eine neue Dimension bekommen."

Solche Schätze müssen wieder gehoben werden, dazu kann man z. B. einen Kantaten-Abend oder -Nachmittag anbieten, diesen unter ein besonderes Thema stellen und hierzu bestimmte Teile aus unterschiedlichen Bachkantaten auswählen. Es gibt genügend gutes und auch preiswertes Tonmaterial zu kaufen. Nachfolgend einige Beispiele:

Traurigkeit, Trauer, Trauerarbeit, Depression, dysthyme Störungen, aber auch Trost	BWV 21, 38, 87, 107, 131, 5, 48
Trost speziell	BWV 13, 33, 114
Bei unverständlichem Leid	BWV 3, 138, 58, 186
Gottessehnsucht	BWV 150, 70, 82, 32
Zufriedenheit in Not	BWV 144
Krankheit	BWV 25, 58
Ängste, soziale und andere Phobien	BWV 131, 139, 155
Selbstwert, Selbstannahme	BWV 49, 140 (Duett)
Selbst- und Fremdwahrnehmung	BWV 49
Vergebung	BWV 5, 86, 145, 106, 135, 136
Schuld, Sündenerkenntnis und –Bekenntnis	BWV 54, 102, 105, 136, 48, 55, 136
Weltflucht – Todessehnsucht	BWV 82, 158, 26, 94, 27, 8, 35, 67, 156, 52, 57
Einsamkeit	BWV 138, 129
Lob, Anbetung	BWV 69, 120, 117, 137
Gottvertrauen	BWV 56, 72, 111, 92, 139, 97, 98
Schlaflosigkeit	BWV 82
Freude an Gottes Wort	BWV 126
Vorbereitung auf den Tod	BWV 115, 140
Anfechtungen	BWV 146, 44
Gottes- und Nächstenliebe	BWV 77, 147, 39, 59
Freude an der Schöpfung	BWV 31, 84
Erwählung	BWV 34, 172
Glaube	BWV 37, 97, 102, 109

Tabelle 5: Empfehlungen klassischer Musik zu einzelnen Themen

Da uns fast zweihundert Kirchenkantaten von J. S. Bach erhalten sind, kann fast zu jedem seelsorgerlichen Thema eine entsprechende Auswahl getroffen werden, und weil J.S. Bach über alle seine Werke „Soli Deo Gloria" geschrieben hat, dürfen wir auch damit rechnen, dass der Geist Gottes durch seine Musik wirkt, insbesondere dann, wenn die Kantaten oder Passionen betend gehört werden.

Fazit: Die Bachkantaten können als wichtige Ressource eingesetzt werden, *„die besonders in seelischen Notzeiten ein ganzheitliches Fundament bieten wird."*[415].

4.4.6 Das Lied und die Musik in den Seelsorgegruppen der BTS[416]

In den vergangenen zwei Jahrzehnten sind hin und her im Lande Seelsorgegruppen entstanden[417], die dem gesungenen Lied einen besonderen Stellenwert einräumen. Motto dieser Gruppen ist „Wo man seine Ängste aussprechen kann". Nachfolgend einige Aspekte, die mit dem Liedgut in diesen Gruppen zu tun haben.

Bei den wöchentlichen Treffen wird zu Beginn über einen längeren Zeitraum hinweg dasselbe Lied gesungen. Es ist deklariert als „unser Lied" und wird jedem Gruppenmitglied als Teil der Arbeitspapiere übergeben. Dieses Lied wird ohne Begleitung gesungen, denn die Schlichtheit des Singens, manchmal unter Tränen, bewirkt eine positive und tiefe Konditionierung mit der Gruppe und der dort herrschenden Offenheit. Manche Teilnehmer singen zunächst gar nicht oder nur zaghaft mit, werden aber nach und nach vertrauter mit der Gruppe und ihrem Lied, das sie bei den alltäglichen Belastungen, über die in der Gruppe ja gesprochen wird, bis hinein in ihre Schlafstörungen begleitet. Das textlich passend für die Seelsorge ausgewählte und immer vertrauter werdende Lied wirkt sowohl beruhigend und tröstend als auch korrigierend und ermutigend bei den unterschiedlichen Störungen.

Ein anderes Setting kann angeboten werden, wenn die Gruppe einmal im Monat zu einem bestimmten Thema mit einer Bach-Kantate, wie es in Kap.4.3.2 beschrieben wird, zusammenkommt. Anstelle der ansonsten eher individuell vorgebrachten Probleme wird dann ein allgemeineres

---

415 Ebd.

416 BTS = Biblisch-therapeutische Seelsorge, vgl. http://www.bts-ips.de/html/bts_gruppen.html.

417 Vgl. hierzu Dieterich, H. (2012). *Handbuch für Seelsorgegruppen*. Freudenstadt.

Thema behandelt, z.B. „Trost" oder „Freude", und mit den Auszügen aus der jeweiligen Kantate musikalisch untermauert. Durch die sehr eindringlichen Texte, verbunden mit Bachs Musikmalerei, kann Neues bewegt und damit gelernt werden, das vielleicht explizit in der Gruppe noch nicht angesprochen wurde.

Als eine weitere Lernmöglichkeit in Seelsorgegruppen, besonders beim Thematisieren von Beziehungsproblemen im weitesten Sinne (Familie, Arbeitsplatz, Freizeit, Schule), können Ansätze aus der rezeptiven Musiktherapie eingesetzt werden[418]. Einer der Teilnehmer bringt hierzu „seine" Musik in die Sitzung, und die Gruppenmitglieder erfahren auf diese Weise die Zeiten, Orte und Menschen, mit denen sie sich wohl und sicher fühlen.

Decker-Voigt berichtet von einer Gruppe[419], in der es sein kann, dass der Bach-Freak neben dem Marsch-Liebhaber und die Operetten-Verehrerin neben dem Rock-Fanatiker sitzt. Er erzählt, dass ein Hymnen-Verehrer die deutsche Nationalhymne mitbrachte, mit der er gute und starke Gefühle verband. Zunächst reagierte die Gruppe mit Unverstehen, ja sogar feindselig, bis der Teilnehmer über die Assoziation mit der Hymne berichtete, über einen Onkel, den er nie gesehen hatte und der als Widerstandskämpfer des 20. Juli 1944 hingerichtet worden war. Die Familie verehrte den Onkel, bei dessen Begräbnis einst kein Ritual stattfinden konnte, und spielte aus diesem Grunde immer an seinem Todestag die Nationalhymne vom Tonband. Der kleine Junge - das spätere Gruppenmitglied - durfte dabei das Gerät bedienen. Decker–Voigt berichtet:

„unabhängig von der Arbeit dieses Patienten am psychischen ‚Schatten' seines Onkels, durch den dieser ein unerreichbares Heldenbild abgab, lernte auch die Gruppe aus diesem Beispiel zumindest so viel, dass keiner von ihnen beim Erklingen der Hymne jemals wieder einfach nur lachen würde..."[420]

Durch ein solches Setting kann so etwas wie Liebe zu einer Musik des Anderen entstehen, die zuvor selbst abgelehnt worden war. Das einfühlende Engagement für ihn lassen auch für seine Musik offen werden, die es wiederum erleichtert, ihn zu verstehen. Dabei geht es nicht um musikalisch-ästhetische Auseinandersetzungen, sondern um Auseinanderset-

---

[418] Vgl. Decker-Voigt, H.H. (2005). *Aus der Seele gespielt.* München, 5. Auflage.

[419] Vgl. ebd. S. 151.

[420] Ebd.

zungen und Begegnungen auf der Beziehungsebene, die auf diese Weise gelernt werden können.

4.4.7 Singen mit Kindern und Jugendlichen

„Singen und nicht nur Computerspiele" – ein „Sowohl-als-auch-Programm", das jungen Menschen zeigt, wie selbstgemachte Musik eine andere Art von Faszination ausüben kann. Mit bunt gemischten Liedern und allen zur Verfügung stehenden Instrumenten (u.U. wird dies der Start dafür, ein neues Instrument zu erlernen!) können Kinder und Jugendliche aus ihren Ecken hervorgelockt werden, um gemeinsam „Musik zu machen".

Es kommt auf die Begeisterungsfähigkeit des Initiators an, dementsprechend kann das Programm sehr attraktiv dargestellt werden. Das Treffen kann wie eine musikalische Jungscharstunde gestaltet werden und muss geographisch nicht aufwendig mit langen Fahrten sein[421].

Mit einem solchen „Anstatt-nur-Computer-Programm" können viele Aspekte angesprochen werden:

- Ein wichtiges Kapital für das Leben der Jugendlichen wird entdeckt: Musizieren und Lernen von Liedern.
- Soziale Kontakte in der Peergruppe erleichtern das langsame und notwendige Lösen vom Elternhaus.
- Ein schon im ersten Kapitel belegter Abbau von Aggressionen, die durch Schulen, Medien und auch Familienverhältnisse angestaut sind, findet statt.
- Einzelne Sorgen und Probleme der Jugendlichen werden in einem vertraut gewordenen Rahmen leichter ausgesprochen und damit seelsorgerlich bearbeitet. (Essstörungen, Systemische Probleme, Beziehungskummer etc.)
- Der maßvolle Umgang mit dem Computer wird in der Gruppe thematisiert und durchdiskutiert[422].

---

[421] Eine Anmerkung: Wenn ein kleiner Stamm von Jugendlichen gewonnen wurde, wächst die Zahl potenziell.

[422] Vgl. hierzu die Masterarbeit von Dagmar Janssen zur Computerspielsucht, zugänglich über www.bts-ips.de.

- Es können neue Perspektiven für das Leben der oft schon sehr einsamen und verzweifelten Kindern und Jugendlichen entdeckt werden. Dies kann insbesondere dadurch geschehen, dass die Liebe und Fürsorge Gottes zu jedem Einzelnen vorgestellt und erklärt wird. Damit kann für die jungen Menschen eine Umkehr von gefährlichen Orientierungen bewirkt werden.
- Durch das gemeinsame Musizieren und Singen kann Mut gemacht und eingeladen werden, auch Neuen von der Straße anzubieten, mitzusingen und auch Instrumente zu lernen.

4.4.8 Singen und musikalische Seelsorge mit alten Menschen

Besonders bei alten Menschen ist die Einsamkeit oft sehr groß. Sie sehnen sich nach einer sinnvollen Beschäftigung und wollen sich mit dem, was noch möglich ist, einbringen. Hier kann das Singen einen wertvollen Dienst für sie bedeuten.

Bei einer gemeinsamen Singstunde mit Gitarre oder Klavierbegleitung – es gibt auch Versuche, einen Chor aufzustellen – werden die positiven Auswirkungen, die im ersten Kapitel ausführlich beschrieben sind, deutlich sichtbar.

Eine ältere Dame erzählte von ihren regelmäßigen Besuchen in Altenheimen, bei denen sie nur mit der Mundharmonika Lieder vorgespielt und damit unbeschreiblich viel Freude gebracht hatte. Sie ließ mit alten bekannten Liedern alte Erinnerungen anklingen.

Eine weitere musikalische Möglichkeit ist das Singen in der Advents- und Weihnachtszeit, das als eine alte Tradition bewährt, wieder zum Leben erweckt werden sollte: Eine kleine Gruppe gemischt mit jungen und alten Sängern besucht alte und kranke Menschen sowohl in den Hochhäusern als auch im Dorf mit einem Lichtergruß und bringt ein „Ständchen“ mit den ihnen bekannten Liedern. Das kann ungeahnten Trost in die oft große Einsamkeit bringen und wird den Sängern selbst zu einem segensreichen Erlebnis (vgl. Jes 58).

Der seelsorgerliche Auftrag gilt für alle Bedürftigen, also bei jungen und alten Menschen. Ein bekanntes Wort besagt: „Die Qualität eines Volkes wird daran gemessen, wie es mit seinen Kindern und alten Menschen umgeht.“ Ich möchte diesen Satz noch erweitern, indem ich sage, die „Echtheit des Christseins wird daran gemessen, wie es mit seinen Kindern und alten Menschen umgeht“.

4.4.9 Singbesuche im Krankenhaus[423]

Es ist eine Frage an jeden Seelsorger, wo er seinen Dienst einbringen will. Meine Erfahrungen der letzten Jahre zeigten, dass auch in Krankenhäusern ein großer Bedarf an freiwilligem Einsatz ist und es oftmals nur am mangelnden Mut liegt, sich bei der Krankenhausdirektion vorzustellen.

Nach einem einwöchigen stationären Aufenthalt, bei dem ich mit den Ärzten über meine Arbeit sprach und immer wieder die hilflos herumstehenden Patienten in den Gängen beobachtete, hätte ich dort sofort mit einer BTS-Gruppe anfangen können. Solch eine Gruppe, wie weiter vorne beschrieben, die mit Singen und Musik kombiniert wird, könnte Licht in die oft sehr dunklen Tage der Patienten bringen. Wenn es auch noch Lieder sind, die zumindest ansatzweise bekannt sind – hierzu bieten ja die durch die Fragebogenaktion gewonnenen Ergebnisse eine entsprechende Auswahl an – kann dies eine sehr wichtige Hilfestellung sein bei Menschen, die in großer Not sind.

[423] Vgl. hierzu auch Kapitel 2.5.6.

5 Evaluation und Ausblick

Im Rahmen einer Masterarbeit kommt die Überprüfung der praktischen Vorschläge meist zu kurz, weil die vorgegebene Zeit begrenzt ist. Es wird deshalb die Aufgabe weiterer praktischer Untersuchungen sein, die Wirksamkeit und Nachhaltigkeit der Vorschläge nachzuweisen und ggf. Veränderungen vorzunehmen.

Nachfolgend die ersten Ergebnisse:

5.1 Die Anwendung der Musik in der Allgemeinen Psychotherapie, Beratung und Seelsorge (ABPS)

5.1.1 Liedverordnung in der Einzelberatung

Bei einem Telefonanruf einer sehr depressiven Frau mit Tinnitus stellte sie mir die Frage, auf welche Weise sie selbst nach ihrem Klinikaufenthalt und vielen therapeutischen Ratschlägen besser eine Eigeninitiative übernehmen könnte. Ich schickte ihr ein Liederbuch mit vielen alten Volksliedern und geistlichen Liedern für den Jahresablauf. Meine Verordnung war, dass sie jeden Tag daraus ein Lied singen sollte. Einige Tage danach rief sie mich an und sagte: „Ich habe nicht nur ein Lied gesungen, ich habe gleich das halbe Liederbuch durchgemacht." Die Wirkung war offensichtlich. Nun geht es natürlich um die Kontingenz, denn nur einmal gesungen reicht nicht.

5.1.2 Klassische Musik und Seelsorge in Gruppen

Wie Bachkantaten in einer Gruppe thematisch eingesetzt werden können, hat uns, wie schon weiter vorne beschrieben, B. Untergasser-Reischl[424] aufgezeigt und ihre Wirkung bestätigt. Es ist dazu keinerlei Vorwissen der Teilnehmer erforderlich – wichtig ist eine Bereitschaft, Musik und Text aufzunehmen und offen dafür zu sein.

---

[424] Untergasser-Reischl, B.: *Das Kantatenwerk von J.S. Bach als Ressource für Seelsorge, Beratung und Therapie* (Abschlussarbeit für die BTS) August 2007 S. 35.

Sie schlägt zum Setting vor (vgl. Kap.4.4.2), dass zu Beginn jeder Teilnehmer den Text der Kantate bekommt und dazu eine kurze Einführung und Erklärung. Nach dem Anhören eines Teils wird die Gruppe zu einer persönlichen Stellungnahme ermutigt. Dabei können die Erfahrungen der einzelnen Teilnehmer sehr unterschiedlich ausfallen, worüber man sich dann austauschen kann. Wie in 4.4.2 bereits gesagt, sollte der Gruppenleiter gut vorbereitet sein. Wenn entsprechend Zeit vorhanden ist, kann die ganze Kantate zu Ende gehört werden, was aber nicht unbedingt sein muss.

5.1.3 Das Lied in den Seelsorgegruppen der Biblisch-therapeutischen Seelsorge

In einer Gruppe von Menschen mit psychischen Störungen und Belastungen zu singen klingt unglaubwürdig, und doch habe ich selbst mit diesem Versuch begonnen und große Wirkungen erfahren. Ungewohnt war zunächst, ohne irgendeine Begleitung zu singen und seine eigene Stimme und die der andern zu ertragen. Ich erklärte den Teilnehmern die Absicht dieses „ehrlichen Singens“ und wies darauf hin, dass solch ein Lied unter Tränen von Gott gesegnet wird. Über einige Wochen oder Monate gesungen wird es zu „ihrem“ Lied, das unbemerkt im Gedächtnis haften bleibt. Eines Tages erzählte mir eine sehr schlafgestörte Teilnehmerin, wie sie zum ersten Mal ihre sonst schlimm empfundene Wachphase in der Nacht durch das ständige Rezitieren des Liedes überwinden konnte und dabei unbemerkt wieder einschlief.

5.1.4 Singen und musikalische Seelsorge mit alten Menschen

Hier möchte ich auf die Masterarbeit mit dem Thema „Beratung mit alten Menschen“ von Dorothee Hoffmann und deren Ergebnisse hinweisen.[425] Wenn die ständig anwachsende Arbeit in der Geriatrie mehr theoriegeleitet sein wird, werden mit hoher Wahrscheinlichkeit auch bei der Arbeit unter alten Menschen Musik und Lieder intensiv eingesetzt werden. Dies würde dann zu einem speziellen Strang in der seelsorgerlichen bzw. musiktherapeutischen Ausbildung und die musikalische Seelsorge zu einem wichtigen Bestandteil geriatrischer Beratung und Betreuung.

---

[425] Erhältlich unter www.bts-ips.de.

6 Literaturverzeichnis

6.1 Literatur zur vorliegenden Arbeit

ADAMEK, Karl (1996/2008). *Singen als Lebenshilfe.* Münster: Waxmann Verlag.

BASTIAN, Hans G. u.a. (1999). *Musik(erziehung) und ihre Wirkung.* Mainz: Schott Music.

BOISSON, Ulrike (2005). *Gesang als therapeutisches Medium bei depressiv verstimmten Patienten - Eine empirische Untersuchung.* Dissertation München (download Internet).

BOSSINGER, Wolfgang (2006). *Die heilende Kraft des Singens.* Battweiler: Traumzeit-Verlag.

BROCKHAUS Enzyklopädie (1990). Mannheim: F. A. Brockhaus.

BUBMANN, Peter, Landgraf, Michael (2006). *Musik in Schule und Gemeinde.* Stuttgart: Calwer Verlag.

DECKER-VOIGT, Hans-Helmut (1991). *Aus der Seele gespielt.* München: Wilhelm Goldmann Verlag.

DECKER-VOIGT, Hans-Helmut (1996). *Lexikon Musiktherapie.* Göttingen: Hogrefe-Verlag.

DEICHGRÄBER, Reinhard (1967). *Gotteshymnus und Christushymnus in der frühen Christenheit.* Göttingen: Vandenhoeck & Ruprecht.

DIEKMANN, Andreas (1999). *Empirische Sozialforschung.* Reinbek bei Hamburg: Rowohlt Taschenbuch Verlag.

DIETERICH, Hilde (2005). *Handbuch für Seelsorgegruppen.* Freudenstadt: IPS (3. verbesserte Auflage).

DIETERICH, Michael (1988). *Wir brauchen Entspannung.* Gießen: Brunnen-Verlag.

DIETERICH, Michael (2001). *Allgemeine Psychotherapie und Seelsorge.* Wuppertal: Brockhaus.

DIETERICH, Michael (2009). *Wie sich Menschen ändern – und was wir dazu beitragen können.* Witten: SCM R. Brockhaus.

GRÖZINGER, Karl (1982). *Musik und Gesang in der Theologie der frühen jüdischen Literatur.* Tübingen: Mohr Siebeck.

GRÜN, Anselm OSB (1989). *Chorgebet und Kontemplation*. Münsterschwarzach: Vier-Türme-Verlag.

HAMEL, Peter Michael (1980/1992). *Durch Musik zum Selbst.* München: Scherz Verlag (Taschenbuch 1992 Kassel: Bärenreiter).

HEYMEL, Michael (1999). *Trost für Hiob*. München: Strube Verlag.

JOURDAIN, Robert (2001). *Das wohltemperierte Gehirn*. Heidelberg und Berlin: Spektrum Akademischer Verlag.

KRAUS, Werner (1998). *Die Heilkraft der Musik.* München: Verlag C. H. Beck.

RAUHE, Hermann / Flender, Reinhard (1986). *Schlüssel zur Musik*. Düsseldorf und Wien: Econ Verlag.

SCHMIDGALL, Paul (2003). *Von Oslo nach Berlin.* Erzhausen: Leuchter Edition.

SCHWEITZER, Albert (1908/1967). *Joh. Sebastian Bach.* Wiesbaden: Breitkopf & Härtel.

SÖHNGEN, O. (1967). *Theologie der Musik.* Kassel.

SPITZER, Manfred (2002). *Musik im Kopf*, Stuttgart: Schattauer.

Tà katoptrizòmena. Internet-Magazin für Kunst, Kultur, Theologie und Ästhetik. www.theomag.de

WEBBER, Robert E. (1996). *Blended worship*. Peabody, Massachusetts: Hendrickson Publishers inc.

Württembergisches Gesangbuch (1825). Stuttgart: bei Hof- und Kanzleibuchdrucker Cotta's Erben.

ZIEGLER, Hans (1968). *Weicht ihr Trauergeister*. Metzingen: Verlag Ernst Franz.

Empfehlenswerte DVD-Filme zum Singen und zur Musik:

Die Band von nebenan (2008) Eran Koliri

Die Geschichte vom weinenden Kamel (2003) Byambasuren Davaa

Die Kinder des Monsieur Matthieu (2004) Christof Barratier

Jenseits der Stille (1996) Caroline Link

As it is in heaven (Wie im Himmel) (2006) Kay Pollak

Empfehlenswerte CDs zu den favorisierten Liedern:

„Alte Schätze neu entdeckt" (2008) Die schönsten Choräle 1 und Die schönsten Heilslieder 2, Helmut Jost, Asslar: Gerth Medien

„30 ALL TIME FAVORITE HYMNS“ (2009) THE SONGS THE CHURCH IS SINGING, www.WorshipSource.com

„Treasures of Light“ The Spirit of Armenian Sharakans, Vocals Anna Mailian. 2002 CCn'C Records.

Anmerkung:

Die verwendeten Beiträge aus dem Internet sind bei den entsprechenden Fußnoten angemerkt.

6.2 Ausführliche Literaturstudie zur Musik des AT und des Judentums

Chronologisch sortiert ab 1891 bis 2008[426].

Die Abkürzungen richten sich nach *Abkürzungen Theologie und Religionswissenschaft nach RGG* (UTB 2868). Tübingen 2007.

ZENNER, J., *Tempelmusik und Psalmenüberschriften:* ZKTh 15 (1891) 361f.

STAERK, W., *Zur Kritik der Psalmenüberschriften:* ZAW 12 (1892) 91 ff.

BÜCHLER, A., *Zur Geschichte der Tempelmusik und der Tempelpsalmen:* ZAW 19 (1899) 96-133; 20 (1900) 97-135.

GREẞMANN, H., *Musik und Musikinstrumente im Alten Testament:* 1903.

MOWINCKEL, S., *Die technischen Termini in den Psalmenüberschriften:* Psalmenstudien *IV* (SVSK.HF), Kristiania 1923.

GLASER, O., *Die ältesten Psalmenmelodien: ZS* 8 (1932) 193-200; 10 (1935) 319-325 WILEY, LULU R., *Bible Music:* New York 1945.

WILHELM, T., *Los instrumentos musicos en el A AT:* RevBib *8* (1946) 189-193.

KOLARI, E., *Musikinstrumente und ihre Verwendung im Alten Testament: Diss.* Helsinki 1947.

---

[426] Diese Literaturliste verdanke ich Herrn Univ.-Prof. Dr. Thomas Pola, Alttestamentler an der TU Dortmund.

YASSER, J., *Bibliography of Articles and Books of Jewish Music:* New York 1947.

VOS, H.F., *The Music of Israel:* BS 424 (1949) 446-457; 425 (1950) 64-70 IZBG.

SENDREY, A., *Bibliography of Jewish Music:* New York 1951.

BREUER, M., *Zur Identifikation der Musikinstrumente in Bibel und Talmud (hebr.):* Thalpioth V (1952).

GUILDING, AILEEN, *Some Obscured Rubrics and Lectionary Allusions in the Psalter:* JThS N.S. 3 (1952) 41-55.

LINDER, S., *Palästinische Volksgesänge aufgezeichnet und gesammelt:* (UUA 5) 1952,

ENCISO VIANA, J., *Indicaciones musicales en los titulos de los Salmos:* Miscellanea biblica B. Ubach, ed. R.M.Diaz (Scripta et Documenta 1), Montserrat 1953, 185-200.

MURRAY, J., *Instrumenta musica s. scripturae:* VD 32 (1954) 84-98.

MCCOMMON, P., *Music in the Bible:* Nashville 1956.

KRAELING, C.H. - MOWRY, LUCETTA: Music *in the Bible:* Ancient and Oriental Music, ed. E. Wellesz (= The New Oxford History of Music I, 1957, 283-312.493f). WERNER, E., *Musical Aspects of the Dead Sea Scrolls:* Musical Quarterly 43 (1957) 21-37.

WESTERMANN, C., Art. *III Instrumentale Musik, Gesang und Dichtung in Israel,* IV. RGG 3a YYY, 1957ff, 1201-1205.

WERNER, E., *Dead Sea Scrolls contain musically revealing elements:* Actes du Troisième Congres International du Musique Sacree, Paris 1959, 305-311.

HOLM-NIELSEN, S., *The importance of late Jewish psalmody in the understanding of OTpsalmody tradition:* StTh 14 (1960).

WIESNER, K., *Kleine biblische Geschichte der Musik:* 1960.

HUSMANN, H., *Grundlagen der antiken und orientalischen Musikkultur:* 1961.

GESE, H., *Zur Geschichte der Kultsänger am zweiten Tempel:* Abraham unser Vater. Juden und Christen im Gespräch über die Bibel. Festschrift für Otto Michel zum 60. Geburtstag, ed. O. Betz et al. (AGSU 5), 1963, 222-234 (= Vom Sinai zum Zion. Alttestamentliche Beiträge zur biblischen Theologie [BEvTh 64], ^{2}1984 [^{1}1974], 147-158).

GRADEN WITZ, P., *Die Musikgeschichte Israels:* 1961.

KOLLER, H., *Musik und Dichtung im alten Griechenland:* 1963.

WERNER, E., *Die Bedeutung der Totenmeerrollen für die Musikgeschichte:* Studia musicologica IV (1963) 21-35.

SMORA, M., *Die Musik in der biblischen Periode:* Tel Aviv 1966.

WOHLENBERG, D., *Kultmusik in Israel:* Diss. Hamburg, 1967.

SENDREY, A., *Music in Ancient Israel:* New York 1969.

ELLERMEIER, F., *Die ersten literarischen Belege für die Doppeloboe in Ugarit:* Sibyllen, Musikanten, Haremsfrauen. Aufsätze (ThOrAr 2) 1970, 10 ff.

GELLER, B., *La musique juive ä l'epoque biblique:* IW 70, 22 (1970) 38f; 23, 53f; 25, 40

SEIDEL, H., *Der Beitrag des Alten Testaments zu einer Musikgeschichte Altisraels:* Habil.-Schrift Leipzig 1970.

WALBE, J., *Der Gesang Israels und seine Quellen:* 1975.

BROD, M., *Die Musik Israels:* Ed. W.Cohen, Kassel 1976.

CASETTI, P., *Funktionen der Musik in der Bibel:* FZPhTh 24 (1977) 366-396.

RÜGER, H.P., Art. *Musikinstrumente:* BR-L, ^{2}1977, 234-236.

SEIDEL, H., Ps. 150 *und die Gottesdienstmusik in Altisrael:* NedThT 35 (1980) 89-100.

KLEINIG, J.W., *The Divine Institution of the Lord's Song in Chronicles:* JSOT 55 (1992) 75-83.

MITCHELL, T.C., *The Music of the Old Testament Reconsidered:* PEQ 124 (1992) 124-143.

KLEIN IG, J.W., *The Lord's Song. The Basis, Function and Significance of Choral Music in Chronicles:* (JSOT. S. 156) Sheffield 1993.

GRÖZINGER, K.E., *Musik und Gesang in der Theologie der frühen rabbinischen Literatur:* (TSAJ 3) 1982.

SEIDEL, H., *Untersuchungen zur Aufführungspraxis der Psalmen im altisraelitischen Gottesdienst:* VT 33 (1983) 503-509.

WEINFELD, M., *The heavenly praise in unison:* Festschrift für G.Molin zum 75. Geburtstag, 1983, 427-437.

NEUMANN, H., *Popmusik als neue Religion. Die religiöse Subkultur der jugendlichen Musikszene und ihre Unvereinbarkeit mit dem Bekenntnis zu dem Herrn Jesus Christus:* Diakrisis. Hilfe zur Unterscheidung von Geistesströmungen in Kirche und Welt 8 (1987) Nr.3 51-61.

WERNER, E., *Hebräische Musik.* ^{2}1980.

SEIDEL, H., *Musik in Altisrael. Untersuchungen zur Musikgeschichte und Musikpraxis anhand biblischer und außerbiblischer Texte.* (BEAT 12) 1989.

AVALOS, H.I., *The Comedic Function of the Enumerations of the Officials and Instruments in Daniel 3:* CBQ 53 (1991) 580-588.

MEYERS, CAROL L., *Of Drums and Damsels. Women's Performance in Ancient Israel:* BA 54 (1991) 16-27.

VAN DYK, P.J., *Music in Old Testament times:* OTEs NS 4 (1991) 373-380.

WÜNSCHE, M., Art. *Flöte:* NBL, Lieferung 5, 1991, 682f.

BADER, G., *Psalterium affectuum paleastra. Prolegomena zu einer Theologie des Psalters:* Ed. H.D. Betz et al. (Hermeneutische Untersuchungen zur Theologie 33), *1996.*

REMMERT, S., *Bibeltexte in der Musik. Ein Verzeichnis ihrer Vertonungen:* (Dienst am Wort 74) Göttingen 1996.

DIRKSEN, P., *Prophecy and Temple Music 1. Chron.* 25,1-7: Henoch 19 (1997) 259ff.

WILLE, G., *Schriften zur Geschichte der antiken Musik. Mit einer Bibliographie zur antiken Musik* 1957-1987: Durchgesehen von Christine Walde (Quellen und Studien zur Musikgeschichte von der Antike bis in die Gegenwart 26) 1997.

DEVENTER, H.J.M., *"We did not hear the bagpipe ". A note to Daniel 3:* OTEs 11 (1998) 340-349.

BRAUN, J., *Die Musikkultur Altisraels /Palästinas. Studien zu archäologischen, schriftlichen und vergleichenden Quellen:* (OBO 164) Freiburg - Göttingen 1999.

FERMOR, G., *Ekstasis. Das religiöse Erbe in der Popmusik als Herausforderung an die Kirche:* (Praktische Theologie heute 46) Stuttgart 1999.

LANG, B., Art. *Schofar:* NBL, Lieferung 13, 1999, 505.

ZIMMERMANN, HEIDY, *Tora und Shira. Untersuchungen zur Musikauffassung des rabbinischen Judentums:* (Publikationen der Schweizerischen Musikforschenden Gesellschaft II/40) Wien 2000.

ZÖLLER, CHRISTA, *Rockmusik als jugendliche Weltanschauung und Mythologie:* (Religion und Biographie 2) Münster et al. 2000.

KABUS, W. ed., *Popularmusik und Kirche - kein Widerspruch. Dokumentation des ersten interdisziplinären Forums „Popularmusik und Kirche" in Bad Herrenalb vom 28. Februar bis* 1. März: (Friedensauer Schriftenreihe. Reihe C: Musik - Kirche - Kultur 5) Frankfurt a. M. et al. 2001.

HÜBNER, U., Art. *Musik/Musikinstrumente. II. Geschichtlich 2. Altes Testament:* RGG^4 V, 2002, 1602 ff.

KABUS, W. ed., *Popularmusik und Kirche - Positionen, Ansprüche, Widersprüche. Dokumentation des Zweiten interdisziplinären Forums in der Akademie Loccum vom 26. bis 28. Februar 2002:* (Friedensauer Schriftenreihe. Reihe C: Musik - Kirche - Kultur 7) Frankfurt a. M. et al. 2003.

SCHILLER, D.M., *Bloch, Schoenberg, Bernstein. Assimilating Jewish Music:* Oxford - New York 2003.

KEEL, O., *Eine chalkolithische Harfenspieler-Figur:* Schriftprophetie. Festschrift für Jörg Jeremias zum 65. Geburtstag. Ed. F. Hartenstein et al., Neukirchen 2004, 481 ff.

KILMER, A.D., Art. *Pauke und Trommel:* RLA X, 5./6. Lieferung, 2004, 367ff.

STAUBLI, TH., *Musikinstrumente der Levante und ihr Gebrauch. Teil II:˙ Handpauken und Zimbeln:* WUB 41 (2006) 68ff.

KLEMENT H.H., *Trompeten und Musik im alttestamentlichen Gottesdienst:* Jahrbuch für Evangelikale Theologie (JETh) 21 (2007) 69ff.

STAUBLI, TH., *Musikinstrumente der Levante und ihr Gebrauch. Teil III: Harfen Leiern und Lauten:* WUB 43 (2007) 70-73.

GEORG-ZÖLLER, CHR., *Der Star als Heiler, Künder und Mittler - Musik als Inszenierung des gefühlten Heiligen.* Jesus als Bote des Heils. Heilsverkündigung und Heilserfahrung in frühchristlicher Zeit. Detlev Dormeyer zum 65. Geburtstag, ed. L. Hauser et al. (SBB 60), Stuttgart 2008, 437ff.

NEMTSOV, J., *Der Zionismus in der Musik. Jüdische Musik und nationale Idee:* (Jüdische Musik 6) Wiesbaden 2008.

BURGH, TH. W., *Listening to the Artifacts: Music Culture in Ancient Palestine* http://www.bookreviews.org/bookdetail.asp?TitleId=5382.

7 Anhang

7.1 Einzelheiten der Ergebnisse der Befragung

Liedcode	Frequency	Percent	Valid Percent	Cumulative Percent
60	190	3,6	3,7	3,7
342	138	2,6	2,7	6,3
293	124	2,4	2,4	8,7
583	121	2,3	2,3	11,0
770	86	1,6	1,7	12,7
663	84	1,6	1,6	14,3
780	83	1,6	1,6	15,9
848	83	1,6	1,6	17,5
204	81	1,5	1,6	19,0
518	68	1,3	1,3	20,4
695	67	1,3	1,3	21,6
428	66	1,3	1,3	22,9
191	65	1,2	1,3	24,2
522	58	1,1	1,1	25,3
321	54	1,0	1,0	26,3
150	52	1,0	1,0	27,3
452	52	1,0	1,0	28,3
454	47	,9	,9	29,2
137	46	,9	,9	30,1
601	46	,9	,9	31,0
632	46	,9	,9	31,9
486	44	,8	,8	32,7
429	42	,8	,8	33,5
62	41	,8	,8	34,3
70	41	,8	,8	35,1
773	40	,8	,8	35,9
846	40	,8	,8	36,7
185	37	,7	,7	37,4
320	37	,7	,7	38,1
860	37	,7	,7	38,8
821	35	,7	,7	39,5
830	35	,7	,7	40,1
6	34	,7	,7	40,8
355	33	,6	,6	41,4
455	32	,6	,6	42,0
775	32	,6	,6	42,7
891	31	,6	,6	43,3
873	30	,6	,6	43,8
744	29	,6	,6	44,4
41	28	,5	,5	44,9
611	27	,5	,5	45,4
849	26	,5	,5	45,9
12	25	,5	,5	46,4
398	25	,5	,5	46,9
510	25	,5	,5	47,4
621	23	,4	,4	47,8
863	23	,4	,4	48,3
134	22	,4	,4	48,7
436	22	,4	,4	49,1
505	22	,4	,4	49,5
685	22	,4	,4	50,0
760	21	,4	,4	50,4
539	20	,4	,4	50,8

643	20	,4	,4	51,1
665	20	,4	,4	51,5
163	19	,4	,4	51,9
280	19	,4	,4	52,3
781	19	,4	,4	52,6
838	19	,4	,4	53,0
586	18	,3	,3	53,3
683	18	,3	,3	53,7
788	18	,3	,3	54,0
844	18	,3	,3	54,4
37	17	,3	,3	54,7
469	17	,3	,3	55,0
627	17	,3	,3	55,4
674	17	,3	,3	55,7
691	17	,3	,3	56,0
835	17	,3	,3	56,3
847	17	,3	,3	56,7
96	16	,3	,3	57,0
461	16	,3	,3	57,3
649	16	,3	,3	57,6
899	16	,3	,3	57,9
15	15	,3	,3	58,2
330	15	,3	,3	58,5
526	15	,3	,3	58,8
828	15	,3	,3	59,1
881	15	,3	,3	59,3
75	14	,3	,3	59,6
81	14	,3	,3	59,9
228	14	,3	,3	60,2
525	14	,3	,3	60,4
584	14	,3	,3	60,7
85	13	,2	,3	60,9
400	13	,2	,3	61,2
404	13	,2	,3	61,4
559	13	,2	,3	61,7
679	13	,2	,3	61,9
883	13	,2	,3	62,2
890	13	,2	,3	62,4
919	13	,2	,3	62,7
54	12	,2	,2	62,9
465	12	,2	,2	63,2
687	12	,2	,2	63,4
777	12	,2	,2	63,6
784	12	,2	,2	63,8
162	11	,2	,2	64,1
290	11	,2	,2	64,3
437	11	,2	,2	64,5
761	11	,2	,2	64,7
817	11	,2	,2	64,9
53	10	,2	,2	65,1
288	10	,2	,2	65,3
471	10	,2	,2	65,5
491	10	,2	,2	65,7
585	10	,2	,2	65,9

670	10	,2	,2	66,1
703	10	,2	,2	66,2
871	10	,2	,2	66,4
898	10	,2	,2	66,6
92	9	,2	,2	66,8
132	9	,2	,2	67,0
144	9	,2	,2	67,2
220	9	,2	,2	67,3
271	9	,2	,2	67,5
295	9	,2	,2	67,7
365	9	,2	,2	67,8
409	9	,2	,2	68,0
507	9	,2	,2	68,2
551	9	,2	,2	68,4
660	9	,2	,2	68,5
672	9	,2	,2	68,7
8	8	,2	,2	68,9
112	8	,2	,2	69,0
126	8	,2	,2	69,2
248	8	,2	,2	69,3
301	8	,2	,2	69,5
302	8	,2	,2	69,6
317	8	,2	,2	69,8
573	8	,2	,2	69,9
629	8	,2	,2	70,1
633	8	,2	,2	70,3
664	8	,2	,2	70,4
692	8	,2	,2	70,6
746	8	,2	,2	70,7
862	8	,2	,2	70,9
934	8	,2	,2	71,0
31	7	,1	,1	71,2
35,	7	,1	,1	71,3
39	7	,1	,1	71,4
78	7	,1	,1	71,6
171	7	,1	,1	71,7
209	7	,1	,1	71,8
253	7	,1	,1	72,0
373	7	,1	,1	72,1
432	7	,1	,1	72,2
443	7	,1	,1	72,4
524	7	,1	,1	72,5
631	7	,1	,1	72,6
668	7	,1	,1	72,8
776	7	,1	,1	72,9
3	6	,1	,1	73,0
17	6	,1	,1	73,1
68	6	,1	,1	73,3
129	6	,1	,1	73,4
201	6	,1	,1	73,5
245	6	,1	,1	73,6
252	6	,1	,1	73,7
264	6	,1	,1	73,8
270	6	,1	,1	73,9

303	6	,1	,1	74,1
448	6	,1	,1	74,2
501	6	,1	,1	74,3
519	6	,1	,1	74,4
533	6	,1	,1	74,5
579	6	,1	,1	74,6
595	6	,1	,1	74,8
637	6	,1	,1	74,9
661	6	,1	,1	75,0
816	6	,1	,1	75,1
896	6	,1	,1	75,2
911	6	,1	,1	75,3
26	5	,1	,1	75,4
43	5	,1	,1	75,5
45	5	,1	,1	75,6
46	5	,1	,1	75,7
74	5	,1	,1	75,8
76	5	,1	,1	75,9
95	5	,1	,1	76,0
110	5	,1	,1	76,1
111	5	,1	,1	76,2
116	5	,1	,1	76,3
149	5	,1	,1	76,4
173	5	,1	,1	76,5
255	5	,1	,1	76,6
289	5	,1	,1	76,7
318	5	,1	,1	76,8
328	5	,1	,1	76,9
356	5	,1	,1	77,0
360	5	,1	,1	77,1
376	5	,1	,1	77,2
389	5	,1	,1	77,3
392	5	,1	,1	77,4
405	5	,1	,1	77,4
412	5	,1	,1	77,5
470	5	,1	,1	77,6
479	5	,1	,1	77,7
499	5	,1	,1	77,8
560	5	,1	,1	77,9
578	5	,1	,1	78,0
589	5	,1	,1	78,1
654	5	,1	,1	78,2
694	5	,1	,1	78,3
715	5	,1	,1	78,4
732	5	,1	,1	78,5
752	5	,1	,1	78,6
783	5	,1	,1	78,7
857	5	,1	,1	78,8
906	5	,1	,1	78,9
923	5	,1	,1	79,0
7	4	,1	,1	79,1
50	4	,1	,1	79,1
58	4	,1	,1	79,2
64	4	,1	,1	79,3

103	4	,1	,1	79,4
109	4	,1	,1	79,4
187	4	,1	,1	79,5
188	4	,1	,1	79,6
206	4	,1	,1	79,7
231	4	,1	,1	79,8
232	4	,1	,1	79,8
240	4	,1	,1	79,9
304	4	,1	,1	80,0
329	4	,1	,1	80,1
335	4	,1	,1	80,1
343	4	,1	,1	80,2
371	4	,1	,1	80,3
384	4	,1	,1	80,4
430	4	,1	,1	80,5
439	4	,1	,1	80,5
442	4	,1	,1	80,6
463	4	,1	,1	80,7
472	4	,1	,1	80,8
474	4	,1	,1	80,8
489	4	,1	,1	80,9
497	4	,1	,1	81,0
528	4	,1	,1	81,1
531	4	,1	,1	81,1
548	4	,1	,1	81,2
553	4	,1	,1	81,3
570	4	,1	,1	81,4
571	4	,1	,1	81,5
581	4	,1	,1	81,5
594	4	,1	,1	81,6
625	4	,1	,1	81,7
628	4	,1	,1	81,8
641	4	,1	,1	81,8
650	4	,1	,1	81,9
662	4	,1	,1	82,0
666	4	,1	,1	82,1
693	4	,1	,1	82,1
696	4	,1	,1	82,2
697	4	,1	,1	82,3
719	4	,1	,1	82,4
738	4	,1	,1	82,5
772	4	,1	,1	82,5
790	4	,1	,1	82,6
907	4	,1	,1	82,7
921	4	,1	,1	82,8
930	4	,1	,1	82,8
20	3	,1	,1	82,9
30	3	,1	,1	83,0
33	3	,1	,1	83,0
40	3	,1	,1	83,1
73	3	,1	,1	83,1
87	3	,1	,1	83,2
93	3	,1	,1	83,2
94	3	,1	,1	83,3

130	3	,1	,1	83,4
138	3	,1	,1	83,4
141	3	,1	,1	83,5
166	3	,1	,1	83,5
175	3	,1	,1	83,6
192	3	,1	,1	83,6
210	3	,1	,1	83,7
214	3	,1	,1	83,8
217	3	,1	,1	83,8
256	3	,1	,1	83,9
262	3	,1	,1	83,9
265	3	,1	,1	84,0
268	3	,1	,1	84,0
281	3	,1	,1	84,1
286	3	,1	,1	84,2
296	3	,1	,1	84,2
308	3	,1	,1	84,3
310	3	,1	,1	84,3
322	3	,1	,1	84,4
325	3	,1	,1	84,5
338	3	,1	,1	84,5
353	3	,1	,1	84,6
361	3	,1	,1	84,6
370	3	,1	,1	84,7
377	3	,1	,1	84,7
387	3	,1	,1	84,8
401	3	,1	,1	84,9
402	3	,1	,1	84,9
408	3	,1	,1	85,0
411	3	,1	,1	85,0
492	3	,1	,1	85,1
509	3	,1	,1	85,1
558	3	,1	,1	85,2
572	3	,1	,1	85,3
636	3	,1	,1	85,3
657	3	,1	,1	85,4
673	3	,1	,1	85,4
704	3	,1	,1	85,5
711	3	,1	,1	85,5
747	3	,1	,1	85,6
758	3	,1	,1	85,7
759	3	,1	,1	85,7
771	3	,1	,1	85,8
798	3	,1	,1	85,8
810	3	,1	,1	85,9
825	3	,1	,1	86,0
827	3	,1	,1	86,0
852	3	,1	,1	86,1
861	3	,1	,1	86,1
867	3	,1	,1	86,2
874	3	,1	,1	86,2
9	2	,0	,0	86,3
10	2	,0	,0	86,3
13	2	,0	,0	86,4

7.2 Code Nummern der Lieder

1. Abba Vater Deine Lieb
2. Abba Vater Dir wir nahen in dem Namen
3. Abend ward bald kommt die Nacht
4. Abend wird es wieder
5. Ach bleib bei uns Herr Jesu Christ
6. Ach bleib mit deiner Gnade
7. Ach mein Herr Jesu dein Nahesein
8. Ach mein Herr Jesu wenn ich dich nicht hätte
9. Ach sag mir nichts von Gold und Schätzen
10. Ach wenn ich dich mein Gott nur habe
11. All die Fülle ist in Dir
12. All Morgen ist ganz frisch und neu
13. Alle guten Gaben (alles was wir haben kommt o Gott von dir)
14. Allein deine Gnade genügt
15. Allein Gott in der Höh sei Ehr
16. Aller Augen
17. Alles ist an Gottes Segen und an seiner Gnad gelegen
18. Alles ist eitel du aber bleibst
19. Alles Leben strömt aus dir
20. Alles meinen Gott zu Ehren
21. Alles was ihr tut mit Worten oder mit Werken
22. Als die Welt verloren Christus ward geboren
23. Als ich ein kleines Kind noch war
24. Als müd' und sündenelend
25. Also hat Gott die Welt geliebt
26. Am Kreuze meines Heilands da ist mein sichrer Stand
27. Am Seegestade Genezareth vom Tod erstanden
28. Am Straßenrand steht ein Zigeuner
29. Am Weihnachtsbaum die Lichter brennen
30. Amazing grace! How sweet the sound
31. Amen, Amen lauter Amen
32. An deinem Worte lass mich bleiben
33. An dem Kreuz fand ich den Heiland
34. An Jesu Hand läst sich's so herrlich gehen
35. Auf Adlers Flügeln getragen
36. Auf Adlersflügeln getragen
37. Auf auf mein Herz mit Freuden
38. Auf auf mein Herz und du mein ganzer Sinn
39. Auf Christen stimmt ein Loblied an
40. Auf dein Wort will ich trauen mein Herr und Gott allein
41. Auf dem Lamm ruht meine Seele
42. Auf dem Marktplatz
43. Auf denn die Nacht wird kommen
44. Auf lasst uns Zion bauen
45. Auf meinen lieben Gott trau ich in Angst und Not
46. Auf Seele Gott zu loben
47. Auf und macht die Herzen weit
48. Auferstanden aus des Grabes Nacht
49. Auferstanden ist der Herr
50. Aus Erbarmen
51. Aus Gnaden soll ich selig werden
52. Aus Himmelsherrlichkeit kam er herab
53. Aus meines Herzens Grunde sag ich dir Lob und Dank
54. Aus tiefer Not schrei ich zu dir
55. Ave verum
56.
57. Bald erscheint jener Tag wo kein Herzeleid wird sein
58. Bald kommt der Herr Halleluja
59. Befiehl dem Herrn deine Wege
60. Befiehl du deine Wege
61. Bei dir ist die Quelle des Lebens
62. Bei dir Jesus will ich bleiben
63. Beinah bekehrt es fehlt nicht viel
64. Beleb dein Werk o Herr zeig deinen starken Arm
65. Beter sind Wundervollbringer
66. Betet an ihr Menschen bringet dem Höchsten Ruhm
67. Betgemeinde heilige dich mit dem heiligen Öle
68. Bewahre uns Gott behüte uns Gott
69. Bis hierher hat der Herr geholfen
70. Bis hierher hat mich Gott gebracht
71. Bis in den Tod sind wir Jesu dein Eigen
72. Bist du müde bist du schwer betrübet
73. Bist für (zu) uns wie ein Vater
74. Bleib bei mir Herr der Abend bricht herein
75. Bleibend ist deine Treu mein Gott und Vater
76. Blicke nur auf Jesus Seele eil Ihm zu
77. Brich an du schönes Morgenlicht
78. Brich herein süßer Schein
79. Brunn alles Heils dich ehren wir
80.
81. Christ ist erstanden
82. Christ lag in Todesbanden
83. Christe du Lamm Gottes
84. Christen erwacht! Unser Volk
85. Christi Blut und Gerechtigkeit
86. Christi Mutter stand mit Schmerzen
87. Christus das Licht der Welt
88. Christus der Herr der Welt
89. Christus der ist mein Leben
90.
91. Dank sei Dir

289. Fürchte dich nicht denn du bist mein
290. Fürchte dich nicht länger sie ich bin
291.
292. Gegrüßet seist du Königin
293. Geh aus mein Herz und suche Freud
294. Geh aus verlass dein Vaterhaus
295. Geh unter der Gnade
296. Gehe nicht vorbei o Heiland
297. Geht ihr Streiter immer weiter
298. Geist des Glaubens Geist der Stärke
299. Geist vom Vater und vom Sohn Weihe Dir mein Herz zum Thron
300. Gelobt sei Deine Treu die jeden Morgen neu
301. Gelobt sei Gott im höchsten Thron
302. Gelobt seist du Jesus Christ
303. Gesegnet sei das Band
304. Gib dich zufrieden und sei stille
305. Gib Erweckung Herr wie einst vor Zeiten
306. Gib Gott die Ehre gib ihm den Ruhm
307. Gib Herr uns deinen Segen
308. Gib mir die richtigen Worte gib mir den richtigen Ton
309. Gib mir ein Herz zu deinem Preis
310. Gib uns Frieden jeden Tag
311. Glaube einfach jeden Tag
312. Glauben heißt vertrauen - Gottes Vaterhuld
313. Gloria sei dir gesungen
314. Gnade ist's die mich befreit
315. Gott deine weise Macht erhält erfreut und segnet deine Welt
316. Gott der da reich ist an Barmherzigkeit
317. Gott des Himmels und der Erde
318. Gott dich würdig zu verehren
319. Gott in der Höh sei Preis und Ehr
320. Gott ist die Liebe lässt mich erlösen
321. Gott ist gegenwärtig
322. Gott ist getreu! Sein Herz sein Vaterherz
323. Gott lebet noch
324. Gott liebt diese Welt
325. Gott mein Trost und mein Vertrauen
326. Gott mit Euch bis wir Uns wieder sehen
327. Gott schließt der Zukunft Tore auf
328. Gott sitzt am Webstuhl meines Lebens
329. Gott will machen dass die Sachen gehen wie es heilsam ist
330. Gott wird dich tragen
331. Gottes Führung fordert Stille
332. Gottes Lamm o einzig dein sollen Lob und Ehre sein
333. Gottes Liebe ist wie die Sonne
334. Gottes Liebe sie hat keine Grenzen
335. Gottes Verheißungen bleiben
336. Gottheit tief verborgen
337. Gottlob der Sonntag kommt herbei
338. Groß ist dein Name
339. Groß ist unser Gott Herr du Ewigkeit
340. Groß und wunderbar ist der Name Jesu
341. Groß und wunderbar sind all deine Werke
342. Großer Gott wir loben dich
343. Gut dass wir einander haben
344.
345. Hab' Dank von Herzen (Give thanks)
346. Habt ihr gehört den Gnadenruf
347. Halleluja auferstanden ist der Herr der starke Held
348. Halleluja, Halleluja denn der Herr unser Gott der Allmächtige regiert
349. Halleluja Jesus lebt! Sein ist allezeit der Sieg!
350. Halleluja lass uns singen
351. Halleluja schöner Morgen
352. Hält dein Anker fest
353. Halte ein und überlege sag o Mensch wo willst du hin?
354. Hand in Hand mit Jesus werd ich sicher gehen
355. Harre meine Seele
356. Hast du eine Sorgenlast
357. Hast du keine Zeit für Jesus
358. Hätte ich mehr von Jesus nur
359. Hebt die Hände auf
360. Heiland führe Du Dein Kind Deine Hand ist stark
361. Heilig, heilig, heilig Gott Herr aller Mächte
362. Heilig, heilig, heilig ist der Herr
363. Heimatland, Heimatland
364. Hell strahlt die Sonne der Tag ist erwacht
365. Herbei o ihr Gläubigen fröhlich
366. Herr bei mir der Abend
367. Herr beuge mich
368. Herr bleib bei mir der Abend bricht herein
369. Herr bleib bei mir die Sonne sich schon neigt
370. Herr bleibe bei uns denn es will Abend werden
371. Herr das Licht deiner Liebe leuchtet auf
372. Herr dein Name sei erhöht
373. Herr dein Wort die edle Gab - diesen Schatz erhalte mir
374. Herr dein Wort ist unvergleichlich Menschenworte taugen nichts
375. Herr Deine Gnade sie fällt auf mein Leben
376. Herr deine Güte reicht so weit
377. Herr deine Liebe ist wie Gras und Ufer
378. Herr dir sei Preis du bist herabgekommen
379. Herr Du gibst uns Hoffnung Du änderst unser Leben
380. Herr du hast Großes an uns hier getan
381. Herr Du weißt wie arm wir wandern auf den Gassen dieser Welt
382. Herr fülle mich neu mit deinem Geist
383. Herr habe acht auf mich

384. Herr halte mich nahe bei dir jeden Tag
385. Herr höre Herr erhöre
386. Herr ich kann allein nicht gehen
387. Herr ich komme zu dir
388. Herr ich sehe deine Welt
389. Herr Jesu Christ dich zu uns wend
390. Herr Jesu sieh ich komm zu dir
391. Herr Jesus Gnadensonne wahrhaftes Lebenslicht
392. Herr Jesus Grundstein der Gemeinde
393. Herr lass mich deine Heiligung
394. Herr mein Heiland und mein Hirt
395. Herr öffne du mir die Augen
396. Herr segne uns
397. Herr was wird morgen sein
398. Herr weil mich festhält deine starke Hand
399. Herr wie du willst so schicks mit mir im Leben und im Sterben
400. Herr wir bitten komm und segne uns
401. Herr wir loben deine Gnade
402. Herr wir stehen Hand in Hand
403. Herrscher der Ewigkeit König der Zeit
404. Herz und Herz vereint zusammen
405. Herzlich lieb hab ich dich o Herr
406. Herzliebster Jesu
407. Heut triumphieret Gottes Sohn
408. Heute will dich Jesus fragen
409. Hier hast du meine beiden Hände
410. Hier ist mein Herz mein Gott ich geb es dir
411. Hilf Herr meines Lebens dass ich nicht vergebens
412. Himmel an nur Himmel an
413. Himmel Erde Luft und Meer
414. Himmelsau licht und blau
415. Himmelsheimat über Sternen droben
416. Hinunter ist der Sonne Schein
417. Hirte deiner Schafe
418. Horch dein Heiland lässt dich laden
419. Horch es klopfet für und für wer steht draußen vor der Tür
420. Horch es tönt ein Ruf auf Erden weit und breit
421. Höre deinen Heiland der freundlich spricht
422. Höre es doch Braut des Lammes die Du wartest
423. Hörst du nicht im Wiesenthal
424. Hört der Engel helle Lieder
425. Hört eine helle Stimm erklingt
426. Hosianna Davids Sohn
427.
428. Ich bete an die Macht der Liebe
429. Ich bin durch die Welt gegangen
430. Ich bin ein Gast auf Erden
431. Ich bin entschieden zu folgen Jesus
432. Ich bin getauft auf deinen Namen
433. Ich bin getauft und Gott geweiht
434. Ich bin gewiss dass weder Tod noch Leben mich von dir scheiden
435. Ich bin ja geborgen in Jesu
436. Ich blicke voll Beugung und Staunen
437. Ich brauch dich allezeit
438. Ich fange an in allen Dingen
439. Ich freu mich in dem Herren
440. Ich freue mich an diesem Leben
441. Ich ging in den Garten allein
442. Ich habe einen herrlichen König
443. Ich habe nun den Grund gefunden
444. Ich hebe meine Augen auf zu den Bergen
445. Ich klopfe an zum heiligen Advent
446. Ich lebte einst in
447. Ich liebe Jesum alle Stund
448. Ich lobe meinen Gott
449. Ich möchte dass einer mit mir geht
450. Ich möchte ein Segen sein mehr als ich war
451. Ich schau nach jenen Bergen gern
452. Ich singe dir mit Herz und Mund
453. Ich staune die nie zu begreifende Gnade
454. Ich steh an deiner Krippe hier o Jesu du mein Leben
455. Ich steh in meines Herren Hand
456. Ich trau auf dich o Herr
457. Ich vertraue Dir
458. Ich wandle den Hochweg
459. Ich weiß dass mein Erlöser lebt
460. Ich weiß ein Wort so herrlich
461. Ich weiß einen Strom dessen herrliche Flut
462. Ich weiß es ich weiß es
463. Ich weiß mein Gott dass all mein Tun
464. Ich weiß nicht wann mein Herr erscheint
465. Ich weiß woran ich glaube
466. Ich will beten Gott wird hören
467. Ich will den Herren singen solang ich leb und bin
468. Ich will den Herrn loben allezeit
469. Ich will dich lieben meine Stärke
470. Ich will singen dem Herrn mein Leben lang
471. Ich will streben nach dem Leben
472. Ich will von meinem Jesu singen
473. Ich wünsche dir dass Gott dein Leben
474. Ihr Kinderlein kommet
475. Im Frieden dein, o Herre mein, lass ziehn
476. Im Himmel gibt es manches was ich gerne
477. Im Kreuz ist uns're Kraft verborgen
478. Immer auf Gott zu vertrauen
479. In allen meinen Taten
480. In deinem Haus bin ich gern
481. In dem Herzen glüht ein Licht
482. In dem Himmel ist wunderschön
483. In der stillen Nächten Stunden
484. In des Ölbergs Garten kniet er

586. Lobet den Herren alle die ihn ehren
587. Lobet Gott in seinem Heiligtum
588. Lobpreis und Ehre
589. Lobpreiset unseren Gott singt ihm ein neues Lied
590. Lobsinget dem Herrn o preiset ihn gern
591. Lobsinget Gott dem Herrn
592. Lobt froh den Herrn ihr jugendlichen Chöre
593. Lobt froh den Herrn und singt in hellen Chören
594. Lobt Gott getrost mit Singen
595. Lobt Gott ihr Christen allzu gleich
596. Lobt in seinem Heiligtume Den der große Wunder tut
597.
598. Mache dich auf oh Zion werde Licht
599. Mache mich stille Herr das ist mein Flehn
600. Machen Wolken dir den Himmel trübe sage es Jesus
601. Macht hoch die Tür
602. Mächtig tobt des Sturmes Brausen
603. Mächtige Ströme des Segens
604. Man lobt dich in der Stille
605. Maria breit den Mantel aus
606. Maria dich lieben
607. Maria Maienkönigin
608. Meerstern ich dich grüße
609. Mehr Glauben verleih mir
610. Mehr lieben möchte ich Dich
611. Mein erst Gefühl sei Preis und Dank
612. Mein Freund wie dank ich Deiner Liebe
613. Mein Gott wenn jetzt der Abend bricht herein
614. Mein Gott wie bist du so verborgen
615. Mein Herr und mein Gott
616. Mein Jesu wie du willst
617. Mein Jesus mein Retter
618. Mein Leben soll ein Rühmen
619. Mein Leben war ein einzig Jagen nach dem Glück
620. Mein Mund besinge tausendfach
621. Mein schönste Zier und Kleinod
622. Mein Vater der im Himmel wohnt als König aller Engel
623. Mein Vater ist reich an Gütern und Geld
624. Meine Heimat ist dort in der Höh
625. Meine Hoffnung und meine Freude
626. Meine Seele erhebt den Herrn
627. Meine Zeit steht in deinen Händen
628. Meinem Gott gehört die Welt
629. Meinen Jesus lass ich nicht
630. Merk Seele dir dies große Wort
631. Mich verlangt nicht nach Schätzen
632. Mir ist Erbarmung widerfahren
633. Mir nach spricht Christus unser Held
634. Mit dem Herrn fang alles an
635. Mit dem Sturme fahren wir
636. Mit den Hirten will ich gehen
637. Mit Ernst o Menschenkinder
638. Mit Freuden zart zu dieser Fahrt
639. Mit Jesus alle Tage in Freude wie im Leid
640. Mitten wir im Leben sind
641. Möchtest du los sein
642. Mögen sich die Wege vor deinen Füßen ebnen
643. Morgenglanz der Ewigkeit
644. Morgenlicht leuchtet rein
645. Müde bin ich geh zur Ruh
646. Müde von des Tageslasten
647.
648. Nach der Heimat süßer Stille
649. Näher mein Gott zu dir
650. Näher noch näher fest an dein Herz
651. Nicht im lauten Beten nicht im Sang
652. Nichts soll dich ängsten
653. Nimm Du mich ganz hin
654. Nimm mein Leben Jesus dir
655. Nimm mein Leben nimm es ganz
656. Nimm mich bei der Hand Vater
657. Noch dringt Jesu frohe Botschaft
658. Noch ein Weilchen still vertraue
659. Noch verbirgt die Dunkelheit das Licht
660. Nun aufwärts froh den Blick gewandt
661. Nun bitten wir den Heilgen Geist
662. Nun danket all und bringet Ehr
663. Nun danket alle Gott (mit Herzen, Mund und Händen)
664. Nun freut euch lieben Christen g'mein
665. Nun gehören unsre Herzen
666. Nun gib uns Pilgern aus der Quelle
667. Nun jauchzet all ihr Frommen
668. Nun jauchzt dem Herrn alle Welt
669. Nun komm der Heiden Heiland
670. Nun lasst uns gehen und treten
671. Nun lasst uns Gott dem Herren Dank sagen und ihn ehren
672. Nun lob mein Seel den Herrn
673. Nun preiset alle Gottes Barmherzigkeit
674. Nun ruhen alle Wälder
675. Nun sich der Tag geendet
676. Nun singe lob du Christenheit - bzw.: Nun danket all und bringet Ehr
677. Nun singet und seid froh
678. Nun so will ich denn mein Leben
679. Nur mit Jesus will ich Pilger wandern
680. Nur vorwärts froh den Blick gewandt
681.
682. O dass doch bald dein Feuer brennte
683. O dass ich tausend Zungen hätte
684. O dio crea in me un cuore nuovo
685. O du fröhliche
686. O OO
687. O du Lamm Gottes du hast auf Golgatha
688. O Gnade Gottes wunderbar (Amazing Grace)

689. O Gnade Wunder reich
690. O Gott an Deiner Gnade genüge uns allein
691. O Gott dir sei Ehre
692. O Gott du frommer Gott
693. O Gott sei gelobt für die Liebe im Sohn
694. O Gottes Sohn du Licht und Leben
695. O Haupt voll Blut und Wunden voll Schmerz und voller Hohn
696. O Heiland fülle meinen Tag dass er Dir Früchte bringe
697. O Heiland reiß die Himmel auf
698. O Heiliger Geist kehr bei uns ein
699. O Heimat ewige Heimat mein Auge schaut
700. O Herr ich habe lieb die Stätte deines Hauses
701. O herrlicher Retter mein König, mein Freund
702. O herrlicher Tag o fröhliche Zeit
703. O komm du Geist der Wahrheit
704. O Lamm Gottes unschuldig
705. O lasset uns lobsingen
706. O lasst uns mit Jauchzen erheben
707. O Lebensbrünnlein tief und groß
708. O Liebe goldner Sonnenschein
709. O Maria gnadenvolle
710. O mein Bruder kennst du schon den Heiland
711. O mein Christ lass Gott nur walten
712. O mein Jesu du bist's wert
713. O Mensch bewein dein Sünde groß
714. O selger Tag an dem mein Herz
715. O selig Haus wo man Dich aufgenommen
716. O selig in Christo verborgen zu sein
717. O Vater reich gesegnet bin ich
718. O welch sel'ge Lust
719. O welch Wunder hat Gott
720. O wunderbar süß ist die Botschaft
721. O wunderbare Speise auf dieser Pilgerreise
722. Ob die Sonne morgen scheint
723. Oh when the saints go marching in
724. Ostern ist gekommen Ostern ist nun da
725.
726. Preis Lob und Dank sei Gott dem Herren
727. Preiset alle Gottes Barmherzigkeit
728. Preist den Herrn Jesu Christ
729.
730. Quell der Barmherzigkeit Born aller
731.
732. Regen des Segens soll fallen
733. Reicht euch die Hand und sagt gute Nacht
734. Rein und frei von allem Bösen möchte ich sein
735. Rosenkranzkönigin
736.
737. Sag an vergoss der Herr sein Blut
738. Sag kennst du wohl den wunderbaren Namen
739. Schaffs mit mir Gott nach deinem Willen
740. Schalom der Herr segne uns
741. Schmückt das Fest mit Maien
742. Schon bricht des Tages Glanz hervor
743. Schon weicht die finstre Mitternacht des Aberglaubens
744. Schönster Herr Jesu
745. Schöpfer der ganzen Welt du Quell und Lebensgrund
746. Seele dein Heiland ist frei von den Banden
747. Seele die von Schmerz umnachtet trau nur fest
748. Segne du Maria
749. Segne und behüte
750. Seht die gute Zeit ist nah
751. Seht man musste sie begraben
752. Sei Lob und Ehre dem höchsten Gut
753. Sei still dem Herrn und wart auf ihn
754. Sei uns mit Jubelschalle
755. Seid nicht bekümmert denn die Freude am Herrn ist eure Stärke
756. Seine Güte und Gnade und seine große Treu
757. Seit ich ging um dich zu suchen
758. Selig ist dem Herrn
759. Selig wer im Weltgebrause nach der obern Gottesstadt
760. Seliges Wissen Jesus ist mein (Seligstes)
761. Sicher in Jesu Armen
762. Sie banden Jesu Hände
763. Sieh dein König kommt zu dir
764. Sieh hier bin ich Ehrenkönig
765. Sing mir es noch einmal vor wunderbar Lebenswort
766. Sing mit uns ein Halleluja, sing mit uns ein Dankeschön
767. Singe fröhlich Gott dem Herrn preise sein unendlich lieben!
768. Singt dem Herrn ein neues Lied singt ihm alle Welt
769. Singt ein Lied von Gott den Schöpfer dieser Welt
770. So nimm denn meine Hände
771. So sendet denn ihr meiner Harfe Saiten
772. So wie ich bin so muss es sein
773. Solang mein Jesus lebt
774. Sollt ich Dir o Gott nicht singen
775. Sollt ich meinem Gott nicht singen
776. Sonne der Gerechtigkeit
777. Stark ist meines Jesu Hand
778. Steht auf ihr lieben Kinderlein
779. Sterbend ein armer Zigeunerknab wacht
780. Stern auf den ich schaue
781. Stille Nacht
782. Stille vor dir mein Vater

783. Stimmt zu Gottes Ehren froh ein Loblied an
784. Such wer da will ein ander Ziel
785. Süßer Ruhetag der Seele Tag des Herrn
786.
787. Teurer Heiland dein Blut diese heilige Flut
788. Tochter Zion freue dich
789. Tod mein Hüttlein kannst du brechen
790. Trau auf den Herrn und zweifle nicht
791. Treff ich dich wohl bei der Quelle
792. Tut mir auf die schöne Pforte
793.
794. Überall mit Jesus spricht der Christ allhier
795. Überwunden durch das Blut jauchzt ein
796. Um Gold und Schätze bitt ich nicht
797. Um Gott ins Herz zu sehen
798. Unser Mund der ist voll Jubel
799. Unser Vater in dem Himmel
800. Unsern Ausgang segne Gott
801. Unterm Kreuz ist Friede
802.
803. Vater führe uns in deine Nähe
804. Vater ich komme jetzt zu dir
805. Vater ich will dich preisen denn dein Wort ist wunderbar
806. Vater im Himmel ja wir lieben dich
807. Vater mach uns eins
808. Vater o Vater höre mein schwaches Flehn
809. Vater unser (im Himmelreich)
810. Vater unser Vater
811. Vergiss nicht zu danken
812. Vertraut den neuen Wegen
813. Viel tausend Dank dem Heiland
814. Viele Wege gibt es auf dieser Welt
815. Viktoria! Der Heiland lebt
816. Vom Aufgang der Sonne
817. Vom Himmel hoch da komm ich her
818. Vom Kreuz zeigt Jesus den Weg
819. Von dir oh Vater nimmt mein
820. Von Gott will ich nicht lassen
821. Von guten Mächten
822. Von Jesu großer Liebe
823. Von meines Herzens König leg eine Gab ich bin
824. Vor des Lammes Thron
825. Vor meines Herzens König leg eine Gab ich hin
826.
827. Wach auf du Geist der ersten Zeugen
828. Wach auf mein Herz und singe
829. Wach auf wach auf du deutsches Land
830. Wachet auf ruft uns die Stimme
831. Wohl denen die da wandeln s. 919
832. Walte, walte nah und fern
833. Wann wirst Du kommen o Gottes Sohn
834. Warst du schon zum Segen für andere
835. Warum soll ich mich denn grämen
836. Warum trägst du deine Lasten (Sorgen)
837. Warum willst du draußen stehen
838. Was Gott tut das ist wohl getan
839. Was i brauch gisch du mir
840. Was kann es schöneres geben
841. Was mein Gott will, das g'scheh allzeit
842. We shall overcome
843. Weil Gott in tiefster Nacht
844. Weil ich Jesu Schäflein bin
845. Weil mich festhält deine starke Hand
846. Weiß ich den Weg auch nicht
847. Weißt du wie viel Sternlein stehen
848. Welch ein Freund ist unser Jesus
849. Welch Glück ist's erlöst zu sein
850. Welch köstlicher Heiland ist Jesus der Herr
851. Welche Liebe Jesus betet
852. Welchen Jubel welche Freude
853. Wenn auch steile und ragende Berge
854. Wenn der Heiland als König erscheint (2x Wenn der Heiland)
855. Wenn der Herr einst die Gefangnen
856. Wenn des Herrn Posaune einst erschallt, vorbei
857. Wenn die Last der Welt dir zu schaffen macht
858. Wenn einer sagt ich liebe Gott und hasst
859. Wenn es je an der Zeit war
860. Wenn Friede mit Gott meine Seele durchdringt
861. Wenn ich durch den Alltag meiner Umwelt geh
862. Wenn ich oh Schöpfer deine Macht
863. Wenn nach der Erde Leid Arbeit und Pein
864. Wenn nach der Erde Trübsal Angst Not und Leid
865. Wenn wir in höchsten Nöten sein
866. Wenn wir singen wenn wir beten
867. Wer auf Gott vertraut
868. Wer Gott folgt riskiert seine Träume
869. Wer hat die schönsten Schäflein die hat der goldne Mond
870. Wer ist der Braut des Lammes gleich
871. Wer Jesum am Kreuze im Glauben erblickt wird heil
872. Wer kann die Sorgfalt nennen
873. Wer nur den lieben Gott lässt walten
874. Wer überwindet soll vom Holz genießen
875. Wer unter dem Schirm des Höchsten sitzet
876. Wer weiß wie nahe mir mein Ende
877. Wie der Hirsch nach frischer Quelle
878. Wie ein Fest nach langer Trauer
879. Wie ein Hirsch nach frischen Wasser
880. Wie ein Hirt dein Volk zu weiden
881. Wie ein Strom von oben aus der Herrlichkeit
882. Wie fein und lieblich wenn unter Brüdern

883. Wie groß ist des Allmächt'gen Güte
884. Wie hat es Gott so schön gemacht
885. Wie herrlich ist's ein Schäflein Christi werden
886. Wie ist doch der Abend so traulich
887. Wie lang willst du genötigt sein
888. Wie lieblich ist der Maien
889. Wie schnell vergeht die Zeit Freund denk daran
890. Wie schön leuchtet der Morgenstern
891. Wie soll ich dich empfangen und wie begegn ich dir
892. Wie sollt ich meinen Gott nicht lieben
893. Wie tief kann ich fallen
894. Wie wird uns sein wenn endlich
895. Will gar nichts mehr sein
896. Wir danken dir Herr Jesu Christ
897. Wir danken Gott für seine Gaben
898. Wir haben einen Felsen
899. Wir pflügen und wir streuen
900. Wir sagen Euch an den lieben Advent
901. Wir sind auf der Reise
902. Wir sind des Heilands
903. Wir singen dir Immanuel
904. Wir überwinden durch den der uns liebet
905. Wir wandern und wir reisen auf dieser weiten Welt
906. Wir warten dein o Gottes Sohn und lieben dein Erscheinen
907. Wir wollen alle fröhlich sein in dieser österlichen Zeit
908. Wir wolln uns gerne wagen
909. Wirf Sorgen und Schmerz
910. Wisst ihr nicht 2x: Ihr seid der Tempel
911. Wo findet die Seele die Heimat die Ruh
912. Wo gehst du hin möchte ich dich freundlich fragen
913. Wo ich auch stehe du warst schon da
914. Wo Jesus wohnt da wird es helle da weicht die Lüge von der Stelle
915. Wo Menschenwege enden
916. Wohin Gott mich führet will ich folgen
917. Wohin soll ich mich wenden
918. Wohl auf mit hellem Singen
919. Wohl denen die da wandeln
920. Wollt ihr wissen was mein Preis
921. Womit soll ich dich wohl loben
922. Wunder der Gnade Jesu
923. Wunderbarer König Herrscher von uns allen
924. Wunderschön prächtige
925.
926. Zarte Liebe von dem Herrn
927. Zeuch an die Macht du Arm des Herrn (Zieh an...)
928. Zieh ein zu deinen Toren
929. Zieh mich hin zu dir lass mich niemals los
930. Zu Bethlehem geboren ist uns ein Kindelein
931. Zu deinen Jesusaugen
932. Zu lernen bleibt noch unsern Seelen viel
933. Zum Fels in der Höh' zieht es mächtig mich hin
934. Zum Himmel schaue ich empor
935. Zünde an dein Feuer
936. Zur Heimat da droben zieht's mich aus der Welt
937.
938.
939. Weitere Lieder:
940.
941. Jesu meine Freude meines Herzens Weide
942. Ach wiederum ein Jahr verschwunden
943. Du Glanz aus Gottes
944. Der Herr weiß den Weg
945.
946. Vater wir beten dich an
947. Ich habe Sehnsucht nach Dir
948. Breit aus die Flügel beide o Jesu meine Freude
949. Gott ist und bleibet treu
950. Gott liebte uns
951. Ich habe dich je und je geliebt
952. Keiner ist wie du
953. Es gibt den Ort
954. Alle Dinge
955.
956. Komm heim, komm heim, o du irrende Seel
957. Ich will von meinem Heiland singen
958. Das war der schönste Tag den Gott mir gab
959. Herr stelle mich auf hohem Grund
960. Kumbaya my Lord
961. Die Güte Gottes preisen
962. Gehe hin in Gottes Namen
963. O selig Haus wo Man und Weib in einer Liebe
964. Jesu deine Passion
965. Durch Trauern und durch Klagen
966. Still geht der Tag zur Ruh
967.
968. Meister, es toben die Winde
969. Nimm mein Leben
970. Schaffe in mir Gott ein reines Herz
971. Einsam und mit Schuld
972. Dich preis ich o Jesus mein Heiland
973. Nie mehr will ich von dir weichen

7.3 Alterszusammensetzung und Häufigkeit der Stichproben

Altersangabe		Häufigkeit	Prozente	Gültige Prozente	Kumulierte Prozente
Gültige Angaben	66	260	5,0	5,5	5,5
	69	250	4,8	5,3	10,8
	68	240	4,6	5,1	15,8
	71	240	4,6	5,1	20,9
	73	220	4,2	4,6	25,5
	74	220	4,2	4,6	30,2
	72	200	3,8	4,2	34,4
	64	180	3,4	3,8	38,2
	70	180	3,4	3,8	42,0
	75	180	3,4	3,8	45,8
	77	180	3,4	3,8	49,6
	60	170	3,3	3,6	53,2
	67	170	3,3	3,6	56,8
	65	160	3,1	3,4	60,1
	76	160	3,1	3,4	63,5
	78	160	3,1	3,4	66,9
	81	150	2,9	3,2	70,0
	80	140	2,7	3,0	73,0
	62	130	2,5	2,7	75,7
	82	130	2,5	2,7	78,5
	61	120	2,3	2,5	81,0
	84	120	2,3	2,5	83,5
	63	100	1,9	2,1	85,7
	79	100	1,9	2,1	87,8
	83	90	1,7	1,9	89,7
	85	90	1,7	1,9	91,6
	86	60	1,1	1,3	92,8
	88	60	1,1	1,3	94,1
	87	40	,8	,8	94,9
	89	40	,8	,8	95,8
	50	30	,6	,6	96,4
	57	30	,6	,6	97,0
	58	30	,6	,6	97,7
	54	20	,4	,4	98,1
	93	20	,4	,4	98,5
	51	10	,2	,2	98,7
	52	10	,2	,2	98,9
	55	10	,2	,2	99,2
	56	10	,2	,2	99,4
	90	10	,2	,2	99,6
	92	10	,2	,2	99,8
	96	10	,2	,2	100,0
Gesamt gültige		4740	90,6	100,0	
fehlende Angaben		490	9,4		
Gesamt		5230	100,0		

7.4 Ergebnisse für die verschiedenen Denominationen im Einzelnen

7.4.1 Evangelikal/pietistische Gemeinden

Lied-Code		Häufigkeit	Prozent	Gültige Prozente	Kumulierte Prozente
Gültige Angaben	60	106	4,0	4,0	4,0
	342	66	2,5	2,5	6,5
	583	53	2,0	2,0	8,6
	848	53	2,0	2,0	10,6
	293	51	1,9	1,9	12,5
	780	47	1,8	1,8	14,3
	204	46	1,7	1,8	16,1
	770	42	1,6	1,6	17,7
	428	38	1,4	1,4	19,1
	632	38	1,4	1,4	20,6
	522	34	1,3	1,3	21,9
	695	34	1,3	1,3	23,2
	321	30	1,1	1,1	24,3
	518	30	1,1	1,1	25,4
	429	29	1,1	1,1	26,5
	663	29	1,1	1,1	27,6
	191	28	1,1	1,1	28,7
	452	28	1,1	1,1	29,8
	320	27	1,0	1,0	30,8
	454	26	1,0	1,0	31,8
Gesamt gültige		2626	99,5	100,0	
Fehlende Angabe		14	0,5		
Gesamt		2640	100,0		

7.4.2 Traditionell evangelische Landeskirche

Lied-Code		Häufigkeit	Prozent	Gültige Prozente	Kumulierte Prozente
Gültige Angaben	293	60	4,1	4,2	4,2
	60	56	3,8	3,9	8,0
	583	50	3,4	3,5	11,5
	342	44	3,0	3,0	14,5
	663	42	2,9	2,9	17,4
	518	31	2,1	2,1	19,6
	204	27	1,8	1,9	21,5
	770	26	1,8	1,8	23,3
	191	25	1,7	1,7	25,0
	150	24	1,6	1,7	26,6
	780	24	1,6	1,7	28,3
	137	23	1,6	1,6	29,9
	601	23	1,6	1,6	31,5
	695	22	1,5	1,5	33,0
	70	20	1,4	1,4	34,4
	522	20	1,4	1,4	35,8
	12	19	1,3	1,3	37,1
	821	19	1,3	1,3	38,4
	452	18	1,2	1,2	39,7
	486	18	1,2	1,2	40,9
	873	17	1,2	1,2	42,1
	428	16	1,1	1,1	43,2
	454	16	1,1	1,1	44,3
	830	15	1,0	1,0	45,3
	321	14	1,0	1,0	46,3
	685	13	0,9	0,9	47,2
	846	13	0,9	0,9	48,1
	891	13	0,9	0,9	49,0
Gesamt gültige		1445	99,0	100,0	
Fehlende Angabe		15	1,0		
Gesamt		1460	100,0		

7.4.3 Pfingstgemeinde

Lied-Code		Häufigkeit	Prozent	Gültige Prozente	Kumulierte Prozente
	848	19	2,9	2,9	2,9
	860	17	2,6	2,6	5,5
	770	14	2,1	2,1	7,6
	342	13	2,0	2,0	9,6
	428	11	1,7	1,7	11,3
	185	10	1,5	1,5	12,8
	583	10	1,5	1,5	14,3
	60	9	1,4	1,4	15,7
	539	9	1,4	1,4	17,0
	773	9	1,4	1,4	18,4
	663	8	1,2	1,2	19,6
	41	7	1,1	1,1	20,7
	429	7	1,1	1,1	21,8
	934	7	1,1	1,1	22,8
	96	6	0,9	0,9	23,7
	290	6	0,9	0,9	24,7
	320	6	0,9	0,9	25,6
	321	6	0,9	0,9	26,5
	631	6	0,9	0,9	27,4
	760	6	0,9	0,9	28,3
	780	6	0,9	0,9	29,2
	846	6	0,9	0,9	30,1
Gesamt gültige		657	99,5	100,0	
Fehlende Angabe		3	0,5		
Gesamt		660	100,0		

7.4.4 Katholische Kirche (nicht repräsentativ)

Lied-Code	Häufigkeit	Prozent	Gültige Prozente	Kumulierte Prozente
81	3	7,5	7,5	7,5
342	3	7,5	7,5	15,0
20	2	5,0	5,0	20,0
94	2	5,0	5,0	25,0
206	2	5,0	5,0	30,0
661	2	5,0	5,0	35,0
711	2	5,0	5,0	40,0
781	2	5,0	5,0	45,0
838	2	5,0	5,0	50,0
918	2	5,0	5,0	55,0
924	2	5,0	5,0	60,0
Gesamt	40	100,0	100,0	